NBA 那些年我们一起追的球星 3

冯逸明 主编

台海出版社

时代的节点，群星璀璨 / 文：冯逸明

●《钻篮》主编 & 设计总监

这是一个告别的时代，也是一个新时代的开篇。

我们依次送别了卡特、韦德、皮尔斯，甚至永别了科比。再回首，他们的身影依然矗立在我们的青春记忆中，久久不能挥去……

一代巨星渐次离去，而一代新星携手而来：东契奇、蔡恩、特雷·杨、莫兰特……他们灿若朝霞、交相辉映，光芒万丈，点亮篮球的天空。而米德尔顿、霍勒迪这些低调的中生代球星随着球队辉煌的战绩也渐渐走到舞台的中央。

此外，本书还收录"白魔鬼"迈克·毕比、"左手魔术师"拉玛尔·奥多姆、"骇客"马里昂、"大本"本·华莱士、"单打乔"乔·约翰逊等退役的著名球星，以及洛瑞、戈登、拉文、卢比奥、比尔、唐斯、威金斯等现役实力球星……

值得一提的是，本书将《NBA：那些年我们一起追的球星》与《NBA：那些年我们一起追的球星 2》中未曾收录的 NBA 知名球星，进行了补充收录 。

注：《NBA：那些年我们一起追的球星》与《NBA：那些年我们一起追的球星 2》一经面世，便受到广大读者的认可与好评，但好评之余，也颇有些遗憾，那就是这两本书只收录了 108 位巨星，远没有将 NBA 历史中的那些巨星收录全，于是《NBA：那些年我们一起追的球星3》应运而生。

本书所收录的巨星仍然以一副扑克牌的顺序依次呈现。有别于前两册，本书将主要视角锁定在现役的那些炙手可热的球星，这样更能把握时代的脉搏，与读者形成强烈的共鸣。

这是一本拥有呼吸与心跳的现实传奇！50 位全新巨星，加上 4 位升格巨星，按照我们的梳理，安排出座次，一本次序鲜明、风格独特，便于收藏和阅读索引的群星史诗便诞生了。

4 大升格巨星，分别为詹姆斯，由《NBA：那些年我们一起追的球星》中的黑桃 A，升格至本书中的"大王"；杜兰特，由《NBA：那些年我们一起追的球星》中的黑桃 Q，升格至本书中的"小王"；"字母哥"，由《NBA：那些年我们一起追的球星 2》中的黑桃 9，升格至本书中的黑桃 A；布克，由《NBA：那些年我们一起追的球星 2》中的方片 2，升格至本书中的方片 A。

之所以选择詹姆斯、杜兰特、"字母哥"、布克这四位巨星，是因为这四人在这两年间都有着非凡的际遇，都完成了巨大的升华与蜕变，颠覆了我们的认知。

詹姆斯之所以成为"大王"，是因为"那些年"是有相当大时间跨度的。纵观从 2010 年代至今，还没有谁能比肩詹姆斯，他创造了率领三支球队夺得四次总冠军的空前伟业。至于杜兰特，他跟腱断裂后伤愈归来，在 NBA 与 FIBA（国际篮联）中都展现出无解大杀器的威力，堪称世界篮坛第一得分手。"字母哥"在 2021 年夺冠封神；布克披上"科比的球衣"，屡创得分奇迹……

由于篇幅所限，扑克牌上的荣耀与书中略有出入，譬如：扑克上的最佳（防守）阵容就是指最佳（防守）阵容一阵，此外在个别球员的扑克上补充了一些 NBA 之外的荣耀。

SPALDING
LAKERS
7
WARRIORS
Valley
1
HAWKS
11
MEMPHIS
12
DALLAS
77
chime
CHAMPIONS
BKLYN
NETS
7

注：增加了球星的绰号

《NBA：那些年我们一起追的球星 3》与前两本相比，略有不同，这本书给每一位球星都加上了绰号。

正所谓“一个人的名字也许会取错，但绰号绝对不会错”。在 NBA 中，每一个绰号都对应着一位球星（将其风骨与特质的高度概括）。那些耳熟能详的绰号成为我们记忆的引线，精准地检索出那些球星的印迹……

●文 / 穆东、张小米、西贝林 3、韦伯三世、轩窗少年

以上分别为本书撰文作者 / 排名不分前后

BUCKS
34
1-800-DOCTORS
Official health care provider
All in for the Win
SUNS
25
2nd
FT 80% FLS 2 TOL 5
FG 50%

BROOKLYN
7

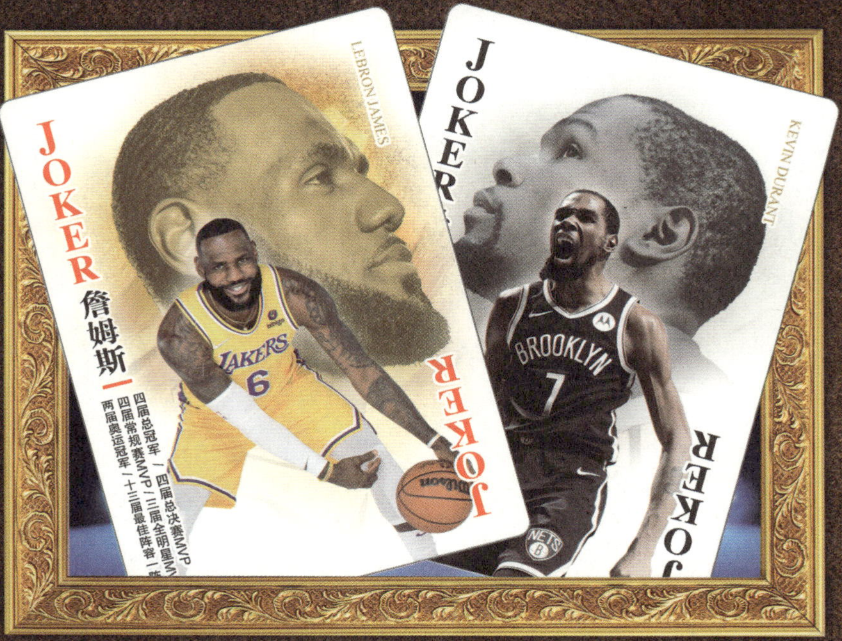

JOKER

JOKER 勒布朗・詹姆斯 /JOKER 凯文・杜兰特

LEBRON JAMES　KEVIN DURANT

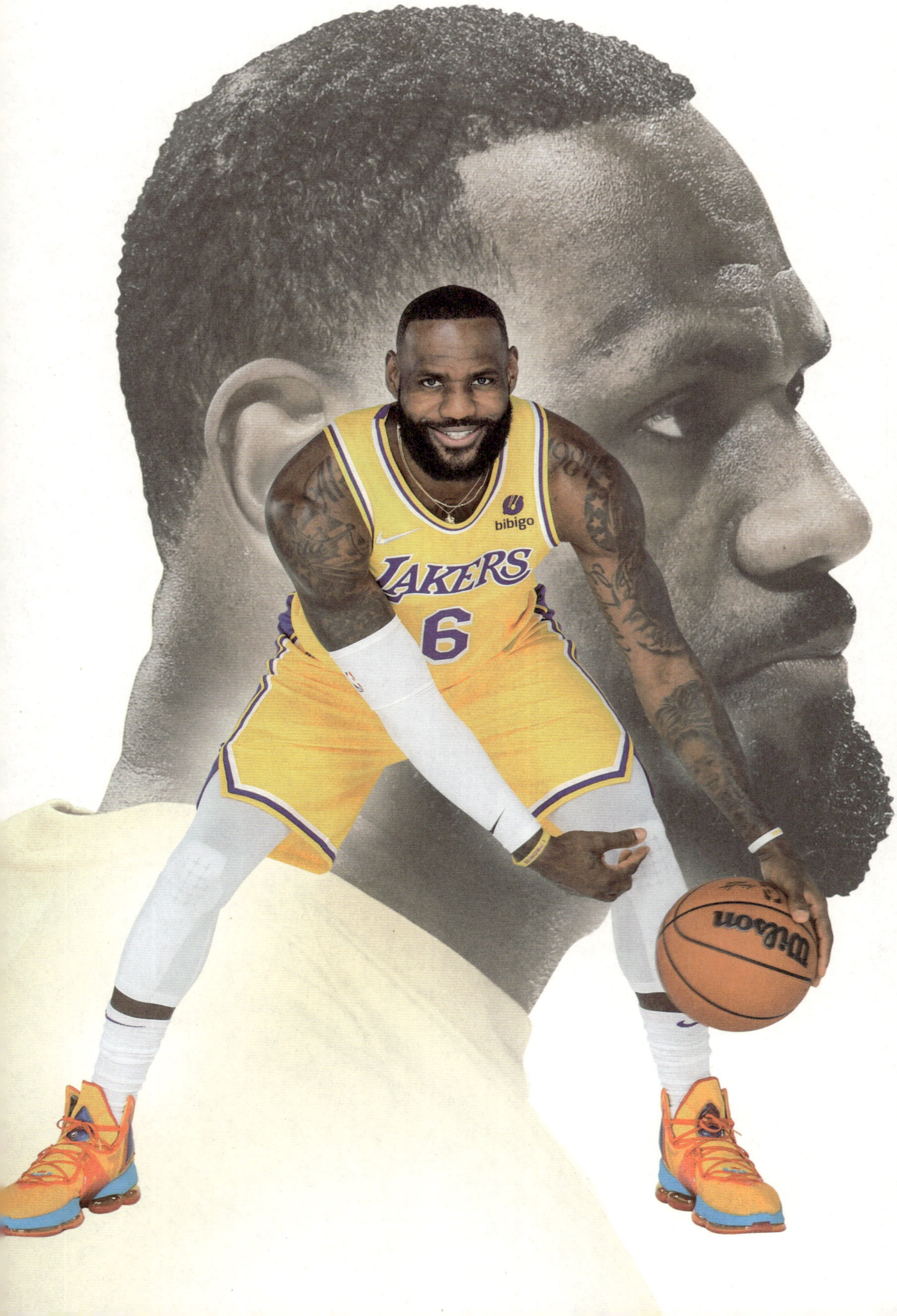
bibigo
LAKERS
6
Wilson

JOKER

皇帝

勒布朗·詹姆斯

LEBRON JAMES

勒布朗·詹姆斯的职业生涯，就像是一座永远看不到绝顶的山峰，每向前多走一步，都会有全新的惊喜。即便他已经超 36 岁的年纪，我们也依然看不到他职业生涯的终点。

詹姆斯拥有惊人的静态天赋，速度、力量、持久力、敏捷度和意志力更是无人企及，是当今联盟最强大的存在。他统治东部长达 8 年之后，又在西部率领湖人登顶，成为横贯东西唯一的“皇”。

2013 年的时候，勒布朗·詹姆斯已经有四座常规赛 MVP 奖杯在手，并坐拥两个总冠军、两个总决赛 MVP 。彼时彼刻，就如同 1992 年的乔丹，已然是 NBA 的新一代王者。

2013/2014 赛季，杜兰特拿到常规赛 MVP，这也是自 2009 年起詹姆斯常规赛 MVP 两连庄之后，此奖项首次旁落。而詹姆斯很快又将这个 MVP 收入囊中，而且又是一个两连庄，加上詹姆斯那次直接力压雷霆夺得首冠，让杜兰特徒叹“老二”奈何。

之后，随着库里和勇士的崛起，人们似乎又觉得詹姆斯的时代即将过去，而詹姆斯在 2016 年总决赛打出史诗级表现，率领骑士神奇逆转了常规赛创下 NBA 历史最佳战绩（73 胜）的勇士，再一次坐稳联盟第一人的宝座。

2016 年夏天，杜兰特加盟勇士，勇士升级为天下无敌的“宇宙勇”。即便如此，当人们谈论起联盟第一人时，还是詹姆斯，因为那几年他几乎用一己之力荡平东部，然后与勇士完成总决赛之约，而且从未失约过。

勇士赢得冠军，而詹姆斯赢得人心。

2018 年季后赛，年近 34 岁的詹姆斯 8 场得分 40+（包括总决赛的 51 分），此外还

档案

勒布朗·詹姆斯 / LeBron James
出生地：美国俄亥俄州阿克伦城
出生日期：1984 年 12 月 30 日
身高：2.06 米 / 体重：113 公斤
效力球队：骑士、热火、湖人
场上位置：小前锋
球衣号码：6、23

荣耀

4 届总冠军：2012 年、2013 年、2016 年、2020 年
2 届奥运金牌：2008 年、2012 年
4 届常规赛 MVP：2008/2009 赛季、2009/2010 赛季、2011/2012 赛季、2012/2013 赛季
4 届总决赛 MVP：2012 年、2013 年、2016 年、2020 年
3 届全明星 MVP：2006 年、2008 年、2018 年
16 届全明星：2005 年—2020 年
5 届最佳防守阵容：2009 年—2013 年
1 届得分王：2007/2008 赛季
13 届最佳阵容一阵：2005/2006 赛季、2007/2008 赛季—2017/2018 赛季、2019/2020 赛季

有两记绝杀，无数次力挽狂澜，打出季后赛史上最具统治力的个人表现。也是在这一年，詹姆斯连续八次登顶东部之后，只身西赴，加盟洛杉矶湖人。

此时即将年满 34 岁的他依然能够靠身体碾压任何对位者，他的经验、手感、技术、意志、心态，全都提升到了无懈可击的地步。詹姆斯是篮球史上最恐怖的篮球机器，但他很少陷入一对一，他总是执着于破坏对手的防御体系，把球打到最薄弱的地方。只有万不得已时，他才会开启个人进攻，比如 2018 年的所有季后赛。

2020 年，詹姆斯加盟湖人的第二个赛季，也是 NBA 史上最命运多舛的一个赛季，这一年科比离去、疫情肆虐、赛事停摆。复赛之后，詹姆斯在奥兰多的封闭赛场，率领湖人赢得了自己的“紫金第一冠”，这个总冠军也是对科比的一种告慰。自此，他率领热火、骑士、湖人三支不同球队都夺得总冠军，完成了 NBA 史上无人企及的壮举。

2020 年季后赛，詹姆斯以超过 50% 的命中率、场均砍下接近 30+ 的准三双数据，即便在虎狼环伺的西部联盟，也没有球队能在系列赛赢湖人两场。安东尼·戴维斯与詹姆斯也超越“OK 组合”，成为总决赛史上首对场均得分 25+、命中率超过 55% 的双人组合。

2020 年，詹姆斯收获第四个总冠军与总决赛 MVP，超越邓肯、奥尼尔和“魔术师”约翰逊（三个总决赛 MVP），在 NBA 现在篮球史上，也只有乔丹（六个总决赛 MVP）横亘在詹姆斯的前面，等待超越。

2020 年，“皇帝”加冕，群雄俯首，詹姆斯依然傲立在联盟第一的宝座之上。

2020 年，勇士王朝已不复存在，但与他们抗衡的那个“皇帝”还在，詹姆斯依然保持着顶尖的统治力，他似乎拥有浩瀚无垠的巅峰期。

2020/2021 赛季，詹姆斯深受脚踝等伤病困扰，只出战 45 场，虽然他场均依然能得到 25 分、7.7 个篮板、7.8 次助攻，但这并不是完全状态的詹姆斯。而“浓眉”安东尼·戴维斯也因腹股沟拉伤，实力大打折扣。

因为伤病影响，作为上届冠军的湖人的卫冕之路颇为狼狈，他们最后不得不与勇士一起打附加赛，昔日两支王朝球队，为了一张季后赛的门票做殊死一搏。

2021 年 5 月 20 日，湖人与勇士的附加赛杀得难解难分，最后时刻，双方战至 100 平。詹姆斯面对风头正劲的当季得分王斯蒂芬·库里，命中一记超远压哨三分球，凭借此球，最终湖人以 103 比 100 险胜勇士，锁定西部前七，跻身季后赛。

2021 年季后赛，“浓眉”无奈伤退，湖人首轮被太阳以 2 比 4 淘汰，上届冠军未能挺进季后赛第二轮，詹姆斯单核带队能力再受质疑，这位 36 岁的老汉一时间又被置入舆论的漩涡，这无疑是“危险”的！对于出道即巅峰，十进总决赛、四夺总冠军的詹姆斯而言，首轮被淘汰必将激怒他那颗高傲的雄心，那些漫天的质疑都将化成无形的动力，必将孕育着未来时刻联盟“皇者”最强的反击。

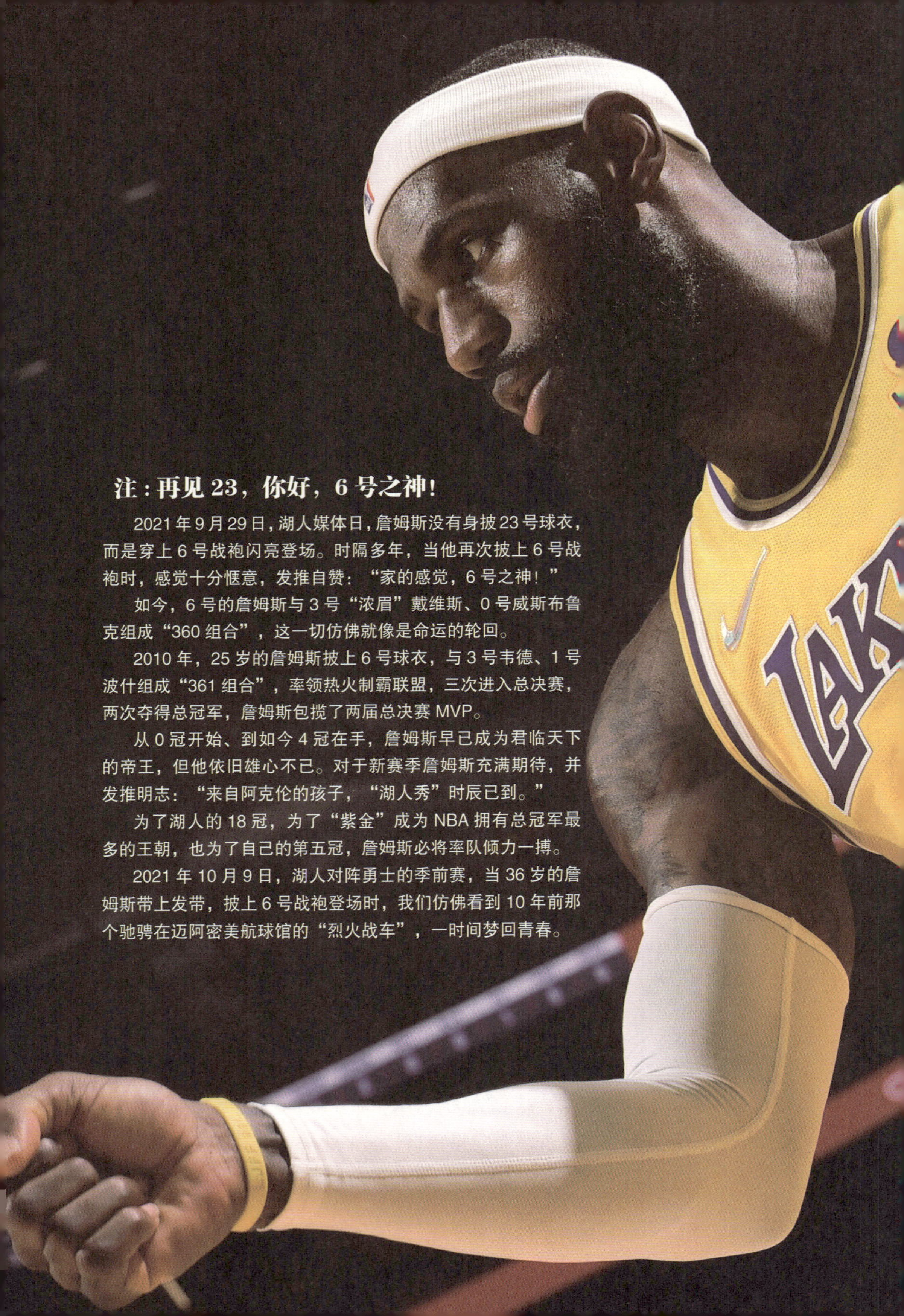

注：再见 23，你好，6 号之神！

2021 年 9 月 29 日，湖人媒体日，詹姆斯没有身披 23 号球衣，而是穿上 6 号战袍闪亮登场。时隔多年，当他再次披上 6 号战袍时，感觉十分惬意，发推自赞："家的感觉，6 号之神！"

如今，6 号的詹姆斯与 3 号"浓眉"戴维斯、0 号威斯布鲁克组成"360 组合"，这一切仿佛就像是命运的轮回。

2010 年，25 岁的詹姆斯披上 6 号球衣，与 3 号韦德、1 号波什组成"361 组合"，率领热火制霸联盟，三次进入总决赛，两次夺得总冠军，詹姆斯包揽了两届总决赛 MVP。

从 0 冠开始、到如今 4 冠在手，詹姆斯早已成为君临天下的帝王，但他依旧雄心不已。对于新赛季詹姆斯充满期待，并发推明志："来自阿克伦的孩子，"湖人秀"时辰已到。"

为了湖人的 18 冠，为了"紫金"成为 NBA 拥有总冠军最多的王朝，也为了自己的第五冠，詹姆斯必将率队倾力一搏。

2021 年 10 月 9 日，湖人对阵勇士的季前赛，当 36 岁的詹姆斯带上发带，披上 6 号战袍登场时，我们仿佛看到 10 年前那个驰骋在迈阿密美航球馆的"烈火战车"，一时间梦回青春。

2021年夏天，湖人大刀阔斧，锐意改革，送走库兹马、波普、哈勒尔等球员，将威斯布鲁克、安东尼、霍华德以及阿里扎招入麾下，如果这几位都年轻，那么那将是何等璀璨的“神仙阵容”。

勒布朗·詹姆斯常规赛数据

赛季	球队	篮板	助攻	得分
2003/2004	骑士	5.5	5.9	20.9
2004/2005	骑士	7.4	7.2	27.2
2005/2006	骑士	7.0	6.6	31.4
2006/2007	骑士	6.8	6.0	27.3
2007/2008	骑士	7.9	7.2	30.0
2008/2009	骑士	7.6	7.2	28.4
2009/2010	骑士	7.3	8.6	29.7
2010/2011	热火	7.5	7.0	26.7
2011/2012	热火	7.9	6.2	27.1
2012/2013	热火	8.1	7.3	26.8
2013/2014	热火	7.0	6.3	27.1
2014/2015	骑士	6.0	7.4	25.3
2015/2016	骑士	7.5	6.8	25.3
2016/2017	骑士	8.6	8.7	26.4
2017/2018	骑士	8.7	9.1	27.5
2018/2019	湖人	8.4	8.3	27.4
2019/2020	湖人	7.9	10.2	25.3
2020/2021	湖人	7.6	7.8	25.0
场均		7.4	7.4	27.0

勒布朗·詹姆斯季后赛数据

赛季	球队	篮板	助攻	得分
2005/2006	骑士	8.1	5.8	30.8
2006/2007	骑士	8.1	8.0	25.1
2007/2008	骑士	7.8	7.6	28.2
2008/2009	骑士	9.2	7.3	35.3
2009/2010	骑士	9.3	7.6	29.1
2010/2011	热火	8.4	5.9	23.7
2011/2012	热火	9.7	5.6	30.3
2012/2013	热火	8.4	6.6	25.9
2013/2014	热火	7.1	4.8	27.4
2014/2015	骑士	11.4	8.5	30.1
2015/2016	骑士	9.5	7.6	26.3
2016/2017	骑士	9.2	7.8	32.8
2017/2018	骑士	9.1	9.0	34.0
2019/2020	湖人	10.7	8.8	27.6
2020/2021	湖人	7.2	8.0	23.3
场均		9.0	7.2	28.7

Webull
BROOKLYN
7
NETS

JOKER

死神

凯文·杜兰特

KEVIN DURANT

凯文·杜兰特拥有中锋的身高、前锋的速度、后卫的运控技术，此外这家伙还拥有一个神射手级别的手感。而那 2.08 米的身高和 2.28 米的臂展，让他在出手投篮时，对手几乎无法封盖。

融入流畅的篮球体系，他讲究团队和效率。而当进攻受阻时，他就成为凌空踏虚的死神，挥舞镰刀来收割胜利。在经历“一个人对抗全世界”的奥运表演后，杜兰特成为天下第一的大杀器。

杜兰特在四届得分王的时代，就成为科比之后 NBA 最犀利的得分机器。

2013/2014 赛季，威斯布鲁克伤停了大半个赛季，杜兰特场均砍下 31.5 分，命中率 51%，连续 41 场得分 25+ 打破了乔丹的（连续 40 场）纪录，率领雷霆斩获 59 胜，加冕常规赛 MVP，成为联盟里唯一能在常规赛叫板巅峰詹姆斯的球员。

2016 年杜兰特加盟勇士之后，他成为那支无敌之师的“王牌中的王牌”，连续两年总决赛，他对詹姆斯带领的骑士形成火力压制，连续用两记几乎一模一样的三分球一发退敌，率领勇士夺得两届总冠军的同时，将两座总决赛 MVP 奖杯也收入囊中。

彼时杜兰特的荣誉库可谓荣耀满载，得分王、常规赛 MVP、世锦赛 MVP、奥运金牌、总冠军、总决赛 MVP……几乎收获篮球世界里所有重大荣誉，却无法晋升为联盟第一人。他的前面依然横亘着勒布朗·詹姆斯，杜兰特的丰功伟绩也很难得到世人的认可。

杜兰特在 2007 年以“榜眼秀”进入 NBA 时，就已拥有惊艳的投篮手感，但不太稳定。他在自己的首个 NBA 赛季，场均得到同届中最高的 20.3 分，当选了最佳新秀。

之后他不断提升自己，以 2.08 米的身高以及超长臂展，带来几乎无法封盖的高出手点；以及超越这个身高的运动能力和敏捷度，让他蜕变成没有进攻死角，面对任何对手都能形成错位优势，从而轻松取分的进攻端大魔王。

2012 年总决赛，雷霆虽然输给热火，但杜兰特在进攻层面上并没有输给詹姆斯，他以场均 55% 的命中率砍下 30 分。詹姆斯场均进账 28 分，但还得到 9 个篮板、8 次助攻，在关键攻防以及全面贡献上表现更好，28 岁的詹姆斯给 24 岁的杜兰特上了一课。

2014 年杜兰特在数据层面上已经和詹姆斯一样全面，但他仍然是一名追赶者，因为他没有总冠军的至尊荣耀加成，就没有资格向联盟第一人发起挑战。

2016 年夏天，为了心中的篮球理想，杜兰特选择加盟勇士，这一举动引起轩然大波！加盟一支 73 胜、曾经击败自己的球队，杜兰特的星格陡然下降，这也是今后两年他蝉联总决赛 MVP，而且正面击败了詹姆斯，却依然无法比肩“皇帝”的主要原因。

当杜兰特离开雷霆时，被冠以“懦夫、叛徒”的标签，一时间口诛笔伐，沉默如金的“KD”从没有辩解，因为他的世界里只有篮球。为了追求篮球的真谛和更深的境界，并夺得总冠军，他义无反顾地奔赴金州。而 2018 年，当杜兰特实现夺冠夙愿之后，却发现这些成功似乎缺少说服世人的分量，他依然在追赶詹姆斯的路上原地打转。

杜兰特有着当世无双的得分身手，也有一颗细腻敏锐的心，他急切地渴望证明自己，于是出现 2019 年总决赛史上最惨烈悲壮的复出名场面。

2019 年 4 月季后赛首轮第六战，杜兰特一反常态，提前开启“六月死神”模式，半场独得 38 分，全场轰下 50 分时，似乎就为之后的意外埋下伏笔。之后他在对阵火箭时受伤离场，而在总决赛勇士以 1 比 3 落后的危难之际，毅然选择复出。

之后，复伤、断腱，在全世界的目光中，杜兰特一声怒叱，黯然离场，在他那离去时眼神里有不甘、有心碎、有茫然、有愤慨……也有几分释然。

自此，杜兰特与勇士两不相欠，他的耳边再也没有德拉蒙德・格林的聒噪。

2019 年的夏天，杜兰特步入漫长的跟腱恢复期，而篮网用一纸 4 年 1.41 亿美元的长约与满满的诚意，让杜兰特走进布鲁克林，一同相约而来的还有凯里・欧文。

2020 年 12 月 14 日，经过 522 天的漫长蛰伏期之后，“死神”终于满血复活。没有断腱之忧的杜兰特让全世界惊诧并领略到什么才是全状态的“死神”！

篮球世界对于超级巨星的独特逻辑是：相比于单纯的成功，个人在极端困境中对真英雄的诠释，更具有说服力。当杜兰特在跟腱撕裂后死神归来，在欧文和哈登倒下之后，在东部半决赛天王山打出 49 分、17 个篮板、10 次助攻，让“字母哥”发出“KD”就是现役最强的得分手，他无法防守”的叹息。在第七场倾尽所有砍下 48 分后，哪怕最终悲情落幕，却平生第一次得到了全世界一致的赞许。

这就是这个世界鉴定强大时的全部真相：无比苛刻，却又绝对公平。所以，现在终于可以公认凯文・杜兰特就是当今 NBA 最强大的得分手。

杜兰特的强大仅限于 NBA 世界？显然不尽然……

2021 年夏天东京奥运赛场，美国男篮一路过关斩将，在决赛中艰难地击败法国，夺得冠军，实现了奥运四连冠，而他们这次夺金之旅远比看起来还要凶险。

美国队首战就负于法国队，之后他们屡次处于逆境，“梦之队”的余威荡然无存。

好在美国队还有杜兰特！每逢开局必落后，然后就是“死神”亮出镰刀，这时你会发现，杜兰特的中投不仅在 NBA 无人能防，在 FIBA 亦是无解的存在。

杜兰特总能在美国队危急时刻挺身而出，频频用中投得分挽回局势，而在美国队领先之后，他又默默地防守对手，助攻队友。事了拂衣去，深藏功与名。

东京奥运一路走来，杜兰特收获颇丰，不仅率领队友夺得金牌，夺得他个人的第三枚奥运金牌，而且还超越卡梅罗·安东尼，成为美国男篮奥运历史得分王。

杜兰特六场比赛共得到 124 分，场均贡献 20.7 分、 5.3 个 篮板、 3.7 次助攻，尤其在决赛，他半场 21 分，全场砍下 29 分，成为美国队夺金的“定海神针”。

杜兰特用无解中投不仅征服了 NBA 赛场，也征服了世界赛场，成为横跨 NBA 与 FIBA 的第一大杀器。他不仅征服了“字母哥”、戈贝尔这样的对手，也征服了所有美国男篮的队友。在奥运夺金的庆祝仪式上，有一位队友叼着金牌笑得格外灿烂，那就是昔日曾说“没有 KD 我们依然是冠军”的德拉蒙德·格林。

凯文·杜兰特常规赛数据

赛季	球队	篮板	助攻	得分
2007/2008	超音速	4.4	2.4	20.3
2008/2009	雷霆	6.5	2.8	25.3
2009/2010	雷霆	7.6	2.8	30.1
2010/2011	雷霆	6.8	2.7	27.7
2011/2012	雷霆	8.0	3.5	28.0
2012/2013	雷霆	7.9	4.6	28.1
2013/2014	雷霆	7.4	5.5	32.0
2014/2015	雷霆	6.6	4.1	25.4
2015/2016	雷霆	8.2	5.0	28.2
2016/2017	勇士	8.2	4.8	25.1
2017/2018	勇士	6.9	5.4	26.4
2018/2019	勇士	6.3	5.9	26.0
2020/2021	篮网	7.1	5.6	26.9
场均		7.1	4.2	27.0

凯文·杜兰特季后赛数据

赛季	球队	篮板	助攻	得分
2009/2010	雷霆	7.6	2.3	25.0
2010/2011	雷霆	8.2	2.8	28.6
2011/2012	雷霆	7.5	3.7	28.5
2012/2013	雷霆	9.0	6.3	30.8
2013/2014	雷霆	8.9	3.9	29.6
2015/2016	雷霆	7.1	3.3	28.4
2016/2017	勇士	8.0	4.3	28.5
2017/2018	勇士	7.7	4.7	29.0
2018/2019	勇士	4.9	4.5	32.3
2020/2021	篮网	9.2	4.4	34.3
场均		7.8	4.0	29.5

档案

凯文·杜兰特 / Kevin Durant
出生地：美国华盛顿哥伦比亚特区
出生日期：1988 年 9 月 29 日
身高：2.08 米 / 体重：106.6 公斤
效力球队：雷霆、勇士、篮网
场上位置：小前锋 / 球衣号码：35、7

荣耀

2 届总冠军：2017 年、2018 年
1 届常规赛 MVP：2013/2014 赛季
2 届全明星 MVP：2012 年、2019 年
10 届全明星：2010 年—2019 年
4 届得分王：2009/2010 赛季、2010/2011 赛季、2011/2012 赛季、2013/2014 赛季
1 届最佳新秀：2007/2008 赛季
3 届奥运金牌：2012 年、2016 年 2020 年
1 届世锦赛冠军：2010 年
1 届世锦赛 MVP：2010 年

CHAMPIONS
34

A-K

黑桃 A 扬尼斯·安特托昆博 / **红桃 A** 卢卡·东契奇 / **梅花 A** 沃尔特·弗雷泽 / **方片 A** 乔·杜马斯

GIANNIS ANTETOKOUNMPO　LUKA DONCIC　WALT FRAZIER　JOE DUMARS

黑桃 K 克里斯·米德尔顿 / **红桃 K** 德文·布克 / **梅花 K** 特雷·杨 / **方片 K** 贾·莫兰特

KHRIS MIDDLETON　DEVIN BOOKER　TRAE YOUNG　JA MORANT

安特托昆博常规赛数据

赛季	球队	篮板	助攻	得分
2013/2014	雄鹿	4.4	1.9	6.8
2014/2015	雄鹿	6.7	2.6	12.7
2015/2016	雄鹿	7.7	4.3	16.9
2016/2017	雄鹿	8.8	5.4	22.9
2017/2018	雄鹿	10.0	4.8	26.9
2018/2019	雄鹿	12.5	5.9	27.7
2019/2020	雄鹿	13.6	5.6	29.5
2020/2021	雄鹿	11.0	5.9	28.1
场均		9.1	4.5	20.9

安特托昆博季后赛数据

赛季	球队	篮板	助攻	得分
2014/2015	雄鹿	7.0	2.7	11.5
2016/2017	雄鹿	9.5	4.0	24.8
2017/2018	雄鹿	9.6	6.3	25.7
2018/2019	雄鹿	12.3	4.9	25.5
2019/2020	雄鹿	13.8	5.7	26.7
2020/2021	雄鹿	12.8	5.1	30.2
场均		11.6	4.9	25.9

●档案

扬尼斯·安特托昆博
Giannis Antetokounmpo
国籍：希腊
出生地：希腊雅典
出生日期：1994 年 12 月 6 日
身高：2.11 米 / 体重：110 公斤
效力球队：雄鹿
场上位置：大前锋
球衣号码：34

●荣耀

1 届总冠军：2021 年
2 届常规赛 MVP：2018/2019 赛季、2019/2020 赛季
1 届总决赛 MVP：2021 年
1 届全明星 MVP：2021 年
5 届全明星：2017 年—2021 年
3 届最佳阵容一阵：2018/2019 赛季—2020/2021 赛季
3 届最佳防守一阵：2018/2019 赛季—2020/2021 赛季
1 届最佳防守球员：2019/2020 赛季

A♠

字母哥

扬尼斯·安特托昆博

GIANNIS ANTETOKOUNMPO

天赋异禀，身高臂长。以内线的体格，行外线之实，以他的身高、敏捷度、单打技巧，几乎可以横行内外线。除了远射技巧，他已无任何短板。而他那旷古绝伦的天赋，无人能及。

更为恐怖的是，他的天赋终于在2021年的夏天彻底爆发，率领雄鹿一路逆袭夺冠的同时，还在不断进化与完善自己。

于是我们看到这样一头“希腊怪兽”：加内特一样防守端的半场控制力，奥尼尔一样的破坏力和终结效率，拉里·伯德一样的全能与敏锐，勒布朗一样的运动能力，以及“魔术师”约翰逊一样的全位置打法，这些整合在一起，就形成NBA球员的终极形态。

蝉联常规赛MVP、最佳双一阵三连庄，全明星MVP、最佳防守球员……“字母哥”在常规赛季早已荣耀满贯，成为联盟至尊，而如今他又率队夺冠，荣膺总决赛MVP，定鼎封神。

2021年NBA总决赛，新科总决赛MVP扬尼斯·安特托昆博在六场比赛里场均得到35.2分、13.2个篮板、5次助攻、1.2次抢断、1.8记封盖，投篮命中率高达61.8%。其中包括第二场、第三场的连续40分、10个篮板，“定鼎战”的50分、14个篮板。在这个夏天，安特托昆博已步入NBA最闪耀的巨星序列（扬尼斯·安特托昆博，因为名字字母繁多，所以我们习惯称之为“字母哥”），然而，罗马不是一天建成的。从希腊的小男孩到如今的NBA总决赛MVP，我们来看“字母哥”的养成轨迹……

1991年，“字母哥”扬尼斯·安特托昆博的父母为了躲避战乱，从尼日利亚来到希腊，一直过着颠沛流离的生活。母亲当保姆，父亲做杂工，一家人挣扎在温饱线边缘。1994年12月6日，“字母哥”在雅典出生，他是家中的第三个儿子。

由于家境贫寒，年少时的“字母哥”曾和大哥一起在雅典街头摆摊，靠卖太阳眼镜、手表、玩具和书包赚取微薄收入以补贴家用。2008 年，兄弟二人被希腊当地的篮球教练看中，并进行了专业的篮球培训。“字母哥”天赋过人，很快脱颖而出，但彼时他们兄弟二人会遭遇只有一双旧篮球鞋而无法同时上场比赛的窘境。

2012 年，“字母哥”加盟希腊乙级联赛菲拉斯里迪克斯队。2012/2013 赛季，“字母哥”场均得到 9.5 分、5 个篮板、1 个盖帽，投篮命中率 46.4%，并入选希腊全明星赛。

2013 年选秀大会上，“字母哥”被密尔沃基雄鹿在首轮第 15 顺位选中。时任雄鹿主帅拉里·德鲁则被彼时“字母哥”2.11 米的身高和 2.21 米的臂展所吸引。

那时的“字母哥”因为营养不足以及年纪尚幼等原因而骨瘦如柴，与如今的那个“魔鬼筋肉人”相去甚远。而他那时最大的卖点：一个身高 2.11 米却拥有控卫技术的长人。

2013 年 7 月 30 日，“字母哥”同雄鹿签订了 4 年 861 万美元的新秀合同，他终于凭借自己的努力改变了家庭原来的贫穷生活境况。18 岁的希腊男孩，人生中第一次离别家乡，独自一人从爱琴海岸来到大西洋彼岸的美国打拼。

整个新秀赛季，“字母哥”场均得到 6.8 分、4.4 个篮板，表现不温不火，仅入选了最佳新秀第二阵容。2014 年夏天，贾森·基德出任雄鹿主帅，这位殿堂级控卫出身的教练让“字母哥”改打后卫，“字母哥”随即迸发出惊人能量。职业生涯第二季，“字母哥”场均得分提升到 12.7 分、6.7 个篮板。2015/2016 赛季，“字母哥”场均得到 16.9 分、7.7 个篮板、4.3 次助攻，命中率高达 50.6%。2016 年夏天“字母哥”和雄鹿完成 4 年 1 亿美元的续约，一跃成为希腊身价最高的运动员。

从 2016 年起，“字母哥”场均得分突破 20 大关，并且一次次像列车般开过半场，在转换进攻中上演“非人类”般扣篮时，继詹姆斯、威少之后最恐怖的“快攻狂魔”诞生了。2016/2017 赛季，“字母哥”场均得到 22.9 分、8.8 个篮板、5.4 次助攻、1.6 次抢断、1.9 个盖帽，五项数据均为队内第一，荣膺了该赛季的进步最快球员奖。

2017/2018 赛季初期，科比就给“字母哥”定下了本赛季的挑战目标——MVP。2018 年，“字母哥”练出一身腱子肉，世界第一次对他发出了惊叹：身为七尺长人，却拥有詹姆斯级别的运动能力；从小打后卫磨炼出来的人球结合技术，让他在开阔空间下的突击不可阻挡。单是这一项能力，就足以让他进入顶尖球员行列。更不用说他在防守端还拥有像加内特一样的半场威慑力。

对于这样的“怪物”，给他找足够的射手配合，同时把阻塞内线的队员送走，雄鹿就至少可以统治常规赛了。在技术上，“字母哥”除了远距离投篮，已没有任何短板。

之后的两个赛季里，雄鹿战绩起飞，“希腊怪兽”则开始收割所有常规赛荣誉。2018/2019 赛季，“字母哥”荣膺常规赛 MVP，入选双一阵（最佳阵容 & 最佳防守阵容）。2019/2020 赛季，“字母哥”再次蝉联了常规赛 MVP，并再次入选双一阵。“字母哥”几乎包揽了常规赛的所有顶级荣誉，但在季后赛的暗淡履历，给他带来无数质疑。

2021 年全明星赛，“字母哥”16 投全中，得到 35 分，成为第一位（投篮 10 次以上且全中）命中率 100% 的全明星 MVP。

2021 季后赛，“字母哥”完成“肉眼可见”的华丽蜕变。

但是，这位两届常规赛 MVP 先生在 2021 年季后赛征程又遇到新的麻烦，因为冗长繁杂的罚球准备动作，遭遇读秒倒计时的尴尬，加上仅为 59% 的糟糕罚球命中率，罚球成为他的心魔。

欲成王者，必斩心魔，“字母哥”首先将罚球控制在 10 秒之内，并逐渐提高精准度与稳定性，直到总决赛第六场，他 19 罚 17 中，彻底击碎了罚球的桎梏。

东部半决赛“字母哥”防守时伸脚幅度过大，导致欧文落地扭伤脚踝，这一幕也成为“字母哥”如影随形的阴影。东部决赛第四场，“字母哥”与卡佩拉对抗时导致左膝严重挫伤，一度濒临赛季完结的危险。然而，“字母哥”钢筋铁骨，拥有异于常人的恢复能力，他在总决赛火线复出！于是，我们看到“字母哥”在总决赛的舞台上，再次华丽蜕变，最终定鼎封神。

总决赛雄鹿以 4 比 2 击败太阳，夺得总冠军。尽管大家对“字母哥”率领雄鹿的晋级之路颇有微词，但对于“字母哥”的总决赛表现，还是足以令人信服。他在第六场豪取 50 分、14 个篮板，罚球 19 罚 17 中，还送出遮天蔽日的 5 次盖帽，这一串亮丽的数据让“字母哥”首座总冠军杯成色十足。

成王败寇，是千古铁律。2021 年的夏天，“字母哥”终于站到联盟的顶峰，而他依然在不断进化，向着更高的巅峰登攀。

生涯高光闪回 / 50 分一战封神

高光之耀：系列赛 0 比 2 落后命悬一线，率队连赢四场，三场得分 40+，关键第六战狂砍 50 分、14 个篮板，“希腊怪兽”统治攻防两端，用无懈可击的表现圆梦总冠军。

2021 年 7 月 21 日，总决赛第六场，雄鹿 105 比 98 再胜太阳，以 4 比 2 的大比分赢得总冠军。此役“字母哥”25 投 16 中，罚球 19 罚 17 中，轰下 50 分、14 个篮板、5 次盖帽。在雄鹿扭转局势的第 3 节，“字母哥”单节砍下 20 分，末节决战贡献了 12 分、2 次盖帽的关键数据，总决赛 MVP 实至名归。

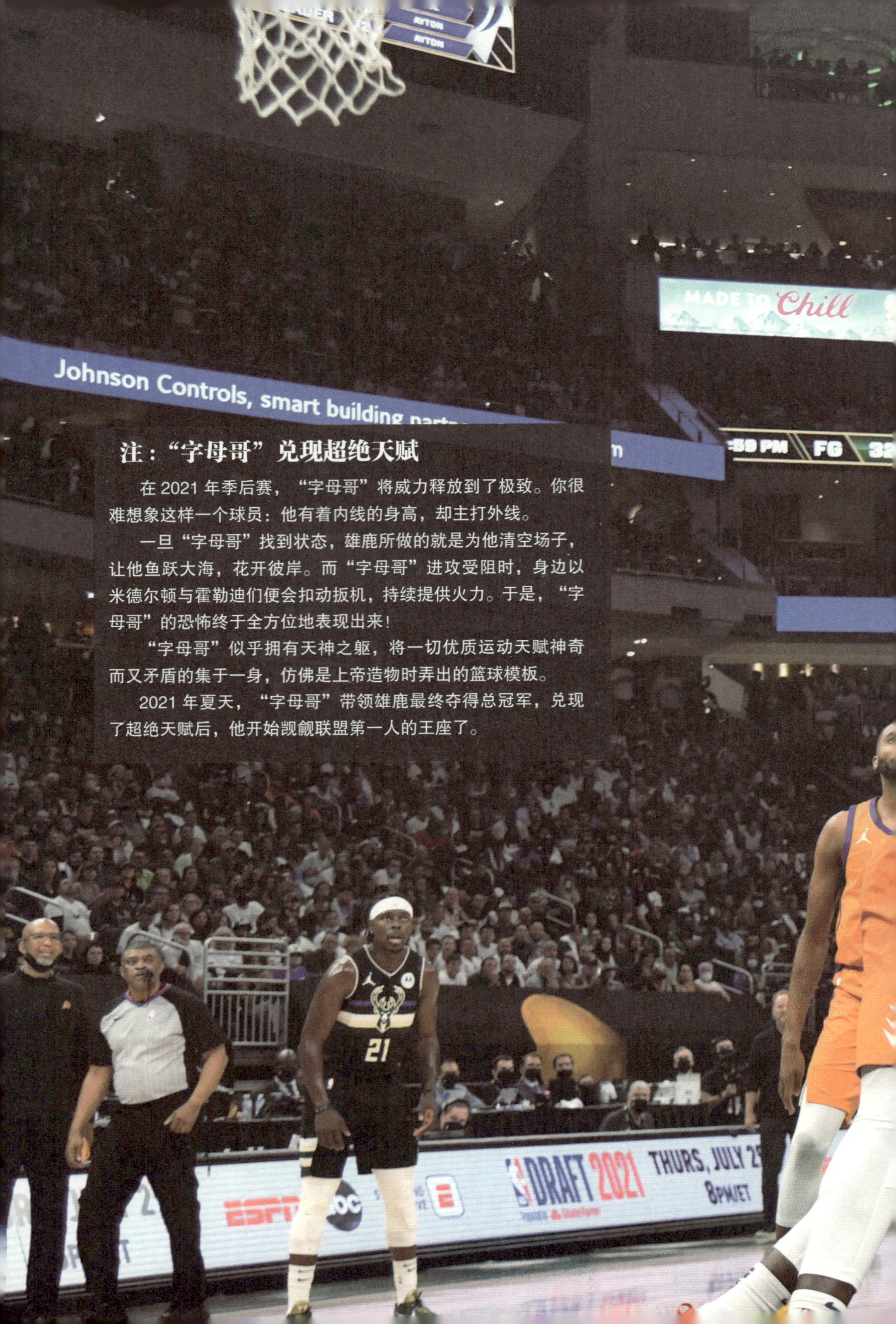

注：“字母哥”兑现超绝天赋

在 2021 年季后赛，“字母哥”将威力释放到了极致。你很难想象这样一个球员：他有着内线的身高，却主打外线。

一旦“字母哥”找到状态，雄鹿所做的就是为他清空场子，让他鱼跃大海，花开彼岸。而“字母哥”进攻受阻时，身边以米德尔顿与霍勒迪们便会扣动扳机，持续提供火力。于是，“字母哥”的恐怖终于全方位地表现出来！

“字母哥”似乎拥有天神之躯，将一切优质运动天赋神奇而又矛盾的集于一身，仿佛是上帝造物时弄出的篮球模板。

2021 年夏天，“字母哥”带领雄鹿最终夺得总冠军，兑现了超绝天赋后，他开始觊觎联盟第一人的王座了。

FT
88%
MILWAUKEE BU
Johnson Controls, sm
rt, safe, h
nable buildings
34
1
CLUB
sGame

档案

卢卡·东契奇 / Luka Dončić
国籍：斯洛文尼亚
出生地：卢布尔雅那
出生日期：1999 年 2 月 28 日
身高：2.01 米 / 体重：104.3 公斤
效力球队：独行侠
场上位置：控球后卫、小前锋
球衣号码：77

荣耀

1 届欧锦赛冠军：2017 年
1 届欧洲冠军联赛冠军：2018 年
1 届欧冠联赛 MVP：2018 年
1 届西甲冠军：2018 年
1 届西甲 MVP：2018 年
NBA 最佳新秀：2018/2019 赛季
2 届全明星：2020 年、2021 年
2 届最佳阵容一阵：2019/2020 赛季、2020/2021 赛季

卢卡·东契奇常规赛数据

赛季	球队	篮板	助攻	得分
2018/2019	独行侠	7.8	6.0	21.2
2019/2020	独行侠	9.4	8.8	28.8
2020/2021	独行侠	8.0	8.6	27.7
场均		8.4	7.7	25.7

卢卡·东契奇季后赛数据

赛季	球队	篮板	助攻	得分
2019/2020	独行侠	9.9	8.7	31.0
2020/2021	独行侠	7.9	10.3	35.7
场均		8.8	9.5	33.5

A♥

077

卢卡·东契奇

LUKA DONČIĆ

他如星辰般崛起，成为詹姆斯眼中的另一个自己。他是闪耀西班牙篮球甲级联赛的皇马天才、征服欧洲的篮球天王、席卷 NBA 与 FIBA 的“大魔王”，他是未来十年联盟的领军者。

他面如冠玉，剑眉星目，却在球场上拥有超凡脱俗的全能统治力。

他是欧洲篮球锦标赛、欧洲篮球联赛、西班牙篮球甲级联赛的“三冠王 & MVP”；他是 NBA 最佳新秀，并入选最佳阵容，成为赛季“三双王”。一路走来，他刷新纪录无数。

卢卡·东契奇，出道即成名，但还远未到达生涯的巅峰。

1999 年 2 月 28 日，卢卡·东契奇生于斯洛文尼亚首都卢布尔雅那的一个运动世家，父亲萨沙·东契奇曾代表南斯拉夫男篮征战欧青赛，南斯拉夫解体后，选择留在斯洛文尼亚联赛效力。母亲米尔亚姆·波特宾曾是跨栏运动员，后来从事模特和舞蹈行业。

东契奇很好地遗传了父母的运动基因，7 岁时就开始接受正规的篮球训练。他的父亲更是邀请到了前 NBA 球员涅斯特洛维奇作为东契奇的篮球教练，这也为东契奇日后在篮球领域呼风唤雨奠定了坚实的基础。

8 岁时，东契奇就能在同龄人中大杀四方，9 岁时就“跳级”成了 14 岁年龄组的成员。

2012 年，13 岁的东契奇在一场 U-13 巡回赛中，狂砍 54 分、11 个篮板、10 次助攻的大号“三双”，震惊了整个欧洲篮坛。超高的篮球智商，加上英俊的面容，让东契奇迅速成为欧罗巴大陆上的新一代“篮球金童”。

同在 2012 年，西甲篮球豪门皇家马德里将这个不世出的天才少年揽入阵中，东契奇在 16 岁就完成了代表皇马一线队的首秀，刷新队史最年轻球员出场纪录。此后东契奇一路成长为皇马核心。从此之后，东契奇开始在西甲和欧洲联赛上掀起风暴，几乎包揽了所有顶级荣誉：2015 年、2016 年和 2018 年西甲联赛冠军，2018 年西甲常规赛 MVP，欧洲联赛常规赛 MVP，欧洲联赛冠军，欧冠联赛四强赛 MVP。

在国家队层面，东契奇帮助斯洛文尼亚男篮在 2017 年欧锦赛上一路过关斩将，以 9 战全胜的战绩问鼎首座欧洲冠军。整个赛事中，东契奇场均得到 14.3 分、8.1 个篮板、3.6 次助攻，18 岁的他成为欧锦赛最佳阵容中最年轻的球员。

东契奇成为欧洲篮坛最为闪耀的年轻人，也引来来自大洋彼岸 NBA 的橄榄枝。

2018 年 NBA 选秀大会，独行侠为了确保东契奇的加盟精心筹划，最终东契奇在第三顺位被老鹰选中，独行侠在第五顺位选中特雷·杨，随后二人互换东家。

2018/2019 赛季，19 岁的东契奇代表独行侠出战，很快就融入 NBA，他在前 10 场合计拿下 198 分、65 个篮板、44 次助攻，成为自奥斯卡·罗伯特森后首位能在前十场得到如此数据的球员。诸如此类的纪录，在此后随处可见：面对猛龙，东契奇砍下 35 分、12 个篮板、10 次助攻，成为斩获 30+ 三双最年轻的球员。在击败马刺的一役中，东契奇更是轰下创个人 NBA 生涯新高的 42 分，并贡献 11 个篮板、12 次助攻，成为独行侠队史首位打出“40+ 三双”的球员。

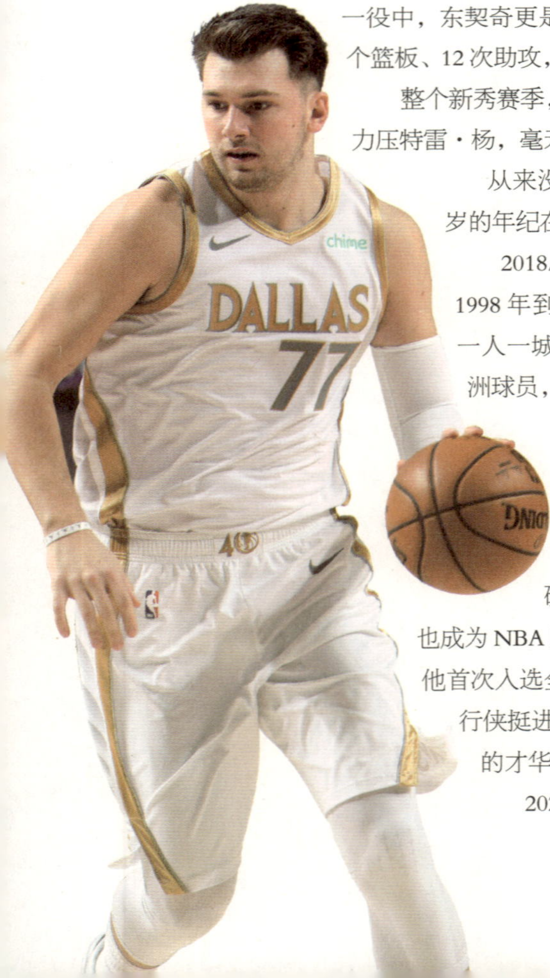

整个新秀赛季，东契奇场均砍下 21.2 分、7.8 个篮板、6 次助攻，力压特雷·杨，毫无悬念地荣膺了 2018/2019 赛季最佳新秀。

从来没有一个欧洲球员，能够像东契奇这样，不满 20 岁的年纪在 NBA 就拥有如此之高的成就与关注度。

2018/2019 赛季，也是 40 岁诺维茨基的最后一季，从 1998 年到 2019 年，“诺天王”用 21 年写就了 NBA 版图一人一城的传奇佳话。20 岁东契奇与诺维茨基，两代欧洲球员，两代独行侠的核心，完成了球队权杖的交接。

2019/2020 赛季东契奇迎来两位新帮手——波尔津吉斯和赛斯·库里，进击更加迅猛。

赛季结束后，东契奇交出了场均 28.8 分、9.4 个篮板、8.8 次助攻的豪华成绩单，单赛季砍下 17 次“三双”，创本赛季三双场次新纪录，也成为 NBA 历史上最年轻的单赛季“三双王”。在这个赛季，他首次入选全明星首发，首次入选最佳阵容一阵，并率领独行侠挺进季后赛。21 岁的东契奇表现出超越 21 岁詹姆斯的才华与成熟度，不断刷新人们对于天才的认知。

2020 年季后赛首轮，独行侠与快船鏖战 6 场，虽然最终落败，但东契奇首次季后赛之旅的表现堪称史诗级。他在第一场砍下 42 分，第四场更是贡献 43 分、17 个篮板、13 次助攻，以及一记气贯长虹的绝杀三分球。在波尔津吉斯自第四场起就因伤缺阵的逆境下，东契奇独自率队，以季后赛“菜鸟”的身份打出了光芒万丈的巨星表现。

2020/2021 赛季，东契奇再度交出 27.7 分、8 个篮板、8.6 次助攻的数据，球场表现已近乎完美。他的得分拓展到球场的每个角落，三分球命中率更是大幅度提升。

2021 年季后赛，独行侠再战快船，双方发挥“客场优势”，彼此在客场拿下三胜。最终“抢七”大战，东契奇砍下 46 分、7 个篮板、14 次助攻，创造“40 分 +14 助攻”NBA 季后赛历史新纪录。虽然独行侠再次止步首轮，但东契奇在自己的第二次季后赛之旅中场均豪取 35.7 分、7.9 个篮板、10.3 次助攻，继续书写“独胆英雄”的传奇新篇。

2021 年夏天，东契奇率领斯洛文尼亚男篮杀入东京奥运会，并在首次奥运之旅中大放异彩！首战力克上届奥运会亚军阿根廷，东契奇砍下 48 分，刷新奥运 33 年的球员单场得分纪录，并送出 11 个篮板、5 次助攻。虽然斯洛文尼亚最终憾负法国、澳大利亚，名列第四，无缘奥运奖牌，但东契奇场均得到 23.8 分、9.5 次助攻、9.7 个篮板，并入选奥运男篮最佳阵容，与杜兰特一同被公认为横跨 NBA 与 FIBA 的“大杀器”。

东契奇的身体素质并不算顶尖，但他拥有与生俱来的篮球智商、细腻全面的篮球技术，以及独一无二的球场嗅觉与节奏，并且能将这些完美融合，缔造出那些炸裂表现。

这位不世出的篮球天才，在 20 岁出头的年纪，就如光速般蹿红，以摧枯拉朽之势颠覆各项纪录。但他还远未达到巅峰，没有人能描绘他的未来。

生涯高光闪回 / 一战封神

高光之耀：东契奇在首次季后赛之旅，就完成得分 40+ 的大三双，并命中绝杀球的惊世壮举，可谓“一战封神”。

2020 年 8 月 24 日，西部半决赛第四战，波尔津吉斯却因为右膝酸痛而临场缺阵，东契奇不得不“单核”率队迎战强大的快船。

最终经过加时赛的鏖战，东契奇豪取 43 分、17 个篮板、13 次助攻，并在加时赛最后时刻面对雷吉·杰克逊命中一记后撤步压哨三分球，率领独行侠以 135 比 133 险胜快船。

档案

沃尔特·弗雷泽 / Walt Frazier
出生地：美国得克萨斯州休斯敦
出生日期：1945 年 3 月 29 日
身高：1.93 米 / 体重：91 公斤
效力球队：尼克斯、骑士
场上位置：控球后卫
球衣号码：10、11

荣耀

2 届总冠军：1970 年、1973 年
7 届全明星：1970 年—1976 年
1 届全明星赛 MVP：1975 年
7 届最佳防守阵容一阵：1969/1970 赛季—1974/1975 赛季
4 届最佳阵容一阵：1969/1970 赛季、1971/1972 赛季、1973/1974 赛季、1974/1975 赛季
篮球名人堂：1986 年

沃尔特·弗雷泽常规赛数据

赛季	球队	篮板	助攻	得分
1967/1968	尼克斯	4.2	4.1	9.0
1968/1969	尼克斯	6.2	7.9	17.5
1969/1970	尼克斯	6.0	8.2	20.9
1970/1971	尼克斯	6.8	6.7	21.7
1971/1972	尼克斯	6.7	5.8	23.2
1972/1973	尼克斯	7.3	5.9	21.1
1973/1974	尼克斯	6.7	6.9	20.5
1974/1975	尼克斯	6.0	6.1	21.5
1975/1976	尼克斯	6.8	5.9	19.1
1976/1977	尼克斯	3.9	5.3	17.4
1977/1978	骑士	4.1	4.1	16.2
1978/1979	骑士	1.7	2.7	10.8
1979/1980	骑士	1.0	2.7	3.3
场均		5.9	6.1	18.9

A♣

盗帅

沃尔特·弗雷泽

WALT FRAZIER

古龙妙笔塑造了“盗帅”楚留香，写出了一个中国式的詹姆斯·邦德。在篮球世界里，关于沃尔特·弗雷泽的人物解读，你可以完全照搬古龙对楚留香的描述。

弗雷泽是 20 世纪 70 年代纽约篮球的代表人物，络腮胡、大鬓角、貂皮外套，他有着与大苹果城无限契合的奢华气质。这位身高 1.93 米的时尚青年是那个时代最潮的 NBA 球员，并引领着时尚潮流。

弗雷泽喜欢戴一顶与（电影《伯妮与克莱德》中主角）“侠盗”克莱德同款的帽子，所以他有一个拉风的绰号——“侠盗”。

而中国球迷更喜欢称他为“盗帅”，风流倜傥而又身怀绝技、优雅睿智而又身手如电，弗雷泽与楚留香确实有异曲同工之妙。

1945 年 3 月 29 日，弗雷泽出生在佐治亚州亚特兰大，他是家中的长子。

弗雷泽在破旧的篮球场上以独特的视角意识到：篮球的关键不在谋略，而在于执行力。当然，并不只有弗雷泽懂得这一点，但没有人能比他更擅长做到这一点。

高中毕业后，弗雷泽就读于南伊利诺斯大学，并在篮球上颇有建树，在大四赛季入选全国大学篮球最佳阵容。

1967 年，弗雷泽参加了 NBA 选秀大会，在首轮第 5 顺位被纽约尼克斯选中。他在尼克斯的十年，也是尼克斯队历史上最辉煌的十年。

弗雷泽的手上动作非常迅捷，他的对手曾说弗雷泽的手“快过蜥蜴的舌头”。纽约的球迷也非常喜欢弗雷泽闪电般的盗球和妙传。队友比尔·布拉德利说：“我见过的所有球员中，只有弗雷泽配得上‘球场艺术家’的名号，他用一种艺术的方式处理比赛。”

他运球的时候，球就像他身体的一部分，非常自如隐蔽。他的视野开阔，比赛中两眼总是一刻不离地观察着场上的任何变化，随时可以攻击对方。至此，NBA 后卫历史新纪元开启了。由奥斯卡・罗伯特森和杰里・韦斯特领衔的第一个后卫盛世，即将被门罗和弗雷泽这对天才接替。

弗雷泽的起步并不是太顺利，1967/1968 赛季场均只有 9 分。新帅里德・霍兹曼上任后，强调侵略性防守，正投沃尔特・弗雷泽所好。他的出场时间开始直线上升。赛季结束后，沃尔特・弗雷泽和他那位队友（后来执教公牛湖人两大王朝）菲尔・杰克逊一同入选新秀最佳阵容。随着这样一位鬼才的加入，已经拥有里德的尼克斯一跃成为联盟强队。

1968/1969 赛季，弗雷泽入行第二年，场均得分飙升到 17 分，并开始连续七年入选最佳防守阵容，他率领尼克斯一举打入东部决赛，距离夺冠万事俱备，只欠东风。

20 世纪 70 年代的第一个赛季，他们揽下 60 个胜场，最终顺利进入总决赛迎战湖人。尽管尼克斯第一号得分手威利斯・里德在第 5 战中腿部受伤，尼克斯还是和拥有威尔特・张伯伦，杰里・韦斯特和埃尔金・贝勒的湖人战成 3 比 3 平。第 7 场生死之战在麦迪逊花园广场展开，里德戏剧性般的拖着伤腿出现在场上，投中比赛前两球，随后他将聚光灯的焦点转到弗雷泽身上。

弗雷泽一人独得 36 分，并送出 19 次助攻和 5 次抢断，率领尼克斯以 113 比 99 击败湖人，夺得球队历史上第一个总冠军。在赛后，当提到拿下超级数据时，弗雷泽说：“起初，我总是把球送到没人防守的队友那里，可到后来，我发现自己恰恰就是那个没有人防守的球员。我想，这一年的总决赛将是我篮球生涯中最美好的时刻。”

许多年后，这场伟大的“抢七”表演，与乔丹的季后赛单场 63 分以及贝勒的总决赛天王山 61 分、22 个篮板一起，成为 NBA 季后赛史上最伟大的个人表演之一。

从 1968/1969 赛季到 1973/1974 赛季，纽约尼克斯和巴尔的摩子弹连续 6 年季后赛相遇，也是弗雷泽与“黑珍珠”门罗的激情对决。在这 6 年里，子弹队输掉了 5 次，唯一的胜利是门罗在 1971 年夺下的。

弗雷泽与门罗，他们身材相仿，但风格迥异。他们的对决就像火焰与寒冰的交锋，一个能攻，一个善守，他们是赛场上堪称势均力敌的完美对手。

然而，1972 年 11 月 10 日，门罗转会尼克斯，弗雷泽的这位对手变搭档了。

弗雷泽和门罗在尼克斯组成的超级后场组合，也许是史上最为绚丽并成功的后场组合之一。这对风格迥异但默契无间的后卫二人组，加上戴夫・德布斯切尔和里德，板凳上还坐着杰瑞・卢卡斯和菲尔・杰克逊，当时尼克斯的阵容可谓豪华、鼎盛。

1972/1973 赛季，尼克斯连续击败了凯尔特人和湖人拿下总冠军。虽然最终的总决赛 MVP 给了里德，但所有人都明白，弗雷泽才是纽约第二冠的头号功臣。

弗雷泽与纽约这座城市相得益彰，这里的球迷对他的欣赏溢于言表。

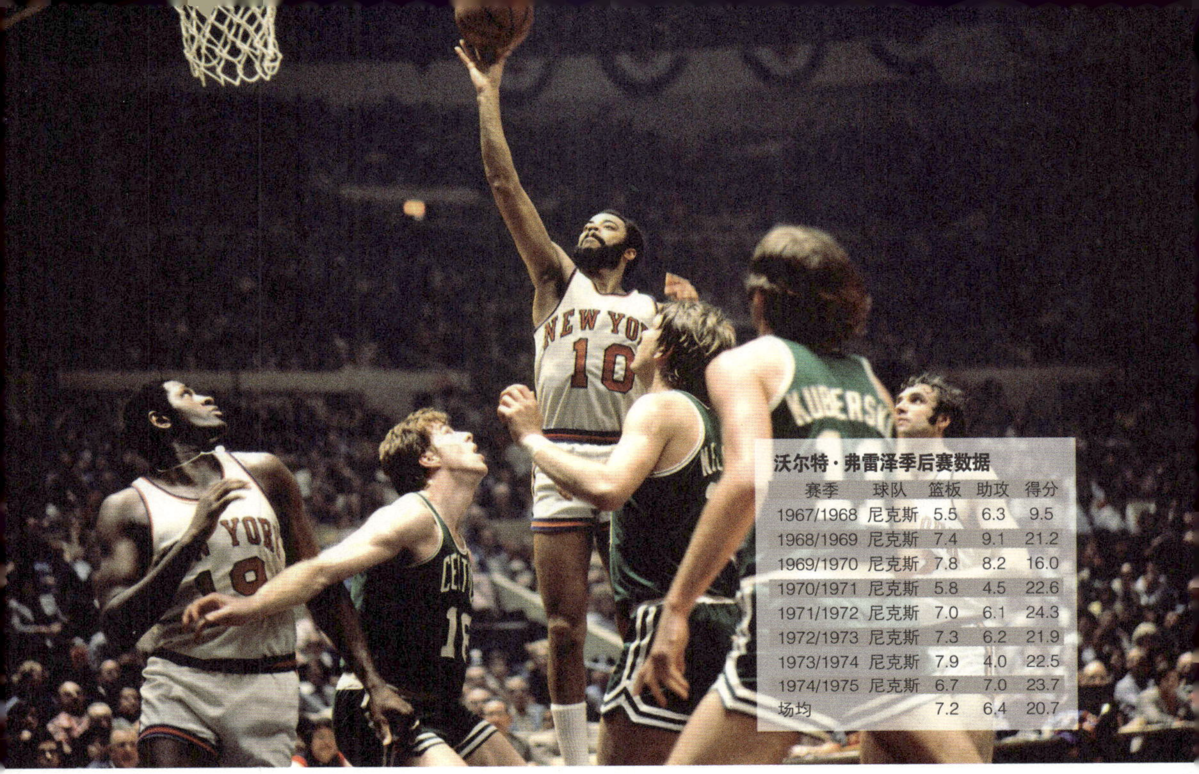

沃尔特·弗雷泽季后赛数据

赛季	球队	篮板	助攻	得分
1967/1968	尼克斯	5.5	6.3	9.5
1968/1969	尼克斯	7.4	9.1	21.2
1969/1970	尼克斯	7.8	8.2	16.0
1970/1971	尼克斯	5.8	4.5	22.6
1971/1972	尼克斯	7.0	6.1	24.3
1972/1973	尼克斯	7.3	6.2	21.9
1973/1974	尼克斯	7.9	4.0	22.5
1974/1975	尼克斯	6.7	7.0	23.7
场均		7.2	6.4	20.7

随着里德和德布斯切尔的退役，尼克斯队也陷入了低谷。1976 年的尼克斯完全退出了季后赛争夺。这期间沃尔特·弗雷泽三次进入全明星，1975 年更是凭借 30 分的优秀表现获得全明星 MVP。1976/1977 赛季，他的场均得分降低到 17.4，尼克斯连续第二年无缘季后赛。最终，1977 年他作为签约自由球员吉姆·克莱蒙斯的补偿被交易到骑士，对于他富有尊严的生涯而言实在是一个不完美的结局。离开纽约时，沃尔特·弗雷泽是尼克斯得分第一、助攻第一 、出场次数第一、出场时间第一。

十年的流光溢彩就这样画上了句号。此后的他受反复的脚伤影响，弗雷泽在骑士的三年里只打了 66 场比赛，1979/1980 赛季更是打了三场就被骑士裁掉了。

1989 年他回归纽约，成为尼克斯的解说员，被球迷称作“Clyde 流”。虽然离开赛场，弗雷泽的成就却永远被铭记。1979 年，尼克斯的 10 号球衣退役了。1987 年，他入选篮球名人堂。1996 年，他理所当然地成为 NBA 五十大巨星的一员。时至今日，麦迪逊广场花园球馆也依然流传着这位纽约篮球“盗帅”的风流传说。

生涯特别链接 / 盗帅风流

链接解析：弗雷泽以其特立独行的着装风格在那个平淡的时代里，显得尤为突出，加上潇洒华丽的身手，以及风流倜傥的感觉，与古龙笔下的“盗帅”楚留香颇为神似。

1967 年，电影《伯妮与克莱德》风靡一时，尼克斯的训练师看到弗雷泽戴着一顶与《伯妮与克莱德》男主角侠盗克莱德雷相同的帽子，便用“侠盗克莱德”来称呼他，没想到迅速传播开来，成为弗雷泽的闪亮绰号，而中国的球迷更习惯称之为“盗帅”。

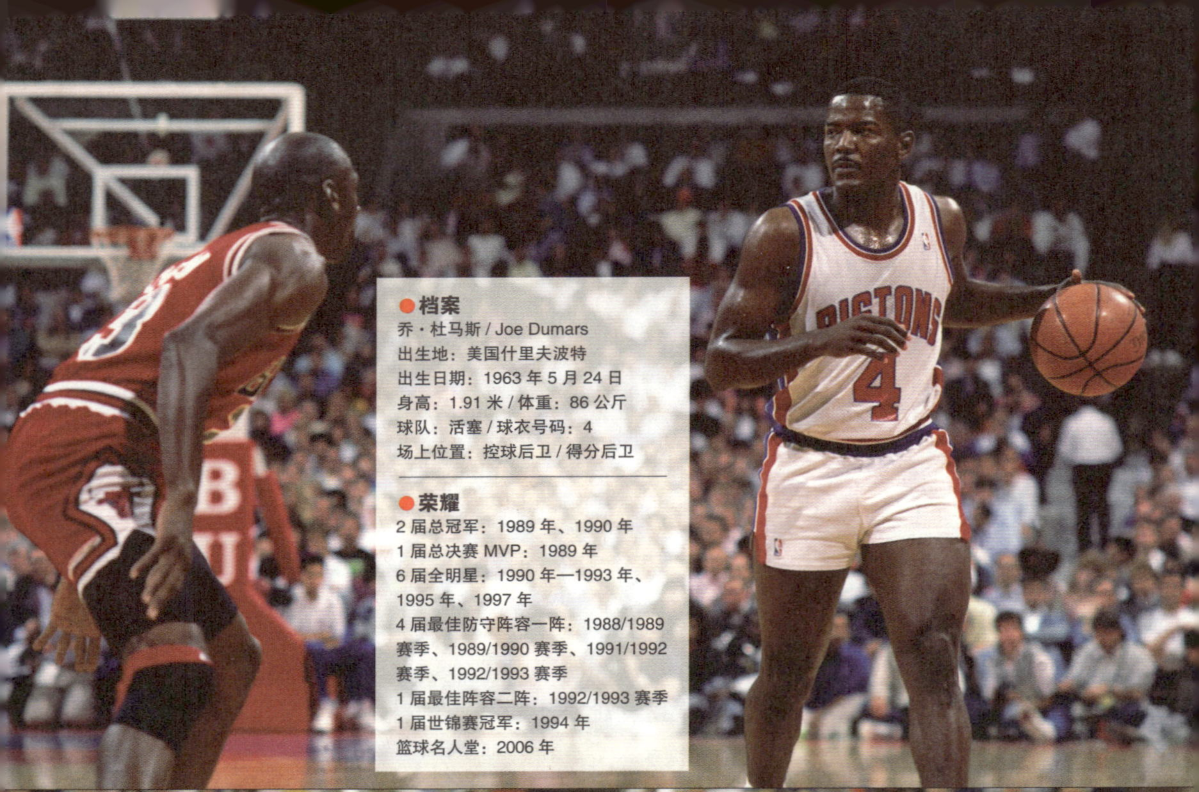

档案

乔・杜马斯 / Joe Dumars
出生地：美国什里夫波特
出生日期：1963 年 5 月 24 日
身高：1.91 米 / 体重：86 公斤
球队：活塞 / 球衣号码：4
场上位置：控球后卫 / 得分后卫

荣耀

2 届总冠军：1989 年、1990 年
1 届总决赛 MVP：1989 年
6 届全明星：1990 年—1993 年、1995 年、1997 年
4 届最佳防守阵容一阵：1988/1989 赛季、1989/1990 赛季、1991/1992 赛季、1992/1993 赛季
1 届最佳阵容二阵：1992/1993 赛季
1 届世锦赛冠军：1994 年
篮球名人堂：2006 年

乔・杜马斯常规赛数据

赛季	球队	篮板	助攻	得分
1985/1986	活塞	1.5	4.8	9.4
1986/1987	活塞	2.1	4.5	11.8
1987/1988	活塞	2.4	4.7	14.2
1988/1989	活塞	2.5	5.7	17.2
1989/1990	活塞	2.8	4.9	17.8
1990/1991	活塞	2.3	5.5	20.4
1991/1992	活塞	2.3	4.6	19.9
1992/1993	活塞	1.9	4.0	23.5
1993/1994	活塞	2.2	3.8	20.4
1994/1995	活塞	2.4	5.5	18.1
1995/1996	活塞	2.1	4.0	11.8
1996/1997	活塞	2.4	4.0	14.7
1997/1998	活塞	1.4	3.5	13.1
1998/1999	活塞	1.8	3.5	11.3
场均		2.2	4.5	16.1

A

钢铁后卫

乔·杜马斯

JOE DUMARS

出淤泥而不染，虽然来自 NBA 历史上最著名的“坏孩子军团”，但乔·杜马斯却是一位老实人，是联盟中的一股清流。

依靠扎实的技术和出色的团队意识，弥补先天身体上的劣势，杜马斯低调务实、沉着冷静，从不盲目出手，更不会犯错。

人们在提到当年那支活塞，“野蛮”“粗暴”“肮脏”时，总会加上一句，“杜马斯除外”。

作为乔丹亲口承认防守他最好的球员，并四次入选最佳防守第一阵容，杜马斯防守完美，人们却往往忽略他的进攻同样出色。他曾以惊人的 58% 的命中率场均拿下 27.3 分，荣膺总决赛 MVP。

1963 年 5 月 24 日，乔·杜马斯出生于路易斯安那州什里夫波特。

杜马斯身高仅 1.91 米，在篮球场上显然有些偏矮 ，可他在麦克尼斯州立大学就读的 4 年期间声名鹊起，场均得到 22.5 分，并以总得分 2612 分打破了该校的历史纪录。

乔·杜马斯身材矮小，跑得不快，跳得不高，虽然技术纯熟，在大学赛季表现惊艳，但到了长人如林的 NBA，显然很快就会被湮没。所以当杜马斯参加 1985 年 NBA 选秀时，并不被人看好。好在活塞慧眼识珠，在首轮第 18 顺位选中了他。

杜马斯在新秀赛季就给活塞一个大大的惊喜。他在前 37 场打替补，活塞 16 胜 21 负，待到查克·教练将杜马斯送上先发后，球队立马咸鱼翻身。30 胜 15 负，最终以东部第五的战绩杀入季后赛。

杜马斯就像是稳坐中军帐的元帅，能够根据场上形势将活塞的攻守两端梳理得井井

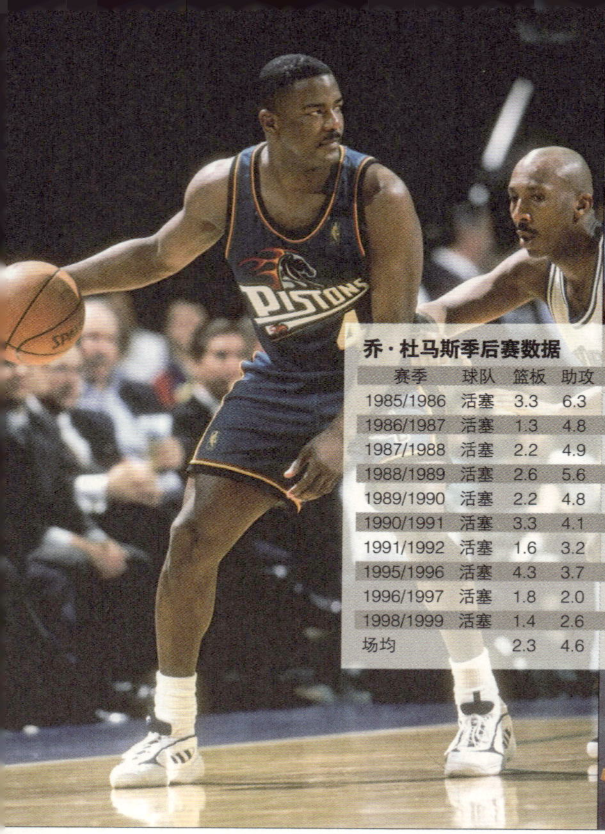

乔·杜马斯季后赛数据

赛季	球队	篮板	助攻	得分
1985/1986	活塞	3.3	6.3	15.0
1986/1987	活塞	1.3	4.8	12.7
1987/1988	活塞	2.2	4.9	12.3
1988/1989	活塞	2.6	5.6	17.6
1989/1990	活塞	2.2	4.8	18.2
1990/1991	活塞	3.3	4.1	20.6
1991/1992	活塞	1.6	3.2	16.8
1995/1996	活塞	4.3	3.7	13.7
1996/1997	活塞	1.8	2.0	13.8
1998/1999	活塞	1.4	2.6	10.2
场均		2.3	4.6	15.6

有条。还有关键的一点，杜马斯的性格谦和儒雅，很得队友信服，并甘心为之调派。

1985/1986 赛季结束后，杜马斯顺理成章地入选了最佳新秀阵容。

接下来的赛季，活塞迎来前得分王阿德里安·丹特利，更在选秀大会上将丹尼斯·罗德曼招至麾下，乔·杜马斯和伊塞亚·托马斯的“双马斯”组合日渐默契。那个赛季，底特律狂揽 52 胜，平了队史最佳战绩，破天荒地杀入东部决赛。

活塞在东部决赛面对拉里·伯德领衔的凯尔特人，血战七场虽然最后落败，但杜马斯在生死第七战中，砍下 35 分，自此一战成名。

1987/1988 赛季，杜马斯场均贡献 14.2 分、4.7 次助攻，率领活塞卷土重来。季后赛，活塞一路淘汰了乔丹的公牛和伯德的凯尔特人，时隔 32 年重回 NBA 总决赛。在总决赛，面对“魔术师”约翰逊和“天勾”贾巴尔领衔的湖人，鏖战七场之后，年轻的底特律活塞军团还是折戟沉沙，与总冠军奖杯失之交臂。

接下来的 1988/1989 赛季，杜马斯和“坏小子军团”领衔的底特律活塞所向披靡，取得 63 胜 19 负的骄人战绩。杜马斯场均得到 17.2 分、5.7 次助攻，虽然数据并不惊人，但他已成为这支活塞最值得依靠的大脑。

1989 年，活塞一路杀入总决赛，再次面对湖人，杜马斯场均砍下 27.3 分，命中率高达 58%。率领活塞以 4 比 0 横扫湖人，杜马斯生涯首次捧起总决赛 MVP 奖杯。

1989/1990 赛季，杜马斯场均得到 18.4 分。季后赛他依旧延续稳定高效，场均贡献 18.2 分、4.8 次助攻，率领活塞一路跨过步行者、尼克斯和公牛。

总决赛活塞对阵开拓者，杜马斯场均砍下 27.4 分，并成功限制住对方的主将“滑翔机”德雷克斯勒。最终底特律活塞以 4 比 1 击败波特兰开拓者，成功卫冕总冠军。

1990/1991 赛季，活塞向往着成就三连冠伟业，然而“微笑刺客”托马斯的意外受伤让球队备受打击。杜马斯在常规赛场均砍下 20.4 分，分担了托马斯的部分进攻火力，球队依旧战绩不俗。但在刺刀见红的季后赛，缺少“微笑刺客”的活塞，却倒在公牛的铁蹄之下。乔丹在冲破活塞封锁、杀出东部之后，正式开启封神之旅。

1992/1993 赛季，虽然杜马斯依旧坚挺，场均砍下 23.4 分，但随着托马斯因伤退役、兰比尔等人的老去，曾经显赫一时的活塞王朝走向了衰落。格兰特·希尔、阿兰·休斯敦、林奇·亨特等一众新人先后加入活塞，杜马斯带领新人完成球队重建。

1994 年，杜马斯作为队长，率领美国男篮“梦二队”在多伦多世锦赛上夺冠。

1999 年，在活塞走过 14 个年头的杜马斯正式宣布退役。这 14 年里，他出场 1018 次，命中 990 个三分球，均为球队最佳，同时他还砍下 16401 分、送出 4612 次助攻和 902 次抢断，成为球队历史上最伟大的球星之一。

2000 年 6 月，杜马斯成为底特律活塞的新总裁。上任之后他大刀阔斧，将本·华莱士、汉密尔顿、比卢普斯等潜力无限的年轻球员招至麾下，为活塞中兴储备人才。

2004 年活塞击败了“四大天王”领衔的湖人，底特律的先发“五虎”似乎都有着杜马斯的影子。比卢普斯拥有杜马斯关键时刻的冷静和大局观；汉密尔顿拥有杜马斯永不疲倦的无球跑动和精准的中距离投篮；普林斯拥有杜马斯的协防和预判；拉希德·华莱士拥有杜马斯的进攻意识，而本·华莱士则拥有杜马斯的勤奋和努力。

2006 年本·华莱士远赴芝加哥，活塞“五虎”也随之解体。杜马斯再度开启寻找“五个杜马斯”的旅程，可惜直到 2014 年他也未能成功，最终离开了他挚爱的底特律。

纵观杜马斯的职业生涯，你会发现他是被严重低估的球员，场均仅得 16.1 分，这是因为战术考虑，让本来攻击能力很强的杜马斯专攻防守。杜马斯的成功是设立了一个“乔丹防守人”的标准：善于调动和依托全队体系，偏矮、下盘稳、聪慧、迅速、专心致志、富有攻击性。连乔丹也曾表示，杜马斯就是防守自己最好的球员。

生涯特别链接 / 冠名道德风尚奖

链接解析：作为出身于“坏孩子军团”的翩翩君子，杜马斯出淤泥而不染，他敦厚温良，堪称一股清流。

杜马斯举止端正，在场上作风顽强，在场下沉默寡言，堪称球员楷模。为了将这种道德品质广为弘扬，联盟特地设立了“体育道德风尚奖”，并将此奖项以乔·杜马斯的名字命名，而他本人则是第一任获奖者。

档案

克里斯·米德尔顿 / Khris Middleton
出生地：美国南卡罗来纳州北查尔斯顿
出生日期：1991 年 8 月 12 日
身高：2.01 米 / 体重：98 公斤
效力球队：雄鹿
场上位置：小前锋
球衣号码：22

荣耀

1 届总冠军：2021 年
2 届全明星：2019 年、2020 年
1 枚奥运金牌：2020 年

克里斯·米德尔顿常规赛数据

赛季	球队	篮板	助攻	得分
2012/2013	活塞	1.8	1.0	6.1
2013/2014	雄鹿	3.7	2.1	12.1
2014/2015	雄鹿	4.4	2.3	13.4
2015/2016	雄鹿	3.9	4.2	18.2
2016/2017	雄鹿	4.3	3.4	14.7
2017/2018	雄鹿	5.2	4.0	20.1
2018/2019	雄鹿	5.9	4.3	18.3
2019/2020	雄鹿	6.2	4.3	20.9
2020/2021	雄鹿	6.0	5.4	20.4
场均		4.8	3.6	16.8

克里斯·米德尔顿季后赛数据

赛季	球队	篮板	助攻	得分
2014/2015	雄鹿	3.7	2.0	15.8
2016/2017	雄鹿	4.7	5.3	14.5
2017/2018	雄鹿	5.1	3.1	24.7
2018/2019	雄鹿	6.3	4.4	16.9
2019/2020	雄鹿	6.9	6.0	20.3
2020/2021	雄鹿	7.6	5.1	23.6
场均		6.3	4.6	20.2

K♠

米神

克里斯·米德尔顿

KHRIS MIDDLETON

他被人称为"那个男人"，其貌不扬，出身微末，屡经磨难，但猿臂善射，以一手精湛的射术打底，一路"开挂"，逆袭人生。

"背影曼巴""神一场鬼一场"，他在漫天质疑声中神情萧索、沉默寡言，那瘦削躯体中孕育的无穷力量，终于在2021年季后赛的征程中彻底释放。于是我们看到他与"死神"对撼的凶悍得分、单节23分的澎湃火力、总决赛关键时刻的无双战力……

从二轮秀到全明星球员，再到总冠军，米德尔顿一路走来，成为励志典范。他是密尔沃基军团的得分担当，"字母哥"身边的"并肩王"，随着雄鹿夺冠，"那个男人"也终成"米神"！

2009年，克里斯·米德尔顿进入得克萨斯工农大学，作为非传统篮球强校的球员，参加NBA选秀显然胜算不高 。为了顺利进入NBA，他选择多留校两年。

2011/2012赛季，米德尔顿随队参加大十二区锦标赛，场均得到19.5分、4.5个篮板，之后他参加了2012年NBA选秀，在星光熠熠的同年级当中，他显得非常暗淡。

米德尔顿最终仅在第二轮总第39顺位才被底特律活塞捡走。米德尔顿在新秀赛季，出场机会寥寥，仅出战27场，场均交出6.1分、1次助攻的寒酸数据。

2013年7月31日，米德尔顿不幸成为活塞与雄鹿交易的"添头"，来到寒冷的密尔沃基。就在此交易的一个月前，雄鹿在首轮第15顺位，选中了"字母哥"安特托昆博，于是日后率领雄鹿登顶的两大核心已全部到位。

就交易达成的这个赛季，米德尔顿迅速成长，场均有12.1分、3.8个篮板、2.1次助攻入账，完全不输当时交易的核心球员奈特。2013年12月7日对阵奇才的比赛中，米德尔顿更是砍下 29 分，创造自己职业生涯得分新高。

米德尔顿陡然崛起，让处于重建期的雄鹿如获至宝。这样一个青年才俊，却以廉价的方式获得，简直就是上苍对密尔沃基的眷顾。但接下来的 2014/2015 赛季，贾巴里·帕克以“榜眼”之尊降临雄鹿，而与帕克位置重叠的米德尔顿，只能成为“备胎”。

虽然待遇改变，但米德尔顿毫无怨言，默默地磨炼自身技艺。他在 2014/2015 赛季场均依然得到 13.4 分、4.4 个篮板和 2.3 次助攻，数据小幅上扬，并留下许多经典瞬间。

2014 年 12 月 6 日，雄鹿对阵太阳的比赛中，替补出场的米德尔顿，凭借最后一记三分球的压哨命中，绝杀太阳，这也是他职业生涯第一次投中压哨绝杀球。

2015 年 3 月 8 日与 12 日，米德尔顿更是两度砍下 30 分，刷新职业生涯得分新高。2015 年 3 月 25 日，他在比赛最后关头不负期望，再度命中三分压哨，绝杀热火。

米德尔顿的出色表现，让雄鹿管理层不惜开出一笔 5 年 7000 万美元的大合同。而签下大合同的米德尔顿表现愈发亮眼，2015/2016 赛季他场均贡献 18.2 分、4.2 次助攻和 1.7 次抢断，比球队老大帕克的 14.1 分、5.2 个篮板更加耀眼。而在此时，“希腊神兽”安特托昆博也羽翼渐丰，“字母哥”与米德尔顿的这对组合率领雄鹿渐入佳境。

2016/2017 赛季，米德尔顿遭遇腿部伤病，只出战了 29 场比赛。他在 2017/2018 赛季完成了“王者归来”，场均数据更是涨到 20.1 分、5.2 个篮板、4.0 次助攻。

2018 年东部半决赛，雄鹿与凯尔特人鏖战七场，遗憾落败。米德尔顿以一己之力硬扛“绿衫军”，场均交出 24.7 分、5.1 个篮板的华丽答卷。

2018/2019 赛季，米德尔顿入选了全明星队。2019 年 7 月 12 日，雄鹿为他奉上一纸 5 年 1.78 亿美元的合约。

虽然米德尔顿在 2019 年季后赛表现低迷，但场均依然得到 20.9 分、6.2 个篮板、5.5 次助攻，身手全面的米德尔顿作用远不止于此。

雄鹿的进攻发起点是米德尔顿，他的单打效率惊人，深谙各种中远距离投篮之道。此外他的球商不俗，能在进攻或者助攻间自由切换。他能进行空间牵制、空位三分球、单打攻坚，这些都是雄鹿夺冠之路上无可替代的王牌基因。

2019/2020 赛季，NBA 可谓命运多舛，2020 年 1 月 26 日科比的罹难让人痛心。作为背影最像“黑曼巴”的那个男人，

米德尔顿在 1 月 29 日对阵奇才的比赛中，砍下 51 分，以此来致敬远逝的“黑曼巴”。2020 年季后赛，虽然雄鹿在东部半决赛被热火以 4 比 1 淘汰，但米德尔顿在“字母哥”伤退的绝境下，独自砍下 36 分，率领雄鹿加时险胜。在雄鹿这东部半决赛的唯一一场胜利中，米德尔顿跃马横枪，打出球队“得分担当”的感觉。

如果说天赋绝伦的“字母哥”开山伐树，决定了雄鹿的下限的话，那么米德尔顿的得分输出，将决定雄鹿的上限。雄鹿在 2021 年季后赛，一路坎坷，除了首轮横扫热火报一箭之仇之外，他们在东部半决赛对阵篮网先输两场；东部决赛迎战老鹰又在家门口输掉头战；总决赛他们在菲尼克斯，又输掉前两场。但雄鹿异常的顽强与坚韧，在 7 战 4 胜制的比赛中，他们总能先输后赢，笑到最后……

雄鹿能逆袭夺冠，除了“字母哥”的攻防两端统治力之外，米德尔顿稳定而又关键的持续得分是最重要的一环。他在 2021 年季后赛虽然依旧有些起伏，但关键时刻总能彰显杀手本色，那就是超级巨星的存在。

米德尔顿在东部半决赛第六场，砍下 38 分、10 个篮板、5 次助攻、5 次抢断，率领命悬一线的雄鹿击退篮网。此后他又在东部决赛第六战巅峰射鹰，第三节砍下 23 分，上演季后赛史上得分炸裂的单节表演。

总决赛雄鹿面对太阳，先输两场后再次站上悬崖，又是米德尔顿在第四场独取 40 分，以火力压制了狂砍 42 分的布克，将比赛带到“天王山”。最终，雄鹿夺得总冠军，米德尔顿场均得到 24 分、6.3 个篮板、5.3 次助攻，并在最后 5 分钟（分差小于 5 分）时共得到 14 分，成为雄鹿与太阳两队在最后决胜时刻得分最多的球员。

2021 年夏天，刚刚打完总决赛，米德尔顿又火线奔赴东京奥运赛场，成为美国男篮“梦之队”的一员，并如愿戴上金牌。总决赛与奥运双线登顶，米德尔顿达到人生巅峰，与队友霍勒迪一道，成为 2021 年夏天最幸福的篮球运动员。

米德尔顿，一位来自二轮秀的普通球员，总是被人低估，但他在 NBA 的第 9 个年头，和“字母哥”并肩作战 8 年之际，终于完成华丽蜕变。

生涯高光闪回 / 0.5 秒绝杀热火

高光之耀：雄鹿原本应该在第四节结束战斗，可惜“字母哥”关键时刻 5 罚全失，还出现了罚球 10 秒违例。米德尔顿的美如画翻身跳投绝杀不仅为雄鹿带来胜利，还拯救了“字母哥”。

2021 年 5 月 23 日，季后赛首战，雄鹿坐镇主场迎战热火。上赛季雄鹿被热火淘汰、止步东部半决赛。此场“复仇战”杀得难分难解，巴特勒末节上篮绝平。

加时赛最后时刻，米德尔顿迎着防守翻身后仰命中，0.5 秒绝杀热火。全场比赛，米德尔顿轰下 27 分，还有 6 个篮板、6 次助攻进账，成为雄鹿获胜的关键先生。

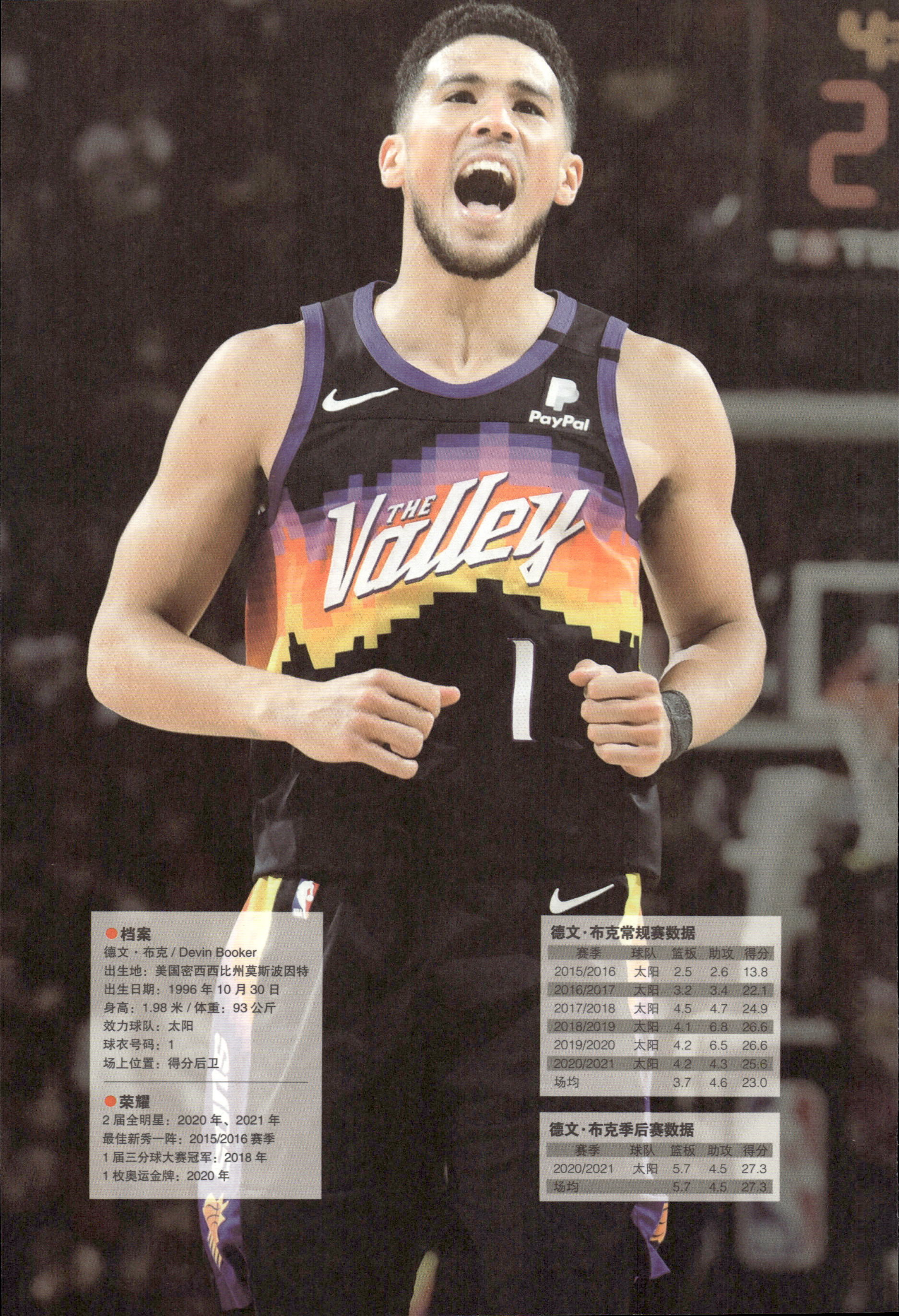

档案

德文·布克 / Devin Booker
出生地：美国密西西比州莫斯波因特
出生日期：1996 年 10 月 30 日
身高：1.98 米 / 体重：93 公斤
效力球队：太阳
球衣号码：1
场上位置：得分后卫

荣耀

2 届全明星：2020 年、2021 年
最佳新秀一阵：2015/2016 赛季
1 届三分球大赛冠军：2018 年
1 枚奥运金牌：2020 年

德文·布克常规赛数据

赛季	球队	篮板	助攻	得分
2015/2016	太阳	2.5	2.6	13.8
2016/2017	太阳	3.2	3.4	22.1
2017/2018	太阳	4.5	4.7	24.9
2018/2019	太阳	4.1	6.8	26.6
2019/2020	太阳	4.2	6.5	26.6
2020/2021	太阳	4.2	4.3	25.6
场均		3.7	4.6	23.0

德文·布克季后赛数据

赛季	球队	篮板	助攻	得分
2020/2021	太阳	5.7	4.5	27.3
场均		5.7	4.5	27.3

K♥

太阳之子

德文·布克

DEVIN BOOKER

他太像科比了，13 号新秀、得分后卫、跳投美如画。当他砍下 70 分、命中压哨绝杀时，让世界领略到他那“黑曼巴”式的得分爆炸力，但人们总觉得他与科比还差点什么。

2021 年夏天，我们见证了布克与太阳一起从西边升起。他在首次季后赛之旅就砍下创 NBA 纪录的 601 分。当他华丽而稳定地中距离跳投、撞断鼻骨后死战不休，以及一次次命中高难度三分球时，我们看到曼巴精神在他身上闪耀涌现。

偏执、锋锐、强悍、精湛，以及对胜利永不停歇的渴望，布克那张英俊略带稚气的面容上，终于射出冷血肃杀的寒光。

1996 年 10 月 30 日，德文·布克出生于美国密西西比州莫斯波因特，他的父亲梅尔文·布克是一名职业篮球运动员，常年在海外的欧洲联赛打球，小布克幼年的大部分时间是和母亲维罗妮卡·古铁雷斯一起度过的。尽管如此，小布克仍然受到父亲很大影响，他遗传了父亲的篮球天赋，并从小就萌生了“像父亲一样打球”的理想。

高二那年，布克的父亲梅尔文决定回到密西西比州莫斯波因特的老家，这样，布克就可以和父亲一同生活了。于是凌晨五点莫斯波因特的海滩上，每天都会有布克父子飞奔的身影，而那些勤学苦练，也培养了布克坚毅、硬朗的品格。

2014 年，布克获得了肯塔基大学的奖学金，成为这所培育过拉简·隆多、约翰·沃尔、德马库斯·考辛斯、安东尼·戴维斯等知名球员的篮球名校的一员。

2014/2015 赛季，布克代表肯塔基出战 NCAA 联赛，场均得到 10 分，两分球命中率为 47%，三分球命中率为 41.1%，当选东南联盟的最佳第六人，入选东南联盟最佳阵容二队和最佳新秀阵容。仅就读大学一年，布克已做好 NBA 选秀的准备。

2015 年太阳队用 13 号签摘走还不满 19 周岁的布克，三年前，一个身披 13 号战袍的英雄纳什辞别“凤凰城”，这里的篮球等待新的英雄。

太阳队选择布克的初衷，源自他那一手精准的三分球。2014/2015 赛季，布克在 NCAA 三分线外投出了进球率 42.9% 的成绩，创造了历史第二好的纪录。

布克经历了赛季初段的磨合，进入 2016 年后开始步入正轨。他在 1 月 20 日对阵步行者的比赛里砍下 32 分，成为 2015 届新秀中率先拿到“30+”的球员。整个新秀赛季，布克共得到 1048 分，场均贡献 13.8 分，成为 NBA 历史上拿到 1000 分第四年轻的球员。2015/2016 赛季结束后，布克入选了最佳新秀阵容。

2016/2017 赛季，布克在 78 场比赛中全部首发。2017 年 2 月 4 日，太阳客场以 105 比 103 战胜国王，布克砍下 33 分，并在比赛最后时刻命中生涯首次压哨绝杀，同时成为 NBA 历史上继詹姆斯之后，第二位在 21 岁之前连续 15 场比赛至少得到 20 分的球员。

2017 年 3 月 25 日，太阳对阵凯尔特人，布克 40 投 21 中，三分球 11 投 4 中，罚球 26 投 24 中，疯狂砍下 70 分，成为 NBA 历史上第六位“70+”先生。布克仅用 40 次投篮就得到 70 分，这是所有得到 70 分球员中出手次数最少的。只可惜，太阳败给“绿衫军”，这让布克史诗级的“70+”显得有些失色。

同样的身高，同样的位置，同样美如画的跳投，同样作为 13 号新秀的布克砍下 70 分，很多人开始将他与科比相提并论，而作为一代得分王，科比对于这个后生晚辈也是相当欣赏，他从布克身上仿佛看到了年轻的自己。

2016/2017 赛季，“二年级”的布克场均得到 22.1 分，他的成长有目共睹。2017/2018 赛季，布克表现得更加游刃有余，他在全明星三分大赛中力挫克莱·汤普森和乔·哈里斯等名将，以决赛创纪录的 28 分，夺得了三分大赛冠军。

布克在 2017/2018 赛季场均砍下 24.9 分、4.5 个篮板、4.7 次助攻，太阳也从这个 21 岁的青年身上看到了美好的未来。2018 年 7 月，一份 5 年 1.58 亿美元的续约合同，让布克正式成为菲尼克斯太阳的基石。

2018/2019 赛季，“状元”中锋艾顿加盟太阳，而布克则已成长为顶尖得分后卫，太阳队拥有了颇具潜力的内外线二人组，但他们还稍显稚嫩，在西部无法杀入季后赛。

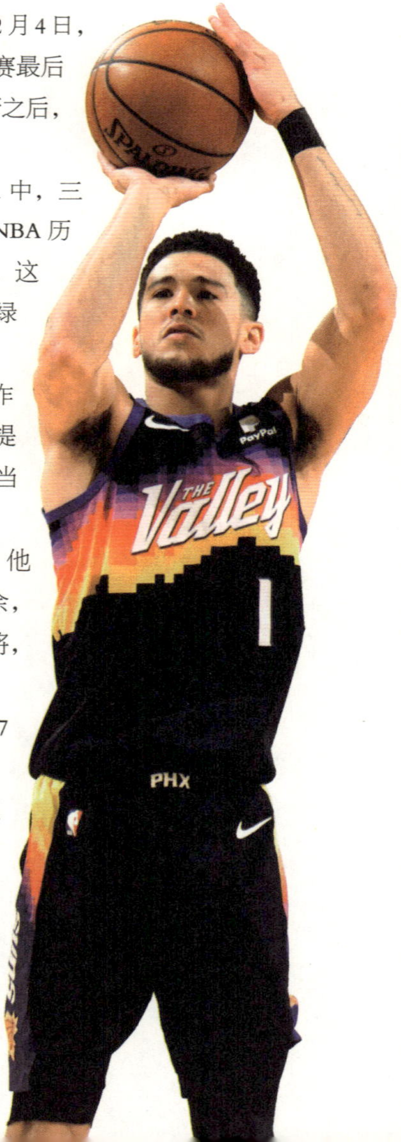

2019/2020 赛季，太阳队的表现一甩往日“鱼腩球队”的形象，长时间高居西部前八，然而随着艾顿被禁赛、贝恩斯和卢比奥伤停，太阳队战绩急转直下。

2020 年 3 月，突如其来的新冠肺炎疫情打乱了既定的赛程。赛季停摆前，他们落后西部第八灰熊 6 个胜场，季后赛希望渺茫。然而，7 月底复赛打响，布克率领太阳打出一波八连胜，险些杀入季后赛，着实惊诧世人。复赛期间布克场均轰下 30.5 分，太阳队以复赛全胜的战绩昂首离开。

2020 年休赛期，太阳通过交易得到克里斯・保罗，阵容极大提升。2020/2021 赛季，太阳常规赛取得 51 胜 21 负的战绩，高居西部第二，时隔 10 年重返季后赛。

太阳在季后赛首轮以 4 比 2 淘汰上届冠军湖人，西部半决赛以 4 比 0 横扫掘金，西部决赛以 4 比 2 击沉快船，杀入总决赛，与雄鹿巅峰对决。

整个季后赛，布克场均砍下 27.3 分、5.7 个篮板和 4.5 次助攻，4 次砍下 40+，缔造无数闪光时刻：首轮第六场布克狂飙 47 分，率领太阳淘汰上届冠军湖人。西部决赛第一战，没有保罗，布克独自带队，豪取 40 分、13 个篮板、11 次助攻的大三双。总决赛布克连续两场拿到 40+。他在首次季后赛之旅共砍下 601 分，创造 NBA 历史新纪录。

总决赛太阳以 2 比 4 不敌雄鹿，与总冠军奖杯失之交臂，布克还来不及细品失利的苦果，就与两位总决赛上的对手米德尔顿、霍勒迪同乘专机，奔赴了东京奥运赛场。

布克在奥运赛场似乎还未走出总决赛失利的阴霾，场均仅得到 7.2 分。不过他也偶露峥嵘，在美国队与澳大利亚队的生死大战中砍下 20 分，成为杜兰特身边最可靠的帮手。

美国队最终在奥运男篮决赛中击败法国队，布克如愿戴上金牌，没有捧起奥布莱恩金杯，不知这个奥运冠军能否打动詹娜（布克的超模女友）的芳心。

布克的前臂有一处文身，上面是科比在退役那年送给他的寄语：Be legendary（成为传奇）。经历了总决赛的洗礼后，25 岁的德文・布克已经迈入超级巨星行列，他正像偶像科比希望的那样，书写着属于自己的传奇。

生涯高光闪回 / 47 分击溃上届冠军

高光之耀：这不是太阳在这轮系列赛中表现最好的一战，艾顿仅得 8 分、3 个篮板，保罗依旧受到肩伤的困扰。但布克用超强的个人得分能力解决了问题。用奥尼尔的话说：“他的心态就是，把那该死的球给我，然后给我腾出空间。”

2021 年 6 月 4 日，季后赛首轮第六战，太阳客场以 113 比 100 战胜湖人，以 4 比 2 的大比分将上届冠军淘汰出局。此役，太阳核心布克如有神助，全场出战 46 分钟，22 投 15 中，三分球 10 投 8 中，砍下个人季后赛生涯新高 47 分，另有 11 个篮板、3 个助攻，成为继巴克利后队史第二位单场季后赛得到至少 45 分、10 个篮板的球员。

特雷·杨常规赛数据

赛季	球队	篮板	助攻	得分
2018/2019	老鹰	3.7	8.1	19.1
2019/2020	老鹰	4.2	9.3	29.6
2020/2021	老鹰	3.9	9.4	25.3
场均		3.9	8.9	24.1

特雷·杨季后赛数据

赛季	球队	篮板	助攻	得分
2020/2021	老鹰	2.8	9.5	28.8
场均		2.8	9.5	28.8

档案

特雷·杨 / Trae Young
出生地：美国得克萨斯州卢伯克
出生日期：1998 年 9 月 19 日
身高：1.85 米 / 体重：82 公斤
效力球队：老鹰
场上位置：控球后卫
球衣号码：11

荣耀

1 届全明星：2020 年
最佳新秀阵容：2018/2019 赛季

K♣

吹杨

特雷·杨

TRAE YOUNG

古成大事者，必誉满其身，谤满其身，特雷·杨就是这样……

身材瘦小的特雷·杨一踏入 NBA 赛场，便备受质疑。

一方面他弯弓饮羽、射程广袤且火力凶猛，不负“小库里”的威名，另一方面他狡如狐、滑如鳅，频频制造犯规，令对手苦不堪言。

他数据炸裂、创造名场面无数，率领老鹰逆风飞抵东巅之上。在漫天的嘘声里，他淡定鞠躬、微微一笑很倾城。

这就是特雷·杨，一个在 NBA 巨人阵中自由飞舞的精灵。在世人的偏见中，不断掀翻小个子的巨星上限，定义新的里程。

顶着一头卷发与邪魅狂狷的笑容，带着 NCAA 首位得分王 + 助攻王的光环，与东契奇互换东家。当有恐鸟症的特雷·杨驾临亚特兰大老鹰时，就注定他的反差萌。

而特雷·杨最大的反差就是：小小的躯体中有一颗大大的心脏。

1998 年 9 月 19 日，特雷·杨出生于美国得克萨斯州卢伯克一个篮球世家，他父亲雷福德·杨曾效力于得克萨斯理工大学球队，上演过单场 41 分的壮举。不过雷福德在大学毕业后未能进入 NBA，而是辗转法国、意大利和葡萄牙的篮球联赛淘金。

2006 年之后，雷福德一家从得克萨斯搬至俄克拉荷马州的小城诺曼定居。

2008 年，俄克拉荷马终于有了自己的 NBA 球队——雷霆。为了开拓儿子的眼界，雷福德与小特雷·杨成为切萨皮克能源球馆的常客。2008 年，特雷·杨还只是 10 岁的青涩男孩，他在雷霆的切萨皮克能源球馆，留下了那张依偎在杜兰特怀中的照片。

彼时，小特雷·杨亲眼看见了“雷霆三少”的青春岁月，忘情欣赏着杜兰特、威斯布鲁克和哈登在球场上大杀四方，并暗自立下志向：要成为像 KD 那样的超级巨星。

特雷·杨在进入北诺曼高中后，很快成长为全州的明星球员，高二那年他场均能得到 25 分、4 个篮板、5 次助攻的全面数据，并率队赢得地区冠军。

高四毕业时，特雷交出场均 42.6 分、5.8 个篮板、4.1 次助攻的恐怖成绩单，当之无愧地荣膺俄克拉荷马州最佳球员，并被 ESPN 评为全美五星级后卫。

北卡、杜克、肯塔基等 NCAA 顶级名校都向特雷·杨发出了邀请，但这个特立独行的少年最终选择俄克拉荷马大学，决心为家乡球队效力。

大一赛季的特雷·杨堪称完美：对阵俄勒冈大学，他狂砍 43 分、7 次助攻；在击败西北州立大学的比赛中，他送出 22 次助攻，追平 NCAA 单场助攻纪录。整个赛季，特雷·杨以 811 分的总得分超越杜兰特，独占 NCAA 新生得分纪录榜的榜首。他在该赛季场均轰下 27.4 分、8.7 次助攻，成为 NCAA 史上首位单赛季揽下得分王和助攻王的球员。

这仅仅是特雷·杨的第一个 NCAA 赛季，他以无懈可击的表现，让对手自叹弗如。但即便如此，还是有无数质疑者认为他身材瘦小、数据水分较大，很难成为 NBA 级别的明星。面对这些质疑，特雷·杨选择将其转化为额外的动力。

2018 年选秀大会，特雷·杨在首轮第五顺位被达拉斯独行侠选中，随后他被交易到老鹰。而与他互换选秀权的家伙，则是“一生之敌”——卢卡·东契奇。

顶着“小库里”美名的特雷·杨来到老鹰后被寄予厚望，他在新秀赛季就创造了一连串令人惊诧的纪录。特雷·杨在 NBA 首秀中交出 14 分、6 个篮板、5 次助攻的成绩单，随后第三场对阵骑士又豪取 35 分、11 次助攻。纵冠整个 NBA 历史，还没有哪位新秀能在自己的前三场比赛中交出“35+10”的答卷。特雷·杨的神奇还在继续，他能单场送出 15 次助攻，也能单场命中 8 记三分球，还能背靠背连续砍下 36 分……

2019 年 3 月 2 日，老鹰迎战公牛，鏖战四加时，虽然老鹰以 161 比 168 遗憾败北，但特雷·杨豪取 49 分、16 次助攻，得分与助攻均创职业生涯新高。

特雷·杨在自己的新秀赛季打出恣意汪洋的得分与助攻，在 81 场比赛中，场均贡献 19.1 分、8.1 次助攻。但最终还是东契奇（场均 21.2 分、7.8 个篮板、6 次助攻）夺走了最佳新秀的桂冠，从而也拉开“2018 绝代双骄”彼此争锋的序幕。

2019/2020 赛季，特雷·杨的蹿升势头更加凶猛，开季前两场连续砍下 38 分、39 分，率队取得两连胜。2020 年 1 月 21 日，老鹰虽然以 117 比 122 不敌猛龙，但特雷·杨砍下 42 分、15 次助攻。像这样燃炸的数据，对于特雷·杨可谓家常便饭。他对阵奇才砍下 45 分、14 次助攻；对热火豪取 50 分、8 次助攻，并命中 8 记三分球。

特雷·杨在 2019/2020 赛季场均得到 29.6 分、4.3 个篮板、9.3 次助攻，并成功入选全明星首发阵容。他在 NBA 生涯的第二个赛季打出了巨星的数据，却没有达到巨星的层级，因为他还没有在更高的季后赛舞台证明自己。

2020/2021 赛季，拉简·隆多来到亚特兰大，阵容升级的老鹰有望一飞冲天。特雷·杨在 2020/2021 赛季场均砍下 25.3 分、9.4 次助攻，率领老鹰取得 41 胜 31 负的优异战果，位居东部第五，季后赛他们对阵东部排名第四的纽约尼克斯。

特雷·杨在自己的季后赛处子秀就上演了绝杀的大戏，并贡献了 32 分、10 次助攻。完成制胜球之后，他在麦迪逊花园球馆淡定地做出噤声手势，颇具大将之风。

老鹰最终以 4 比 1 淘汰尼克斯，上演“下克上”的大戏。杀入东部半决赛，对阵常规赛排名东部第一的费城 76 人，老鹰继续上演“下克上”的戏码，以 4 比 3 淘汰对手，挺进东部决赛。特雷·杨表现异常出色，东部半决赛第五战中，他砍下 39 分、7 次助攻，生涯前 10 场季后赛场均得到 29.4 分、10.3 次助攻。纵观 NBA 历史，也只有奥斯卡·罗伯特森和克里斯·保罗完成如此壮举。

老鹰杀入东部决赛，面对雄鹿的第一战，特雷·杨豪取 48 分、7 个篮板、11 次助攻，他用抖肩弯弓，闲庭信步般率队在客场猎鹿，缔造了一段炫目的神话。

东部决赛第三场，特雷·杨因为脚踝受伤而发挥欠佳，但依然砍下 35 分，在首次季后赛之旅中，22 岁的特雷·杨 8 次得分 30+，创下比肩詹姆斯的纪录。

虽然老鹰最终止步东部决赛，但他们一飞冲天的英姿，足以令联盟诸雄骇然。

特雷·杨面对野蛮防守以及满场嘘声时，总能微微一笑化为无形，显现出强大的控制力与自信心，他那瘦小的身躯里似乎拥有巨大的能量。他不仅拥有超级巨星的神技，更有一颗超级巨星的超然之心。

自此，特雷·杨在季后赛的赛道上已超越东契奇，领跑超新星一代。

生涯高光闪回 / 首秀绝杀

高光之耀：麦迪逊广场花园的嘘声响彻整晚，直到特雷·杨最后 0.9 秒命中绝杀抛投，随后他用噤声手势回敬尼克斯主场球迷。

2021 年 5 月 24 日，老鹰对阵尼克斯系列赛第一场，特雷·杨迎来季后赛首秀。末节最后 2 分钟，特雷·杨连得 7 分，包括最后 0.9 秒突破抛投绝杀。

特雷·杨创造了 NBA 球员季后赛首秀的历史，砍下 32 分、7 个篮板、10 次助攻，并送出绝杀。

贾·莫兰特常规赛数据

赛季	球队	篮板	助攻	得分
2019/2020	灰熊	3.9	7.3	17.8
2020/2021	灰熊	4.0	7.4	19.1
场均		3.9	7.3	18.4

贾·莫兰特季后赛数据

赛季	球队	篮板	助攻	得分
2020/2021	灰熊	4.8	8.2	30.2
场均		4.8	8.2	30.2

档案

贾·莫兰特 / Ja Morant
出生地：美国南卡罗来纳州达尔泽尔
出生日期：1999 年 8 月 10 日
身高：1.91 米 / 体重：79 公斤
效力球队：灰熊
场上位置：控球后卫
球衣号码：12

荣耀

最佳新秀：2019/2020 赛季
最佳新秀阵容：2019/2020 赛季
1 届鲍勃·库西奖：2018 年

K

小 AI
贾·莫兰特
JA MORANT

球风酷炫、恣意张扬、无所畏惧，
身材单薄的他却喜欢用骑扣来征服联盟诸峰。

辫发冲天、纵横无忌、奔腾过后，你会发现他简直就是高了 8 厘米的艾弗森。

如果一个后卫同时具备劲爆的攻筐能力和出众的组织才华，那会是怎样的存在？那将是保罗的大脑钻进了威斯布鲁克的躯体，同时还有艾弗森的灵魂，贾·莫兰特就是这样的模板。

看这位青年才俊打球，你会有种时空交错的美妙感受，他身上有老派篮球倔强狂放的影子，但同时又奔逸绝尘，引领了当下的潮流。

1999 年 8 月 10 日，贾·莫兰特出生于南卡罗来纳州的达尔泽尔。他的父亲虽然是一名理发师，但在高中时代也曾是叱咤一时的篮球明星，率领山顶高中校队夺得过南加州高中联赛冠军，他有一位大名鼎鼎的队友，就是雷·阿伦。

老莫兰特在克拉夫林大学毕业后，最终没有走上职业篮球的道路，所以当贾·莫兰特出生后，老莫兰特希望儿子有朝一日“子承父志”，去实现自己当年未竟的理想。

因为家境拮据，小莫兰特只能自修苦练，老爸也经常教导儿子，不要去羡慕那些报班的孩子，篮球是无法仅靠某种途径就获得成功的，你需要夯实基本功，并不断加深对这项运动的理解和领悟。小莫兰特勤学苦练，很早就展现出非凡的篮球创造力。

莫兰特在达尔泽尔就读高二时，曾加入当地的南卡罗来纳黄蜂（业余篮球队），而当时队中有一位天赋异禀的篮球少年——“胖虎”蔡恩·威廉森。那位后来名声大噪、被誉为继詹姆斯之后最佳新人的蔡恩，当时却被名不见经传的莫兰特的精湛球技所深深折服，成为其“小迷弟”。后来，蔡恩名满天下，却称莫兰特的天赋远胜自己。在“胖虎”不遗余力的力荐下，2017 年，莫兰特最终收到莫瑞州立大学的“橄榄枝”。

莫兰特在大二赛季就打出超级全能的数据，闪耀全美，场均得到 24.5 分、5.7 个篮板、10 次助攻、1.8 次抢断，成为 NCAA 首位单赛季得分超 20 并有 10 次以上助攻的球员。

莫兰特在莫瑞州立大学与马奎特大学的比赛中，砍下 17 分、16 次助攻、11 个篮板，成为 NCAA 历史上第八个完成“三双”的球员。尽管球队最终止步 NCAA 第二轮，但莫兰特还是凭借优异的表现，荣获鲍勃·库西奖（年度最佳控卫）。

2019 年选秀大会星光熠熠，莫兰特最终屈居好友蔡恩之后，在第二顺位被孟菲斯灰熊选中。能成为“榜眼秀”，也是显赫的荣耀，莫兰特表示是父亲成就了今天的自己，而老莫兰特在选秀现场拥抱爱子，自豪之情溢于言表。

蔡恩被鹈鹕选中，成为 2019 年的“状元”，莫兰特被灰熊选中，成为“榜眼”，从那一刻起，两位高中时期的好友在 NBA 赛场开始兵戎相见，他们是 2019 年的绝代双骄，也将成为 NBA 赛场的“一生之敌”。

莫兰特驾临灰熊，给这支滞涩粗犷的内线风格球队，注入一抹轻灵、飘逸的亮色。孟菲斯人也被这位球风酷炫的年轻“榜眼”所折服，于是围绕主力控卫莫兰特而打造的“新灰熊”应运而生。

莫兰特宛如利刃出鞘，在 NBA 一亮相便光彩夺目，从 2019 年 10 月到 2020 年 1 月，莫兰特连续荣膺了前四个月的西部最佳新秀。2020 年 1 月 15 日灰熊大胜火箭，莫兰特 11 投 10 中，以超九成的命中率轰下 26 分、8 次助攻。随后莫兰特又在灰熊击败奇才的比赛中，豪取 27 分、10 个篮板与 10 次助攻，拿到 NBA 生涯的第一次三双。

2019/2020 赛季，“胖虎”蔡恩因伤缺席大半个新秀赛季，但即便他全勤，恐怕也很难去改写 2019/2020 赛季最佳新秀的归属，因为贾·莫兰特就站在那里。

莫兰特在自己的新秀赛季，有一种“出战即巅峰”的既视感，他场均砍下 17.8 分、3.9 个篮板、7.3 次助攻，投篮命中率高达 47.7%。抛开直观的数据，莫兰特在场上出色的领导力也有目共睹。重建的灰熊在年仅 20 岁的莫兰特的率领下，始终稳定在西部前九之列。虽然灰熊在附加赛惜败给开拓者无缘季后赛，但对于莫兰特这位初出茅庐的“菜鸟”核心来说，这样的表现足以令人信服。

2020/2021 赛季，二年级生莫兰特继续进步，场均贡献 19.1 分、7.4 次助攻，已然是全明星级别的表现。在决定最后一张季后赛门票与勇士的生死战中，莫兰特展现出大场面球员的本色，全场

贡献 35 分、6 个篮板、6 次助攻和 4 次抢断，连一向不太擅长的远投也变得异常精准，命中 5 记三分球，并在加时赛的最后时刻命中高难度抛投，率领灰熊淘汰勇士，让本赛季得分王库里饮恨赛场。

如果说“季后赛才是检验球星成色的标准”，那 22 岁的莫兰特则再次证明自己完全是为大场面而生。与爵士的这轮系列赛，莫兰特场均砍下 30.2 分，刷新灰熊队史纪录。系列赛第二场，莫兰特狂砍 47 分，超越勒布朗・詹姆斯（2006 年季后赛曾得到 45 分），创造了 21 岁及以下 NBA 球员的季后赛得分新纪录。

季后赛前五场，莫兰特累计得到 151 分、41 次助攻，成为 NBA 史上第一位在职业生涯前五场季后赛达成 150 分、40 次助攻以上的球员。在莫兰特的强势率领下，平均年龄只有 23.7 岁的灰熊青年军从联盟战绩第一的爵士手中抢下了一场胜利。

贾・莫兰特才进 NBA 三年，便缔造神迹无数，展现出成为一名超级巨星的一切潜质。记得他曾登上《SLAM》杂志，封面主题为：“轮到我了！”的确，莫兰特正在创造属于自己的时代，率领灰熊掀起一股青春风暴，擎起了新生代的一面王旗。

生涯高光闪回 / 克勇制胜

高光之耀：面对勇士的“放投不放突”防守策略，莫兰特向世人证明他就是为大场面而生的球员，对飙库里命中生涯最高的 5 记三分，并在加时赛决胜阶段奉献制胜两球。

2021 年 5 月 22 日，NBA 附加赛继续进行，灰熊在客场挑战勇士，这是一场“赢球或者回家”的比赛。在莫兰特的带领下，灰熊牢牢地占据场上主动。加时赛最后时刻，莫兰特杀到篮下用一记高难度抛投锁定胜局。

此役，莫兰特 29 投 14 中，三分球 10 投 5 中，得到 35 分、6 个篮板、6 次助攻和 4 次抢断，率领灰熊以 117 比 112 战胜勇士，拿到最后一张季后赛门票。

NBA
41

Q-10

黑桃 Q 朱・霍勒迪 / **红桃 Q** 蔡恩・威廉森 / **梅花 Q** 布拉德利・比尔 / **方片 Q** 卡尔–安东尼・唐斯
JRUE HOLIDAY　ZION WILLIAMSON　BRADLEY BEAL　KARL-ANTHONY TOWNS
黑桃 J 凯尔・洛瑞 / **红桃 J** 贾马尔・穆雷 / **梅花 J** 鲁迪・戈贝尔 / **方片 J** 戈兰・德拉季奇
KYLE LOWRY　JAMAL MURRAY　RUDY GOBERT　GORAN DRAGIC
黑桃 10 杰伦・布朗 / **红桃 10** 扎克・拉文 / **梅花 10** 拜伦・戴维斯 / **方片 10** 布兰登・英格拉姆
JAYLEN BROWN　ZACH LAVINE　BARON DAVIS　BRANDON INGRAM

朱·霍勒迪常规赛数据

赛季	球队	篮板	助攻	得分
2009/2010	76 人	2.6	3.8	8.0
2010/2011	76 人	4.0	6.5	14.0
2011/2012	76 人	3.3	4.5	13.5
2012/2013	76 人	4.2	8.0	17.7
2013/2014	鹈鹕	4.2	7.9	14.3
2014/2015	鹈鹕	3.4	6.9	14.8
2015/2016	鹈鹕	3.0	6.0	16.8
2016/2017	鹈鹕	3.9	7.3	15.4
2017/2018	鹈鹕	4.5	6.0	19.0
2018/2019	鹈鹕	5.0	7.7	21.2
2019/2020	鹈鹕	4.8	6.7	19.1
2020/2021	雄鹿	4.5	6.1	17.7
场均		4.0	6.4	16.0

朱·霍勒迪季后赛数据

赛季	球队	篮板	助攻	得分
2010/2011	76 人	3.8	5.6	14.2
2011/2012	76 人	4.7	5.2	15.8
2014/2015	鹈鹕	1.0	4.3	6.3
2017/2018	鹈鹕	5.7	6.3	23.7
2020/2021	雄鹿	5.7	8.7	17.3
场均		5.0	6.9	17.1

●档案

朱·霍勒迪 /Jrue Holiday
出生地：美国加利福尼亚州查特斯沃斯
出生日期：1990 年 6 月 12 日
身高：1.90 米 / 体重：93 公斤
效力球队：76 人、鹈鹕、雄鹿
场上位置：控球后卫
球衣号码：11、21

●荣耀

1 届总冠军：2021 年
1 届全明星：2013 年
2 届最佳防守一阵：2017/2018 赛季、2020/2021 赛季
1 届最佳防守二阵：2018/2019 赛季
1 枚奥运金牌：2020 年

那些年
我们一起追的球星
2009—2021

Q ♠

假日哥

朱·霍勒迪

JRUE HOLIDAY

防守端，他如影随形，锁死对方箭头人物；进攻端，他纵横捭阖，搅动敌阵禁区风云；赛场下，他游离在聚光灯之外，深藏功与名。

朱·霍勒迪，作为第一位“90后”的全明星、两届防守一阵球员、NBA与奥运双料冠军主力控卫，他的低调与实力呈现两个极端。

2021年夏天，霍勒迪先后辅佐“字母哥”与杜兰特，拿到NBA与奥运会的两个冠军，成为大赢家的同时，人们也终于发现了这位性格内敛、攻防一体的“宝藏二当家”。

生活中，他是个好丈夫、好父亲，还热衷慈善；赛场上，他面如平湖，却孕育千钧之力，在攻防两端贡献着无穷的能量……这就是霍勒迪，曾无数次被低估，又无数次证明自己的实力派球员。

2021年7月21日，雄鹿以105比98射落太阳，时隔50年再夺NBA总冠军。

朱·霍勒迪一如既往地躲在欢庆的聚光灯之外，虽然这位主力控卫刚刚拿下12分、9个篮板、11次助攻的准三双数据。这已经是霍勒迪在总决赛连续第三场高光表演了，之前他在总决赛第四场最后时刻迫使保罗运球失误，快攻助米德尔顿上篮得手。随后霍勒迪又成为“天王山之战”的胜负手，进攻端火力全开，砍下27分、13个助攻之余，还在防守端“死亡抢断”布克，助攻“字母哥”空中接力锁定胜局。

数据不会说谎：总决赛第一战和第六战，当霍勒迪主防布克时，布克两场比赛43投27中，三分球15投仅1中，并出现9次失误，包括“天王山”的致命一误。更多的时候，霍勒迪面对的是保罗，沉稳老辣的CP3在这轮系列赛出现罕见的21次失误。

霍勒迪完美地展现了“防守一阵”实力，让太阳引以为傲的后场双星大失水准。对大多数人来说，他们是从总决赛才开始见识到霍勒迪的防守能力，但他的这种能力并非与生俱来，而是与“假日哥”的成长环境密不可分。

1990 年 6 月 12 日，霍勒迪出生在一个篮球世家，他的哥哥，现效力于步行者队的贾斯丁·霍勒迪回忆说：“从我记事起，家人就一直在谈论防守。”

霍勒迪就读于洛杉矶的坎贝尔霍尔高中。高四那年， 霍勒迪场均得到 25.9 分、11.2 个篮板、6.9 次助攻，率领球队打出 31 胜 5 负的战绩，赢得加州赛区第四区冠军。他也斩获了包括加州篮球先生、麦当劳全美最佳球员、佳得乐年度最佳球员等诸多荣誉。

高中毕业后，霍勒迪进入加州大学洛杉矶分校。大一赛季，霍勒迪场均交出 8.8 分、3.8 个篮板以及 3.7 次助攻的数据。而这个赛季，霍勒迪遇到了心仪的女孩——劳伦·切尼，当时的劳伦已名满天下，作为美国女足的主力前腰，随队夺得北京奥运会女足金牌，而霍勒迪还只是一位小有名气的大学生控卫。虽然名气有别，但并不能阻挡他们坠入爱河。

2009 年是公认的选秀大年，涌现出了库里、哈登、格里芬等一众球星。霍勒迪在首轮第 17 顺位被费城 76 人选中。新秀赛季，霍勒迪就屡有亮眼表现，第二个赛季就进入了球队首发阵容，场均能够砍下 14 分、4 个篮板和 6.5 次助攻。

新秀合同到期后，费城 76 人队毫不犹豫地奉上一份 4 年价值 4100 万美元的续约合同。2013 年，霍勒迪事业爱情双丰收。那一年，他成为 NBA 历史上第一位“90 后”全明星球员，还与相恋 5 年的劳伦携手步入婚姻殿堂。

但也就是在这一年，费城 76 人为了得到诺埃尔，将霍勒迪送到了新奥尔良。在鹈鹕效力的 7 个赛季，霍勒迪数次与伤病斗争。

2016 年，劳伦怀孕后，被检查出脑部右侧有一个良性肿瘤。在与鹈鹕商量后，正值合同年的霍勒迪毅然选择无限期休战，回家专心照顾妻子，一个男人的责任与担当在他身上体现得淋漓尽致。

2016/2017 赛季，在劳伦的病情好转之后，霍勒迪回归赛场，场均能够送上 16.2 分、7.5 次助攻以及 1.6 次抢断的数据。鹈鹕队送上一份 5 年 1.31 亿美元的大合同。霍勒迪也用球场上的表现回报了球队的信任，连续两个赛季入选 NBA 最佳防守阵容。

让人记忆犹新的是 2018 年季后赛，鹈鹕首轮 4 比 0 横扫开拓者，霍勒迪防得利拉德场均只得到 18.5 分，命中率只有可怜的 35.2%。一向不服输的利拉德也不禁感叹：“就我看来，霍勒迪就是联盟最好的防守者。”

随着安东尼·戴维斯的离开，鹈鹕开启了重建之路。2020 年

11 月，霍勒迪也在一笔涉及四方的交易中被送去了密尔沃基。为了得到他，雄鹿队不惜送走了布莱索、乔治・希尔，三个首轮以及两个首轮互换权，代价不可谓不大。

霍勒迪的到来让雄鹿的阵容体系更加完整，大大减轻了“字母哥”的压力。不过，当赛季中期雄鹿队以 4 年 1.6 亿美元的合同续约霍勒迪时，依然引来无数质疑。

霍勒迪很快就证明了自己的价值。首轮复仇热火，东部半决赛逆转篮网，东部决赛击退老鹰。雄鹿队一路过关斩将，最终战胜太阳成功登顶。2021 年季后赛，霍勒迪场均得到 17.3 分、5.7 个篮板和 8.7 次助攻，正负值达到了 +159，位列联盟第一。

很多人也许只看到“字母哥”令人咋舌的身体天赋，米德尔顿关键时刻的惊艳表现，但如果不是霍勒迪在进攻端运筹帷幄，防守端死掐对方箭头人物，数次让雄鹿化险为夷，雄鹿队能否赢得总冠军还要打上一个问号。

2021 年，东京奥运会，霍勒迪火线归队。即便是在众星云集的美国男篮“梦之队”，霍勒迪也坐稳了主力控卫的这把交椅。美国队低开高走，最终决赛击败法国，夺得奥运金牌，霍勒迪也成为杜兰特的第二号夺冠功臣。

在东京奥运赛场，他能领防对方的得分手、掐灭发动机，并频频用犀利突破吹响反击的号角，还能充当球队发牌器，盘活大牌如云的队友、将球队进攻形成合力。

如果说“死神”摧城拔寨、创建胜势，那么“假日哥”运筹帷幄、巩固胜局。东京奥运夺金，霍勒迪场均得到 11.8 分、4.8 个篮板、3.8 次助攻，成为杜兰特身边最好的帮手。

霍勒迪的妻子劳伦曾代表美国女足，先后拿到 2008 年北京奥运会、2012 年伦敦奥运会的两枚金牌，而时隔 9 年之后，霍勒迪也拿到一枚东京男篮的奥运会金牌。

作为“奥运三金”的家庭成员、NBA 新科冠军的主力控卫、当今世界最好的防守后场，霍勒迪依然低调内敛，表情木讷、不苟言笑。几年前，有媒体曾向数十位 NBA 球员提问：“谁是这个联盟最被低估的球员？”超过九成的人给出答案：朱・霍勒迪。

实力远大于名气，性格低调内敛，球风朴实无华，霍勒迪为球队胜利甘当绿叶。

生涯高光闪回 / 天王山的胜负手

高光之耀：总决赛前几场，霍勒迪进攻端的低迷表现备受质疑。天王山之战，“假日哥”进攻端火力全开，以一己之力帮助球队抹平 16 分分差，并在关键时刻祭出死亡抢断，用绝佳的表现证明了自己的价值。

2021 年 7 月 18 日，总决赛“天王山之战”打响，雄鹿队首节落后太阳 16 分，形势岌岌可危。关键时刻，霍勒迪挺身而出，第二节独得 14 分将比赛势头扭转。末节太阳最后一攻，霍勒迪生断布克，助攻“字母哥”扣篮锁定胜局。

全场比赛，霍勒迪砍下 27 分、4 个篮板、13 次助攻、3 记抢断，正负值达到了 +14，是“天王山之战”的胜负手。

●档案

蔡恩·威廉森 / Zion Williamson
出生地：美国北卡罗来纳州索尔兹伯里
出生日期：2000 年 7 月 6 日
身高：1.98 米 / 体重：129 公斤
效力球队：鹈鹕 / 场上位置：大前锋
球衣号码：1

●荣耀

1 届全明星：2021 年
最佳新秀阵容一阵：2019/2020 赛季

蔡恩·威廉森常规赛数据

赛季	球队	篮板	盖帽	得分
2019/2020	鹈鹕	6.3	0.4	22.5
2020/2021	鹈鹕	7.2	0.6	27.0
场均		7.0	0.6	25.7

Q♥

胖虎

蔡恩·威廉森

ZION WILLIAMSON

身高 1.98 米、体重 129 公斤，带着如此重身体负荷，竟然能轻松起飞，肆意暴扣，加上虎头虎脑的憨憨形象，颇像《哆啦 A 梦》中的胖虎，所以蔡恩·威廉森有了“胖虎”这个形神兼备的绰号。

早在高中时代就显示出超越同侪的傲人天赋，在大学时代更是万众瞩目，一场比赛中踩爆自己的球鞋，让耐克蒸发了 13 亿美元的市值。蔡恩·威廉森，这位独享无双荣宠与关注的最强新人，势若奔雷，力如猛虎，带着可怕的力量与速度闯入 NBA。

被誉为史上最强天赋的状元，进攻时犹如坦克般碾压对手。而这样一个重型武器，也可以像后卫一样敏捷变向。这位媲美勒布朗的“00”后天才，因为伤病等因素还没有完全兑现那超绝天赋，但我们知道，属于“胖虎”的时代迟早会到来。

2000 年 7 月 6 日，蔡恩·威廉森出生在美国北卡罗来纳州索尔兹伯里市的一个体育世家，他的父亲拉蒂夫·威廉森是全美高中橄榄球界的明星球员，母亲沙伦达是一名跳高运动员。因为拥有强大的运动基因，所以蔡恩在起跑线就已经领先同龄人一大截。

5 岁时，父母离婚，蔡恩跟着母亲生活。后来，沙伦达再婚，她的再婚丈夫名叫李·安德森，曾是大学篮球运动员，就这样，蔡恩在继父的影响下走上了篮球之路。

刚上初中时，蔡恩的身高不过 1.75 米，身高在同龄人中没有优势可言。于是当时蔡恩在继父的教导下进行了控卫技术的训练，具备了扎实的运球基本功和处理球能力。

初三升高一那年，蔡恩猛然长到了 1.91 米，在球场上的统治力逐渐显现。高一赛季，蔡恩场均拿到 24.4 分、9.4 个篮板、2.8 次助攻，3.3 次抢断和 3 个盖帽的全面数据，成为当年入选全美高中生最佳阵容中的唯一一位高一新生。

蔡恩到了高三，已经变身球场怪物——滑翔劈扣、暴力隔扣、胯下重扣，他就用一记记扣篮“肆虐”篮筐、震慑对手。该赛季蔡恩场均狂砍 36.8 分、13 个篮板、3.0 次抢断和 2.5 个盖帽。其中对阵格雷高中一役，蔡恩 28 投 25 中，狂砍创纪录的 53 分。

蔡恩率领斯帕坦堡校队连续三年夺得州冠军，为自己的高中生涯画上了圆满的句号。值得一提的是，蔡恩在高中时期，曾加入当地的一家业余篮球队“南卡罗来纳黄蜂队”，在那里他结识了一位队友——贾・莫兰特，一位令他推崇备至的篮球高手，之后也成为他的一生之敌。

高中毕业后，蔡恩投身“老 K”教练门下，成为杜克大学的一员。大一赛季，蔡恩场均 22.6 分、8.9 个篮板、2.1 次助攻、2.1 次抢断、1.8 个盖帽的全面数据，用身体和天赋一次次碾压对手，他是 ACC 历史上第一个同时赢得年度最佳球员和锦标赛 MVP 的大一新生，同时还是奈史密斯学院年度最佳球员。那场著名的杜克 VS 北卡之战，蔡恩在突破转身蹬地时踩爆了自己的耐克球鞋，这在场上与场下都产生了惊人的“破坏力”，耐克受此事件负面影响股价下跌了 1.1%，直接蒸发了 13 亿美元的市值。

选秀大会前，蔡恩已经锁定状元席位。杰里・韦斯特直言：“如果你在选秀时错过了蔡恩・威廉森，就好比你选秀时不选择迈克尔・乔丹。”最终，手握状元签的鹈鹕毫不犹豫地选中蔡恩，几天前，他们刚刚送走了安东尼・戴维斯，他们将这位“00后”天才定位为球队未来发展的核心。而莫兰特紧随蔡恩之后，位列榜眼。两位好友成为同届双骄，也在 NBA 赛场被迫兵戎相见。

顶着“史上最强状元”的名头，蔡恩的季前赛受到空前的关注。如果说第一场打老鹰的 16 分是小试牛刀的话，那么后面对阵公牛、爵士和马刺的三场比赛则让人们见识了他的天赋。三场比赛场均上场只有 25 分钟，场均 23 分、6 个篮板，36 投 29 中，命中率达到恐怖的 80%。遗憾的是，季前赛最后一场对尼克斯之前蔡恩膝盖受伤，这让他的常规赛首秀推迟了三个月之久。

2020 年 1 月 22 日，蔡恩终于迎来赛季首秀。面对马刺，蔡恩出战 18 分钟，11 投 8 中，三分球 4 投全中，得到 22 分、7 个篮板、3 次助攻，在第四节短短的 3 分 29 秒时间里连得 17 分，险些率队完成逆转。

从 2020 年 2 月 1 日到 3 月 5 日，蔡恩连续 13 场比赛砍下 20 分以上，成为格里芬后首位达成这一数据的新秀。其中，在 3 月 2 日对阵湖人时，蔡恩 16 投 12 中，砍下职业生涯新高 35 分，把湖人内线搅得天翻地覆，詹姆斯感叹：“你必须亲自站上球场才能感受到他打球的力量和速度。”

新冠肺炎疫情打乱了既定的赛程计划，也让我们看到了蔡恩篮球之外的另一面。3 月份停赛后，这位 19 岁的状元郎宣布为失去收入保障的鹈鹕主场员工支付未来 30 天的薪水，展现出了超越其年龄的担当。受到膝盖手术和新冠肺炎疫情的双重影响，蔡恩新秀赛季只打了 24 场比赛，场均可以得到 22.5 分，自 1983 以来，这一数据可以排名第二，仅次于“篮球之神”乔丹的 24.8 分。此外，蔡恩还入选了新秀最佳阵容一阵，在此之前，还从来没有一个新秀只打了 24 场球就能做到这一点。

2020 年休赛期，鹈鹕队完成了大刀阔斧的重建，送走霍乐迪，交易来布莱德索、亚当斯等防守悍将，续约上赛季最快进步球员英格拉姆 。

蔡恩在 2020/2021 赛季，不断刷新着各种纪录。2021 年 2 月 18 日，蔡恩在职业生涯前 50 场比赛中，场均得到 23.6 分，投篮命中率高达 60%。刷新 NBA 历史纪录。

2021 年 2 月 24 日，年仅 20 岁 244 天的蔡恩入选全明星。成为 NBA 历史上第四年轻的全明星球员。蔡恩在 NBA 生涯的前 85 场比赛里，累计得分已经达到 2187 分。纵观 NBA 过去 40 年的所有球员的前 85 场，也只有迈克尔・乔丹比他得分多。

他在 2020/2021 赛季，在三秒区内场均可以得到 20.3 分，是继 1999/2000 赛季的奥尼尔之后，内线得分最高的球员。

2020/2021 赛季，蔡恩场均得到 27 分、7.2 个篮板、3.7 次助攻。虽然鹈鹕仅取得 31 胜 41 负的战绩，排名西部第 11 位，无缘季后赛，但蔡恩的实力还是有目共睹。

刚猛绝伦的扣篮、匪夷所思的爆发力、瞬间燃炸的破坏力，加上恐怖的吨位与灵活性，让蔡恩能在禁区里翻江倒海、纵横无忌、予求予取，令防守者苦不堪言。

蔡恩与英格拉姆，率领鹈鹕这支青年军，已成为西部一支不可忽视的力量。

生涯高光闪回 / 独砍 37 分力压双状元

高光之耀：鹈鹕对阵森林狼，一场名副其实的“状元大战”。蔡恩（2019 年“状元”）VS 唐斯（2015 年“状元”）、爱德华兹（2020 年“状元”）。在“胖虎”的强力冲击下，新科“状元”爱德华兹稍显稚嫩，而唐斯更是无力抗衡，六犯离场。

2021 年 5 月 2 日，鹈鹕客场挑战森林狼，这场备受关注的“状元大战”一直杀得难分难解。鹈鹕末节在威廉森的带领下连续追分，两队以 123 平进入加时赛。加时赛中，蔡恩又造成唐斯六犯离场，抓住机会连得 7 分，率队以 140 比 136 击败对手。

全场比赛，蔡恩 17 投 14 中，得到 37 分、9 个篮板、8 次助攻，他的全能表现让森林狼双状元黯然失色。

档案

布拉德利 · 比尔 / Bradley Beal
出生地：美国密苏里州圣路易斯
出生日期：1993 年 6 月 28 日
身高：1.90 米 / 体重：93 公斤
效力球队：奇才
场上位置：得分后卫 / 球衣号码：3

荣耀

3 届全明星：2018 年、2019 年、2021 年
最佳新秀阵容：2012/2013 赛季
1 届最佳阵容三阵：2020/2021 赛季

布拉德利 · 比尔常规赛数据

赛季	球队	篮板	助攻	得分
2012/2013	奇才	3.8	2.4	13.9
2013/2014	奇才	3.7	3.3	17.1
2014/2015	奇才	3.8	3.1	15.3
2015/2016	奇才	3.4	2.9	17.4
2016/2017	奇才	3.1	3.5	23.1
2017/2018	奇才	4.4	4.5	22.6
2018/2019	奇才	5.0	5.5	25.6
2019/2020	奇才	4.2	6.1	30.5
2020/2021	奇才	4.7	4.4	31.3
场均		4.1	4.0	22.0

布拉德利 · 比尔季后赛数据

赛季	球队	篮板	助攻	得分
2013/2014	奇才	5.0	4.5	19.2
2014/2015	奇才	5.5	4.6	23.4
2016/2017	奇才	3.4	2.7	24.8
2017/2018	奇才	3.3	2.8	23.2
2020/2021	奇才	6.2	4.2	30.0
场均		4.6	3.8	23.5

Q♣

杀手

布拉德利·比尔

BRADLEY BEAL

技术全面且充满灵气，射术精湛又球风潇洒，更重要的是他有一颗大心脏。隐忍多年以后，“杀手”比尔的名号突然如旋风般乍起，当他连续斩获 50+、单场射落 60 分，用一系列炫目的得分狂潮来震惊世界时，人们才发现他原来仅是沃尔身边的“二当家”。

没有谁是天生的领袖，只有不懈的努力与命运的青睐。比尔被迫上位，从辅佐者成为领导者，他一次次用神奇的表现来回击那些质疑者的嘲讽，然后如星辰般崛起。

1993 年 6 月 28 日，布拉德利·比尔出生在美国密苏里州圣路易斯，他的父亲鲍比·比尔曾是一名橄榄球运动员，而母亲贝斯塔·比尔则是肯塔基州篮球界的风云人物。

比尔从小就接受系统的篮球训练，很快就成为圣路易斯的篮球高手，而那些日后被人称道的飘逸投篮与全能技艺，则归功于他母亲的倾囊相授。作为曾经的篮球名将，贝斯塔·比尔不仅传授给儿子细腻的投篮技巧，更培养他在场上理性而又缜密的思考。

比尔在查米纳德学院预备学校读高中时，就成为密苏里州家喻户晓的未来巨星。2010 年，比尔代表美国队参加 U-17 世锦赛，场均得到 18 分，摘得大赛 MVP 头衔。2011 年，当时读高四的比尔荣膺了佳得乐全美最佳球员。

2011 年，比尔选择了佛罗里达大学，因为那里有最好的大学篮球教练比利·多诺万。在多诺万教练的谆谆教导下，比尔迅速找到比赛的感觉。赛季结束时，比尔场均能得到 14.8 分，表现出色的他放弃了继续征战 NCAA 的机会，选择直接进军 NBA。

2012 年 6 月，NBA 选秀大会，比尔在首轮第 3 顺位被华盛顿奇才选中，对此奇才给出解释：“比尔的投篮非常精准，这是对约翰·沃尔技术特点的完美补充。”

比尔来到锋线空虚的奇才，很快就出任首发得分后卫。2013 年 1 月 8 日，奇才险胜雷霆，比尔在终场前 0.3 秒跳投制胜，完成职业生涯首记绝杀，并轰下 22 分。整个新秀赛季，比尔场均得到 13.9 分，三分球命中率达到 38.6%，这是 NBA 准一流射手的水平。尽管比尔因为脚踝以及右腿腓骨的伤势，在新秀赛季登场时间略显破碎，但依然赢得了奇才球迷的认可，他们从那些完美的跳投中，看到了奇才复兴的希望。

2013/2014 赛季，奇才经历过数年的蛰伏后，终于迸发出巨大能量。沃尔的状态越来越好，比尔也更加出色。2013 年 11 月 11 日，又是对阵雷霆，比尔三分球 8 投 6 中，砍下 34 分和 6 个篮板，刷新个人职业生涯单场得分纪录。

2013/2014 赛季，比尔出战 73 场，场均砍下 17.1 分，三分球命中率高达 40.2%。奇才也凭借比尔与沃尔"双尔组合"的出色表现，以东部第五的身份重返季后赛。

首轮对阵公牛，奇才下克上，以 4 比 1 击败对手，跻身次轮。首轮 5 场比赛，比尔场均得到 19.8 分，三分球命中率达到 45.5%，此外还有 4.6 个篮板和 4.2 次助攻。要知道，这是一个 20 岁的季后赛菜鸟的首次亮相，他那娴熟而又全面的球技让人惊叹。

奇才第二轮对阵步行者时，他们在取得梦幻开局后没能拖住对手的反扑，以 2 比 4 败下阵来。第六场输球后，比尔难掩失望的情绪，泪洒赛场，那一幕，令人动容。

2014/2015 赛季，比尔受困于伤病，场均仅得 15.3 分，较上一个赛季略有下降，但三分球仍有 40.9% 的高命中率。奇才连续第二年以东部第五身份进入季后赛，连续第二年下克上，在首轮以 4 比 0 的比分横扫猛龙。

奇才在第二轮遭遇东部常规赛战绩第一的老鹰，并率先赢下首战。之后年轻的华盛顿人再次暴露"经验不足"的短板，以总比分 2 比 4 惨遭老鹰淘汰。虽然球队止步，但比尔表现可圈可点，他场均砍下 23.4 分，季后赛 10 场得分超 20 分，成为 NBA 季后赛史上 22 岁以下得分超 20 分场数第 4 多的球员。

2016 年夏天，奇才以一笔 5 年 1.28 亿美元超级合同与比尔完成续约。终极大单签订之后，比尔将要在 2016/2017 赛季证明自己"物有所值"。

他在这个赛季出勤 77 场，命中率创生涯新高 48.2%，场均得到生涯新高的 23.1 分。奇才以东部第四的身份重回季后赛，首轮以 4 比 2 淘汰老鹰。东部半决赛，奇才与凯尔特人第六战，比尔最后时刻连得 5 分，守住追分的火种，之后沃尔三分球绝杀"绿衫军"。虽然奇才在抢七大战遗憾败北，但比尔轰下 38 分，展现出非凡战力。

2017/2018 赛季，比尔在进入 NBA 的第六个年头，终于进入了全明星。也正是在这个赛季，沃尔遭遇膝盖重伤，缺席了 40 多场比赛。沃尔的受伤也逼出了更强的比尔。他挺身而出，率队成功搭上季后赛末班车。不过，缺兵少将的奇才首轮对阵东部第一猛龙，在鏖战六场之后还是败下阵来。

2018/2019 赛季，沃尔遭遇跟腱撕裂重伤，缺阵一年。独自领军的比尔场均砍下

25.6 分、5 个篮板和 5.5 次助攻，仍然不足以将奇才从平庸中拯救出来。

2019 年休赛期，比尔与奇才达成 2 年 7200 万美元的提前续约合同。沃尔长期缺阵，比尔成了奇才的绝对领袖，拥有无限开火权，个人数据也迎来爆发。

2019/2020 赛季，比尔场均得到 30.5 分，8 场得分 40+，背靠背得分 50+。他成为东部第一得分后卫，却依然落选了全明星，这种极端的漠视鞭策比尔更加努力。

2020/2021 赛季，比尔的后场搭档变成威斯布鲁克。赛季初期，奇才东部垫底，ESPN 预测奇才打进季后赛概率仅为 0.6%。2021 年 4 月，奇才在比尔与威少的率领下，开始绝境逆袭，打出 17 胜 6 负的绝佳战绩，一路冲到东部第八名，挺进季后赛。

比尔在 2020/2021 赛季成为联盟最顶尖的得分手，他不仅创造单场 60 分的壮举，还曾连续 17 场得分 25+，展现出稳定而又高效的得分状态。可惜本赛季末期，库里“弯道超车”，最终以场均 32 分的成绩荣膺得分王，让场均 31.3 分的比尔成为“陪跑”。

相较于个人荣誉，比尔更注重球队荣誉，憾失得分王对于他而言，不是那么重要。

2021 年季后赛，奇才与 76 人狭路相逢，五场战罢，虽然比尔场均砍下 30 分，但第一与第八的实力差距明显，奇才无缘“黑八奇迹”。壮志未酬、郁结难舒的比尔转战另一个赛场（东京奥运），他化身“梦之队”的利刃，为美国队夺冠而冲锋陷阵。

自从 2012 年，这位“探花郎”驾临奇才，自此无论顺境、逆境，比尔始终坚守华府，完成了从二当家到球队老大、联盟顶级得分手的华丽蜕变。

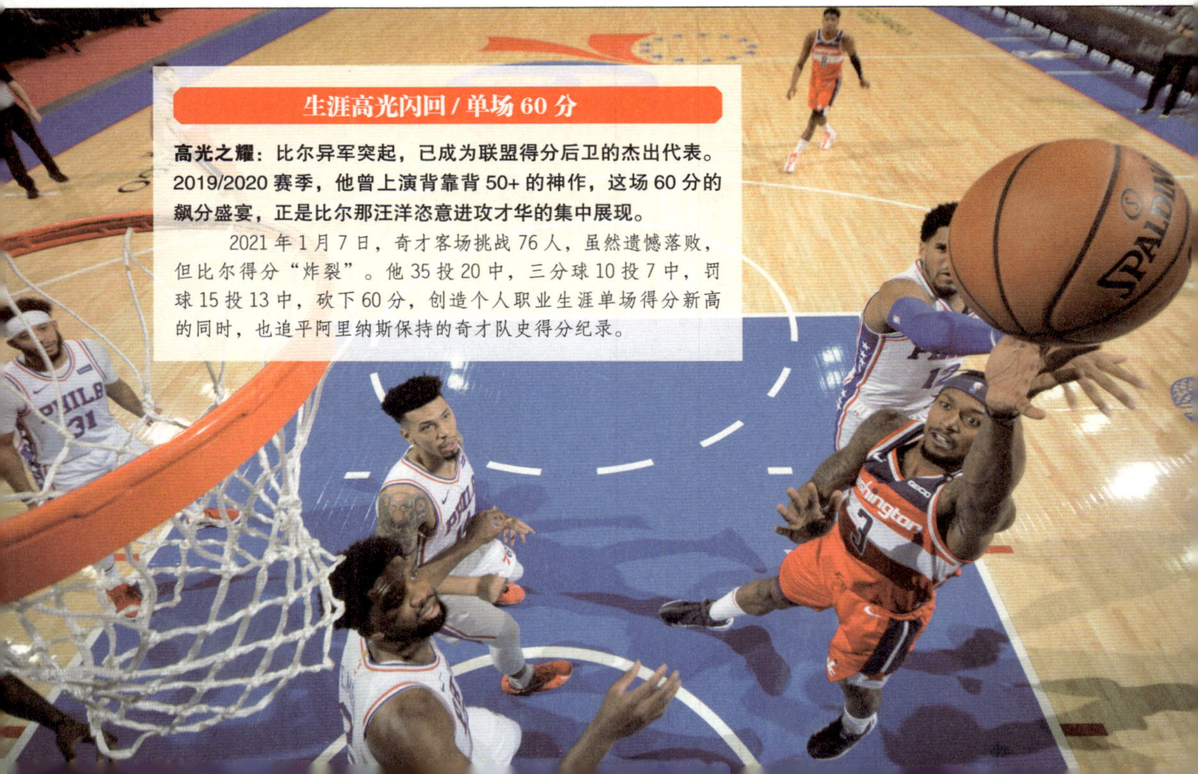

生涯高光闪回 / 单场 60 分

高光之耀：比尔异军突起，已成为联盟得分后卫的杰出代表。2019/2020 赛季，他曾上演背靠背 50+ 的神作，这场 60 分的飙分盛宴，正是比尔那汪洋恣意进攻才华的集中展现。

2021 年 1 月 7 日，奇才客场挑战 76 人，虽然遗憾落败，但比尔得分“炸裂”。他 35 投 20 中，三分球 10 投 7 中，罚球 15 投 13 中，砍下 60 分，创造个人职业生涯单场得分新高的同时，也追平阿里纳斯保持的奇才队史得分纪录。

档案

卡尔－安东尼·唐斯
Karl-Anthony Towns
出生地：美国新泽西州皮斯卡塔威
出生日期：1995 年 11 月 15 日
身高：2.11 米 / 体重：113 公斤
效力球队：森林狼 / 球衣号码：32
场上位置：大前锋、中锋

荣耀

2 届全明星：2018 年、2019 年
1 届全明星技巧赛冠军：2016 年
最佳新秀：2015/2016 赛季
最佳新秀阵容一阵：2015/2016 赛季

卡尔－安东尼·唐斯常规赛数据

赛季	球队	篮板	盖帽	得分
2015/2016	森林狼	10.5	1.7	18.3
2016/2017	森林狼	12.3	1.3	25.1
2017/2018	森林狼	12.3	1.4	21.3
2018/2019	森林狼	12.4	1.6	24.4
2019/2020	森林狼	10.8	1.2	26.5
2020/2021	森林狼	10.6	1.1	24.8
场均		11.6	1.4	22.9

卡尔－安东尼·唐斯季后赛数据

赛季	球队	篮板	盖帽	得分
2017/2018	森林狼	13.4	1.0	15.2
场均		13.4	1.0	15.2

Q

新狼王

卡尔-安东尼·唐斯

KARL-ANTHONY TOWNS

唐斯不但是森林狼的“擎天柱”，还是如今 NBA 新生代顶级内线之一，唐斯、恩比德、约基奇，呈三足鼎立之势。

唐斯作为新生代球员可谓别具一格：你很难想象身高 2.11 米的他可以像后卫一样面筐持球突破。他的运球技巧和突破时机选择，比一般的小前锋还要好。同时他在三分线外还有着柔和的手感、出色的命中率，内外兼修的他是明尼苏达复兴的希望。

唐斯已经连续五个赛季完成“20+10”顶级内线的数据，似乎除却光鲜亮丽的数据，其他乏善可陈。作为 NBA 进攻端最全能的大个子球员之一，唐斯还需要在季后赛的舞台证明自己。

2015 年，冰天雪地的明尼苏达迎来自加内特之后又一个身高臂长的“篮球怪兽”。彼时，森林狼用状元签将他带回明尼苏达，这头“小怪兽”名为卡尔－安东尼·唐斯。

转眼六年的时光荏苒而去，森林狼似乎并没有发生什么变化，威金斯、巴特勒们只是明尼苏达的旅行者，而森林狼最多也只是季后赛的一轮过客，和过去若干年一样。

唐斯依然不被森林狼球迷认可，这可能因为在他的首次季后赛表现，颇有点“掉链子”。总之，这位天赋出众的年轻人，在五年的职业生涯里，并没有受到万众的赞许，反而有些坠落在争议的漩涡里，有些无法自拔。不过，无论你喜欢与否，唐斯都是这个时代硕果仅存的传统中锋之一，并且兼具现代中锋的多才多艺。

1995 年 11 月 15 日，唐斯出生在新泽西州的皮斯卡塔威，他的父亲是美国非裔，母亲则是多米尼加人。因此，唐斯拥有美国和多米尼加的双国籍。

唐斯从小就喜欢篮球，他在高中四年级时，场均能够砍下 20.9 分、13.4 个篮板以及

6.2 次盖帽。肯塔基大学将其招入麾下，唐斯在首个大学赛季（2014/2015 赛季），就为球队场均贡献 10.3 分、6.7 个篮板和 2.2 次盖帽，并率领球队在前 38 场比赛中保持不败！

2015 年 NBA 选秀大会上，求贤若渴的明尼苏达率先将唐斯收入麾下，并把他当作森林狼未来的建队基石。这位 2015 年的“状元郎”初登 NBA 赛场，便惊艳世人。10 月 31 日，未满 20 岁的唐斯在第二场 NBA 的比赛中，便砍下 28 分、14 个篮板、4 次盖帽，刷新 NBA 纪录。他在 NBA 的第一个月，就拿下场均 14.4 分、9.4 个篮板、2.18 次盖帽的出色数据，在那一年的新秀中独领风骚，无愧“状元”之名。

唐斯在新秀赛季结束，包揽全部月最佳新秀，毫无悬念地锁定了最佳新秀，俨然已接过加内特和乐福的权杖，成为明尼苏达新“狼王”。

2016/2017 赛季，他再度发力，屡屡刷新职业单场得分纪录的同时，还摘下过三双，更全季疯狂拿下 45 次两双，贡献过 37 分、22 个篮板和 40 分、21 个篮板的恐怖数据。最终，赛季结束的时候，他的平均数据已经飙升到 25.1 分、12.3 个篮板。

值得一提的是，在这个赛季的多伦多全明星周末，唐斯参加了技巧大赛，并在决赛中三分绝杀了小托马斯，成为 NBA 有史以来身材最高的技巧大赛冠军。

接下来的 2017/2018 赛季，唐斯的表现更加出色，他不但首次入选全明星，甚至还率领森林狼重返季后赛。然而他在季后赛的表现平平，面对休斯敦蓝领内线的强悍搏杀，他下盘力量单薄的弱点被无限放大。森林狼在季后赛惨遭火箭横扫，不过管理层在休赛期，还是为唐斯奉上一纸 5 年 1.9 亿美元的合同，以其为建队核心的决心并未动摇。

从 2018/2019 赛季开始，整个森林狼似乎陷入了魔咒，维金斯和巴特勒先后轮流主演宫斗与养生大剧，全队上下深受影响，只有唐斯还一如既往的表现稳定。

最终森林狼重新洗牌，先后送走巴特勒和威金斯，在 2020 年 2 月迎来德安吉洛・拉塞尔。

2020 年 3 月，突如其来的新冠肺炎疫情令人猝不及防，NBA 也陷入停摆的窘境。而唐斯也遭遇人生中最大的不幸——他的母亲杰奎琳因为感染新冠病毒，导致并发症，经过抢救无效溘然长逝。慈母的离世让唐斯深陷悲痛的旋涡。杰奎琳生前最引以为傲的就是在篮球场上华丽绽放的唐斯，作为其忠实球迷，杰奎琳还曾向与唐斯起争执的恩比德咆哮，那一刻，她就是护子心切的慈母。

为了天堂上的母亲，唐斯再次回到篮球场，在那个缩水赛季，他依旧能够交出场均 26.5 分、10.8 个篮板的不俗答卷，同时更有 4.4 次助攻，命中率更是高达 50.8%。

最近三个赛季，唐斯渐入佳境。他的精准三分球射程能为球队拉开进攻空间，他在篮下的终结能力更属联盟顶级。他可以在前一秒刚扇掉对手的投篮，下一秒就冲到对方禁区完成暴扣，唐斯俨然成为新时代中锋的标准模板。

2020 年 11 月 19 日，森林狼在 2020 年 NBA 选秀大会，再一次用状元签选中了安东尼·爱德华兹，这是一位年仅 19 岁的天才少年，拥有劲爆的身体天赋。在接下来的若干年，唐斯与爱德华兹的内外线二人组将撑起森林狼的脊梁。

2020/2021 赛季，唐斯场均得到 24.8 分、10.6 个篮板、4.5 次助攻，连续五个赛季完成“20+10”顶级内线数据，并超越威金斯（520 记三分球），成为森林狼队史的“三分王”。作为一位大个子球员，成为“三分王”是一份殊荣，也是一份暗示。

不可否认唐斯拥有新时代内线所必需的精准外线射程，但更需要提升传统内线的禁区强攻，只有这样才能在季后赛的舞台证明自己，成为明尼苏达名副其实的“头狼”。

生涯高光闪回 / 56 分射鹰

高光之耀：唐斯在这个夜晚无所不能，过去 35 年间，唯一一名得分超 55、并摘下 15 个篮板、命中 5 记三分球的 NBA 球员就是唐斯。

2018 年 3 月 29 日，森林狼主场以 126 比 114 战胜老鹰。面对老鹰孱弱的防线，唐斯予取予求，全场 32 投 19 中，三分球 8 投 6 中，轰下 56 分，此外还有 15 个篮板和 4 次助攻进账。他创造个人得分新高的同时，也刷新了森林狼队史单场得分纪录。

档案

凯尔·洛瑞 / Kyle Lowry
出生地：美国宾夕法尼亚州费城
出生日期：1986 年 3 月 25 日
身高：1.83 米 / 体重：93 公斤
效力球队：灰熊、火箭、猛龙
场上位置：控球后卫 / 球衣号码：7

荣耀

1 届总冠军：2019 年
6 届全明星：2015 年—2020 年
1 届最佳阵容三阵：2015/2016 赛季
1 枚奥运会金牌：2016 年

凯尔·洛瑞常规赛数据

赛季	球队	助攻	篮板	得分
2006/2007	灰熊	3.2	3.1	5.6
2007/2008	灰熊	3.6	3.0	9.6
2008/2009	灰熊	3.6	2.4	7.6
2008/2009	火箭	3.5	2.8	7.6
2009/2010	火箭	4.5	3.6	9.1
2010/2011	火箭	6.7	4.1	13.5
2011/2012	火箭	6.6	4.5	14.3
2012/2013	猛龙	6.4	4.7	11.6
2013/2014	猛龙	7.4	4.7	17.9
2014/2015	猛龙	6.8	4.7	17.8
2015/2016	猛龙	6.4	4.7	21.2
2016/2017	猛龙	7.0	4.8	22.4
2017/2018	猛龙	6.9	5.5	16.2
2018/2019	猛龙	8.7	4.8	14.2
2019/2020	猛龙	7.5	5.1	19.4
2020/2021	猛龙	7.3	5.4	17.2
场均		6.2	4.4	14.9

凯尔·洛瑞季后赛数据

赛季	球队	助攻	篮板	得分
2008/2009	火箭	2.5	2.9	5.3
2013/2014	猛龙	4.7	4.7	21.1
2014/2015	猛龙	4.8	5.6	12.3
2015/2016	猛龙	6.0	4.7	19.1
2016/2017	猛龙	5.9	3.2	15.8
2017/2018	猛龙	8.5	4.3	17.4
2018/2019	猛龙	6.6	4.9	15.0
2019/2020	猛龙	5.8	6.5	17.7
场均		5.8	4.6	15.5

J♠

小钢炮
凯尔·洛瑞
KYLE LOWRY

火箭出品，必属精品，首推洛瑞！

身材不高，却敦实强壮。“小钢炮”有着覆盖半场的精准射程，兼具广袤的视野与大局观。他攻守兼备，极富侵略性与领导才能。

更重要的是，这位平平无奇小个子的躯体中，蕴含着稳健可靠的力量，他有着一颗无所畏惧的超大心脏以及百战不竭的强悍斗志。

洛瑞就是一部普通球员逆袭的奋斗史。没有“星相”却能连续六年入选全明星，天赋平常却能成为猛龙的助攻王、抢断王，与卡特、波什一起成为猛龙旗帜性人物。

1986 年 3 月 25 日，凯尔·洛瑞出生于费城一个治安较差的街区，母亲玛丽·豪莱为了让爱子远离暴力与犯罪煞费苦心，最终让小洛瑞选择了篮球。

幼年时期的洛瑞身材矮小，但并不自卑，他常常以偶像桑德斯（一位身高只有 1.72 米的橄榄球传奇明星）来激励自己。洛瑞成长于单亲家庭，童年记忆中除了母亲永不疲倦的忙碌之外，只有贫民窟那些周边糟事，篮球成为洛瑞唯一的情感归宿。

进入高中以后，洛瑞的篮球天赋开始展现。他拥有强烈的好胜心，在场上时刻保持着专注和斗志，从不惧怕任何形式的挑战。

洛瑞高中毕业后，受到时任维拉诺瓦大学篮球教练杰·莱特的邀请，来到这所费城名校就读。他在大二期间就成为校队的首发控卫。2006 年，洛瑞就读大三期间，率领维拉诺瓦大学球队闯进 NCAA 八强赛，同年，他宣布参加 NBA 选秀。

2006 年 NBA 选秀，洛瑞在首轮第 24 顺位被孟菲斯灰熊选中，与他一起进入灰熊的还有同届新秀鲁迪·盖伊。彼时灰熊的核心还是保罗·加索尔，盖伊已成为球队着重培养的未来领袖。第 24 顺位新秀洛瑞只能出任替补控卫，他在新秀赛季第九场就得到 16 分、5 个篮板、6 次助攻和 5 次抢断。然而洛瑞正待崭露头角时，伤病却不期而至。

因为手腕骨折，洛瑞在新秀赛季仅仅打了十场比赛，场均交出 5.6 分、3.1 个篮板、3.2 次助攻、1.4 次抢断的全能成绩单。2007 年夏天，迈克·康利在首轮第 4 顺位被灰熊选中，成为首发控卫，洛瑞只能继续坐在板凳上。2007/2008 赛季，洛瑞摆脱了伤病的困扰，打满全部 82 场比赛，9 场首发，场均得到 9.6 分、3.6 次助攻。

2009 年 2 月 20 日，洛瑞被交易到火箭，继续着“板凳小强”的岁月。与姚明做队友，让洛瑞收获了很多中国球迷，“小钢炮”的绰号也不胫而走。

2010/2011 赛季，布鲁克斯屡屡因伤缺阵，洛瑞出任首发控卫，迎来大爆发，他场均得到 13.5 分、4.1 个篮板、6.7 次助攻，数据全面上扬。

2012 年 7 月，洛瑞被火箭交易到猛龙。这笔当时看似十分寻常的交易，随着多年以后洛瑞的突飞猛进，成为火箭球迷永远的心痛。火箭出品，必属精品，首推洛瑞！

初到猛龙时，洛瑞并没有显现出王牌控卫的实力。2012/2013 赛季，他受困于伤病和水土不服，场均只有 11.6 分、4.7 个篮板、6.4 次助攻，猛龙一如既往地无缘季后赛。

2013 年，马赛·乌杰里出任猛龙篮球总经理，他确立洛瑞的领导地位。

2013/2014 赛季，洛瑞在 79 场比赛全部首发，场均得到 17.9 分、4.7 个篮板、7.4 次助攻，并率领猛龙时隔 6 年重返季后赛。彼时洛瑞告诉记者：“我不甘心做替补，讨厌被贴上那样的标签，我要成为赢家，‘赢家’才是联盟中最重要的标签。”

2014 年夏天，猛龙奉上一纸 4 年 4800 万美金的合同，与洛瑞完成续约。续约后的洛瑞依旧强势，在 2014/2015 赛季，他场均得到 17.8 分、4.7 个篮板、6.8 次助攻。这个赛季，他首次获得月最佳，首次入选全明星首发阵容，他已经成为猛龙的领军人物。

与此同时，德玛尔·德罗赞也逐渐展露出顶级得分后卫的风采。洛瑞与德罗赞组成“北境双刀”，成为东部最强大的后场组合之一。

2015/2016 赛季，洛瑞更上一层楼，场均得到 21.2 分、6.4 次助攻。在随后几个赛季，洛瑞越发沉稳，他与德罗赞联手将积弱多年的猛龙打造成东部豪强，成就一段佳话。

2017/2018 赛季，猛龙调整进攻体系，洛瑞场均投篮减少 3 次以上，他甘愿牺牲个人数据来换队内新人的成长，这其中就包括后来大放异彩的“范乔丹”。这个赛季，猛龙拿到 59 胜 23 负，创造了队史最佳战绩，洛瑞也第四次入选全明星。

然而，他们在季后赛仍然无法逾越詹姆斯领衔的骑士这座大山，这让猛龙不得不做出改变，他们解雇了任职 7 年的主帅德维恩·凯西，助理教练尼克·纳斯被扶正。随后又与马刺达成重磅交易，德玛尔·德罗赞和科怀·伦纳德互换东家。

事实证明，这是猛龙建队 26 年来最成功的休赛期操作。这支刚组建好的猛龙常规赛取得了 58 胜 24 负的战绩，季后赛一路过关斩将，伦纳德打出了统治级的攻防表现。

洛瑞的表现也同样出色，场均得到 15 分、4.9 个篮板、6.6 次助攻。关键的总决赛第六战，洛瑞独得 26 分、7 个篮板、10 次助攻，帮助猛龙拿下队史首座总冠军。他在自己的 33 岁的年纪，终于收获了第一枚总冠军戒指。

夺冠过后，伦纳德加盟了洛杉矶快船，外界普遍认为猛龙将就此衰落，然而洛瑞并不答应，作为球队领袖的他再次挺身而出，在 2019/2020 赛季场均贡献 19.4 分、5 个篮板、7.5 次助攻，并超越了卡尔德隆，成为猛龙队史的助攻王。

在洛瑞的强势带领下，猛龙取得 53 胜 19 负的傲人战绩，高居东部第二。他们在季后赛首轮横扫篮网，在东部半决赛与兵锋正盛的凯尔特人鏖战七场后才遗憾出局。

从 2021 年 3 月起，关于洛瑞的交易流言就甚嚣尘上，对此洛瑞却心如止水。

2020/2021 赛季，35 岁的洛瑞依然场均能贡献 17.2 分、7.3 次助攻。毫无疑问，拥有宝贵实战经验和领袖气质的洛瑞如果进入交易市场，必将成为“香饽饽”。

自 2012 年来到猛龙，洛瑞就兢兢业业，他把坚韧强悍气质注入猛龙的血脉里。即便有朝一日，他不在多伦多，这支球队依旧留下洛瑞不可磨灭的印迹。

2021 年 3 月 15 日，洛瑞送出生涯新高的 19 次助攻。3 月 15 日，洛瑞又用一记三分超越克里斯·波什，晋升至猛龙总得分的历史第二位。此外洛瑞还是猛龙队史总助攻王、总抢断王。从籍籍无名的普通球员到名属其实的“北境之王”，洛瑞一路走来，就是一部小人物成功逆袭的奋斗史，激励着无数心怀梦想的人砥砺前行。

生涯高光闪回 / 夺冠之战

高光之耀：猛龙手握赛点，金杯近在咫尺，无比渴望夺冠的洛瑞一开场便展现了惊人的进攻欲望与效率：首节、全场得分都创个人总决赛新高。如果不是洛瑞的神奇表现，猛龙可能要返回多伦多球馆打“抢七大战”了。

2019 年 6 月 14 日，NBA 总决赛第六场，“小钢炮”洛瑞首节火力全开得到 15 分，帮助球队在上半场咬住比分。最终洛瑞贡献 26 分、10 次助攻外加 7 个篮板和 3 次抢断，在伦纳德遭遇包夹发挥一般的情况下，洛瑞率领猛龙以 112 比 110 险胜勇士，以总比分 4 比 2 夺得队史首冠。

● 档案

贾马尔·穆雷 / Jamal Murray
国籍：加拿大
出生地：安大略省基奇纳
出生日期：1997 年 2 月 23 日
身高：1.96 米 / 体重：94 公斤
效力球队：掘金
场上位置：控球后卫
球衣号码：27

● 荣耀

1 届新秀挑战赛 MVP：2017 年
最佳新秀阵容二阵：2016/2017 赛季

贾马尔·穆雷常规赛数据

赛季	球队	篮板	助攻	得分
2016/2017	掘金	2.6	2.1	9.9
2017/2018	掘金	3.7	3.4	16.7
2018/2019	掘金	4.2	4.8	18.2
2019/2020	掘金	4.0	4.8	18.5
2020/2021	掘金	4.0	4.8	21.2
场均		3.6	3.8	16.3

贾马尔·穆雷季后赛数据

赛季	球队	篮板	助攻	得分
2018/2019	掘金	4.4	4.7	21.3
2019/2020	掘金	4.8	6.6	26.5
场均		4.6	5.8	24.3

J♥

奔雷手

贾马尔·穆雷

JAMAL MURRAY

“满堂花醉三千客，一剑霜寒十四州。”在所有系出肯塔基大学的同门之中，穆雷无疑是佼佼者，相较于隆多、沃尔、布克三位大名鼎鼎的师兄，他毫不逊色。

虽然速度、爆发力一般，但穆雷凭借非凡的控球投篮技巧以及旺盛的斗志，总能打出澎湃如潮的进攻。

他投射精准、出手刁钻、运球娴熟、突破犀利，球风华丽并效率惊人。穆雷曾在32秒内连中4记三分球，在单轮季后赛完成两场50分的壮举，也曾面对詹姆斯上演逆天拉杆进球……360度转身上篮、飞翔暴扣、超远三分，穆雷经常上演妙手天成的即兴之作，完成令人叹为观止的天才表演。

1997年2月23日，贾马尔·穆雷诞生在加拿大安大略省的基奇纳市。他的父亲罗杰·穆雷，是当地一所高中的篮球教练，所以穆雷从小就拥有比同龄孩子更优渥的篮球训练条件。从三岁开始，小穆雷就对手中的篮球爱不释手。

专业篮球教练出身的罗杰·穆雷，为儿子量身制定独特的训练方案，比如他会让小穆雷蒙眼投篮，在失去重心和平衡的条件下投篮，以此来训练小穆雷在极端条件下保持投篮的稳定和高效，以便他能适应现代篮球的发展潮流。老穆雷是一位中国功夫迷，最喜欢李小龙，在父亲的潜移默化下，小穆雷也对李小龙情有独钟，并喜欢反复观摩李小龙的战斗场景，以此来提升意志力。

在罗杰·穆雷的悉心调教下，小穆雷很快在高中时代脱颖而出，而他在此后比赛中展现出的投射水平以及强大的关键分能力，得益于少年时代父亲对自己针对性的训练。

2015 年夏天，穆雷在耐克篮球峰会上，狂砍 30 分、5 次助攻，荣膺 MVP。

虽然穆雷收到全美各大篮球名校的邀请，但在父亲的强力建议下，他拒绝了北卡、杜克等名校的邀请，最终加入肯塔基大学——一所盛产后卫的篮球名校，出品过德里克・罗斯、约翰・沃尔、布兰登・奈特和德文・布克等明星后卫。

2015/2016 赛季，大一的穆雷场均就有 20 分、5.2 个篮板、2.2 次助攻、1.0 次抢断的超强表现，其中他的三分命中率高达 40.8%，创下了肯塔基队史大一新生的赛季场均得分最高纪录。很显然，穆雷已具备了闯荡 NBA 的实力。

穆雷的恩师卡利帕里教练自然不会阻止爱徒向更高舞台进发，并大力推荐："穆雷可以在有球和无球模式中自如切换，而现在 NBA 球场位置愈发模糊，像他这种双能卫，无疑是最有潜力的。我敢保证，五年后，穆雷将是同届新秀中最出色的球员。"

2016 选秀大会，丹佛掘金用 7 号签选中穆雷。

整个新秀赛季，穆雷打满 82 场常规赛，场均贡献 9.9 分、2.6 个篮板、2.1 次助攻。在全明星新秀挑战赛中，穆雷砍下 36 分、11 次助攻，帮助世界联队 150 比 141 战胜美国队，荣膺全明星新秀赛 MVP。

2017/2018 赛季，穆雷从"菜鸟"替补跃升为首发控卫。他场均出场时间暴增至 31.7 分钟，场均得分达到 16.7 分，投篮命中率也从新秀赛季的 40.4% 提升到 45.1%。迅速崛起的穆雷依然无法尝到季后赛的滋味，掘金在该赛季以 46 胜的成绩排在西部第九。

历经前两个赛季的打磨后，穆雷在 2018/2019 赛季迎来爆发，场均得到 18.2 分、4.2 个篮板、4.8 次助攻，他与约基奇的内外线组合也愈发默契。掘金在该赛季完成蜕变，以 54 胜 28 负位列西部第二，时隔六年重返季后赛。

穆雷的首次季后赛之旅，以连续两轮战满 7 场结束，在同马刺和开拓者的 14 场比赛中，他场均能贡献 21.3 分、4.4 个篮板、4.7 次助攻，球队虽然最终止步半决赛，但穆雷让掘金球迷看到了来年卷土重来的希望。

2019 年 7 月，穆雷与掘金签下一笔 5 年 1.7 亿美元的超级合同，这份当时掘金与加拿大体育史上的第一合同，引来无数人的质疑，这位 22 岁的控卫值这份高薪吗？

随后的一个赛季，穆雷就用超强的个人表现击碎了那些质疑。

2019/2020 赛季被新冠肺炎疫情切割得有些破碎，但没能阻止掘金超越自我的脚步，穆雷在常规赛的表现与上赛季基本持平，但来到季后赛。他让所有人都看到了一个"暴走"的穆雷。

首轮鏖战犹他爵士，在球队面临1比3的绝对逆境时，穆雷在第四场、第五场和第六场连续砍下50分、42分和50分，率领球队扳平大比分，并最终在抢七决战中险胜对手，完成惊天大逆转。与米切尔疯狂对飚，在这轮系列赛中携手创造了“神仙打架”的经典名局。

整个首轮系列赛，穆雷场均得到31.6分，三分命中率53.3%，他因此成为乔丹、艾弗森和米切尔之后，第四位完成季后赛单轮系列赛两场得分50+的球员。

西部半决赛掘金遭遇到夺冠大热门快船，又一次上演了在1比3落后的逆转好戏。

“抢七”决战，穆雷26投15中，狂飙40分，率领掘金以104比89淘汰快船，时隔11年，再次闯进西部决赛。掘金也因此成为历史首支连续完成1比3逆转的球队。

虽然最终掘金在与湖人的西部决战中铩羽而归，但穆雷创造属于自己的光辉历程。2020年季后赛他共出战19场，场均得到26.5分、4.8个篮板、6.6次助攻，投篮命中率为50.5%，三分命中率为45.3%。

2021年4月13日，掘金客场挑战勇士，比赛最后50秒，穆雷从中路突破篮下时，左腿在未受到外力突然无法支撑，猝然在地，抚膝苦叹。赛后诊断为左膝前十字韧带撕裂，这种灾难性的伤病几乎毁掉这位新生代明星控卫的职业生涯。穆雷不仅要因伤缺席本赛季余下的赛程，甚至到下个赛季都没有明确的归程。

贾马尔·穆雷，这位曾经前程似锦的24岁年轻控卫，因为猝不及防的一场伤病，暂停了NBA生涯的进击之旅。他在2020/2021赛季出战48场，场均得到21.2分、4个篮板、4.8个助攻，虽然数据没有上个赛季那样劲爆，但穆雷变得更具有效率，他的投篮命中率达到47.7%，三分球命中率达到40.8%，均创生涯新高。

穆雷进入NBA的几个赛季，不断蜕变自己，表现惊艳的他已成为新生代控卫的杰出代表。如果没有伤病，穆雷本该扶摇之上、平步青云。虽然遭遇大伤，这位以李小龙为偶像的加拿大青年，也必将卷土重来。

生涯高光闪回 / 神仙打架

高光之耀：掘金VS爵士系列赛七场比赛，穆雷与米切尔联手砍下475分，上演史诗级别的飙分大战，成为NBA季后赛史上单一系列赛得到最多分的对手组合。这其中，两人在第六场比赛的“神仙打架”戏码尤为精彩。

2021年8月31日，掘金与爵士第六场如期打响。此役，穆雷延续了前两场比赛的火热状态，全场24投17中，其中三分球12中9，砍下50分、5个篮板、6次助攻。爵士球星米切尔也不遑多让，贡献44分、6个篮板、5次助攻。比赛中，米切尔多次率队反扑，穆雷则针锋相对一一予以回应。最终掘金119比107战胜爵士，将系列赛拖进抢七大战。

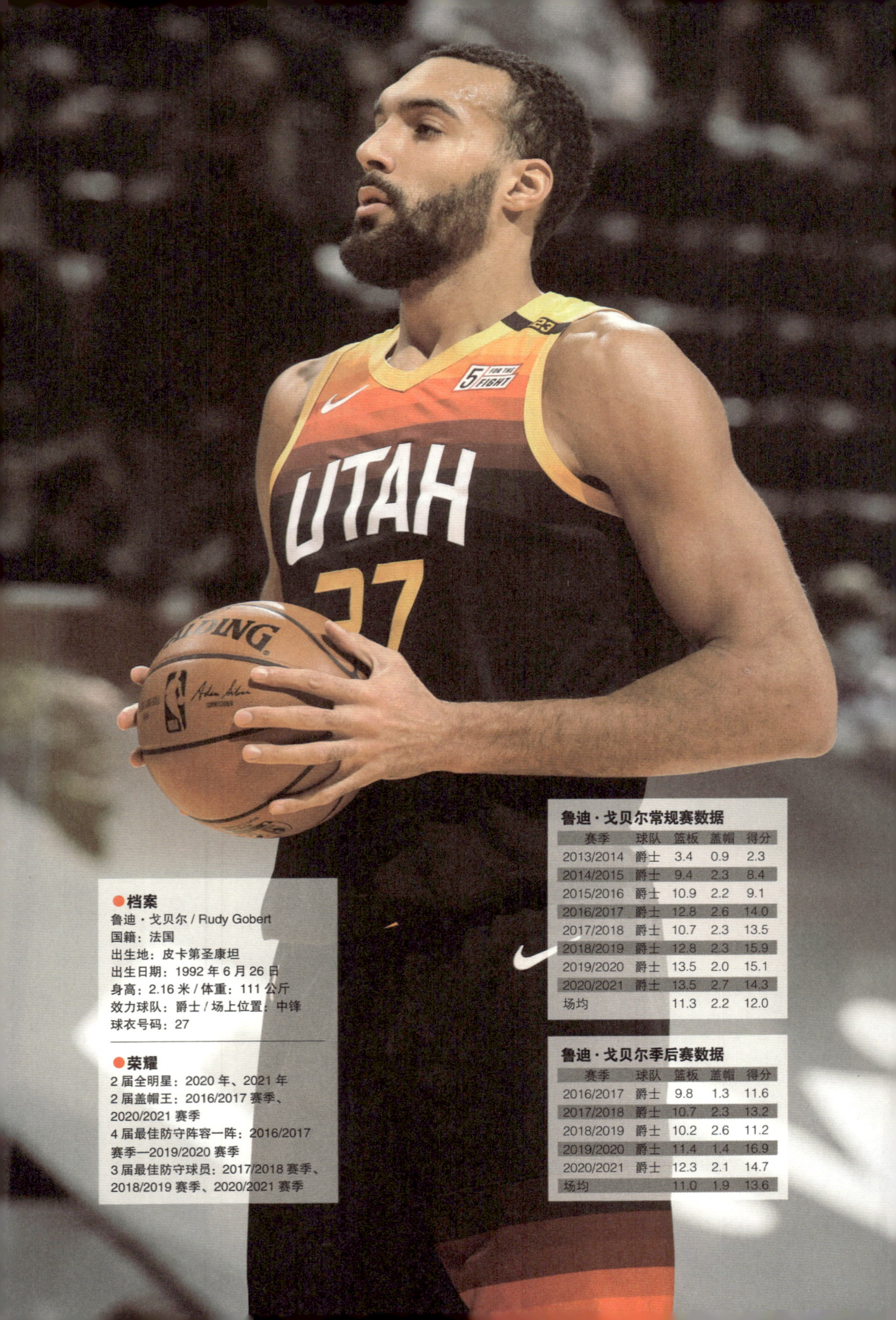

●档案

鲁迪・戈贝尔 / Rudy Gobert
国籍：法国
出生地：皮卡第圣康坦
出生日期：1992 年 6 月 26 日
身高：2.16 米 / 体重：111 公斤
效力球队：爵士 / 场上位置：中锋
球衣号码：27

●荣耀

2 届全明星：2020 年、2021 年
2 届盖帽王：2016/2017 赛季、2020/2021 赛季
4 届最佳防守阵容一阵：2016/2017 赛季—2019/2020 赛季
3 届最佳防守球员：2017/2018 赛季、2018/2019 赛季、2020/2021 赛季

鲁迪・戈贝尔常规赛数据

赛季	球队	篮板	盖帽	得分
2013/2014	爵士	3.4	0.9	2.3
2014/2015	爵士	9.4	2.3	8.4
2015/2016	爵士	10.9	2.2	9.1
2016/2017	爵士	12.8	2.6	14.0
2017/2018	爵士	10.7	2.3	13.5
2018/2019	爵士	12.8	2.3	15.9
2019/2020	爵士	13.5	2.0	15.1
2020/2021	爵士	13.5	2.7	14.3
场均		11.3	2.2	12.0

鲁迪・戈贝尔季后赛数据

赛季	球队	篮板	盖帽	得分
2016/2017	爵士	9.8	1.3	11.6
2017/2018	爵士	10.7	2.3	13.2
2018/2019	爵士	10.2	2.6	11.2
2019/2020	爵士	11.4	1.4	16.9
2020/2021	爵士	12.3	2.1	14.7
场均		11.0	1.9	13.6

J ♣

窒息之塔

鲁迪·戈贝尔

RUDY GOBERT

戈贝尔拥有 2.16 米的过人身高、2.35 米的超长臂展，即便是在长人如林的 NBA，这也是无与伦比的静态天赋。

他曾经连续四次入选最佳防守阵容，荣膺三届最佳防守球员，两夺盖帽王。这位来自法兰西的优雅内线，不仅拥有一副堪比吴彦祖的俊逸容颜，更拥有极为出色的移动弹跳能力，加上他那高大身材与奇长臂展，在爵士禁区形成一道无法逾越的防守屏障，成为足以令对手窒息、无法登攀的万仞高塔。

1992 年 6 月 26 日，鲁迪·戈贝尔出生在法兰西北部的皮卡第圣康坦，在 3 岁时父母就分居了。小戈贝尔由母亲抚养长大，因此他也随了母亲的姓氏。11 岁时，母亲科尔涅·戈贝尔就把他送入篮球队，希望篮球能带给孩子一个美好的未来。

戈贝尔的父亲鲁迪·布加雷尔曾是法国国家篮球队的球员，小戈贝尔也继承父亲的篮球天赋。2007 年，他被选入法国职业篮球的绍莱青年队，之后他又代表成年队参加了法甲和欧冠的比赛，场均能贡献 8.3 分、5.2 个篮板，投篮命中率高达 72.3%。

接下来几年，戈贝尔代表法国队征战了各级国际篮球赛事，他的出色潜力引来了 NBA 的橄榄枝。2013 年 NBA 选秀大会，戈贝尔在首轮第 27 顺位被丹佛掘金选中，随后被交易到犹他爵士。初来乍到的戈贝尔暗下决心，要打出卡尔·马龙那样的辉煌!

2013/2014 赛季，戈贝尔在盐湖城的“菜鸟”生活显然不够精彩，他更像专职的饮水机管理员，平均每场只能出战 9.7 分钟，场均仅得 2.3 分、3.4 个篮板。

2013/2014 赛季结束后，戈贝尔代表法国队参加了西班牙男篮世界杯，并随队夺得了季军。转身再回 NBA 之后，戈贝尔也遇到了职业生涯的春天，他在 NBA 的第一个伯乐——鲁迪·斯奈德，就任爵士的新主教练。

爵士队新主帅斯奈德教练对戈贝尔提出了要求。2014/2015 赛季，戈贝尔场均能够贡献 8.4 分、9.5 个篮板、2.3 次盖帽，顺利蜕变为球队内线的防守中坚。

为了给戈贝尔腾出成长空间，斯奈德教练不惜将队中主力内线球员伊内斯·坎特送走，而戈贝尔也投桃报李，个人数据全面上涨。他兼具高大身材和非凡灵动性，那 2.35 米的超长臂展在爵士禁区形成一座无法逾越的屏障。戈贝尔的强悍防守提振了士气，在坎特交易之后，爵士取得 21 胜 12 负的不俗战绩。2015/2016 赛季，戈贝尔场均贡献 9.1 分、11 个篮板、2.2 次盖帽。可惜爵士以一场之差落后火箭，跌出西部前八，无缘季后赛。

2016/2017 赛季，戈贝尔场均斩获 14 分、12.8 个篮板、2.6 次盖帽，荣膺该赛季盖帽王。他的投篮命中率高达 66.1%，真实命中率 68.1%，冠绝整个联盟。

这个赛季，爵士最终排在西部第五，时隔多年重回季后赛。季后赛首轮爵士对阵快船，戈贝尔因伤缺阵两场，而这两场爵士全部告负。抢七大战，戈贝尔火线复出，在内线力压小乔丹和格里芬，爵士最终以 4 比 3 淘汰快船，挺进西部半决赛。虽然爵士之后在半决赛被巅峰勇士横扫，但这支年轻的球队未来还是充满希望。

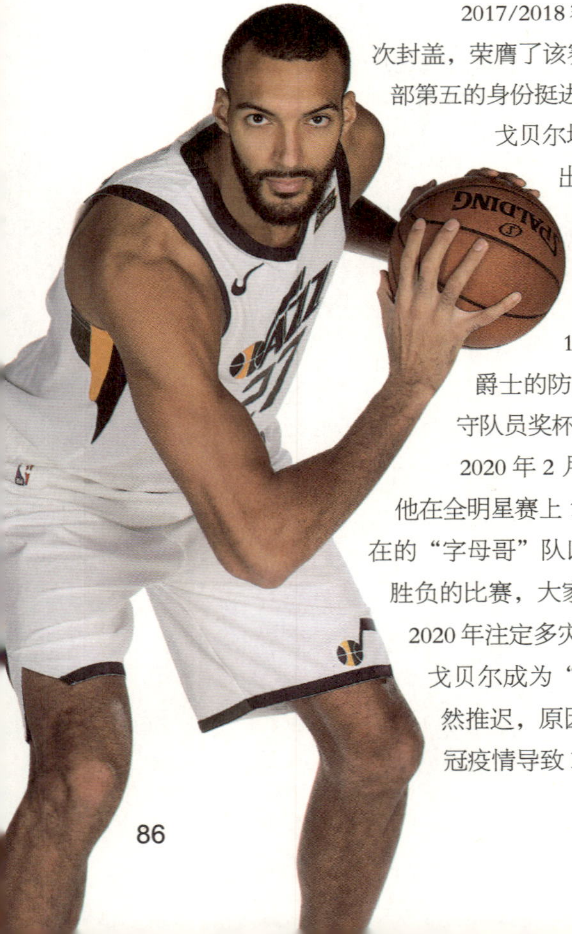

2017/2018 赛季，戈贝尔场均贡献 13.5 分、10.7 个篮板、2.3 次封盖，荣膺了该赛季的最佳防守队员。2018 年，爵士再次以西部第五的身份挺进季后赛，在首轮以 4 比 2 击败雷霆的系列赛中，戈贝尔场均得到 14 分、11.2 个篮板，并在防守端显示出巨大的威力。当他坐镇禁区时，对手的命中率直接下降 5.2%。可惜爵士在之后的西部半决赛被火箭淘汰。

2018/2019 赛季，戈贝尔场均得到 15.9 分、12.9 个篮板、2.3 次盖帽，在他强力防守加持下，爵士的防守效率高居联盟第二，戈贝尔再次捧起最佳防守队员奖杯。

2020 年 2 月 17 日，戈贝尔首次入选全明星便大放异彩。他在全明星赛上 11 投 10 中，砍下 21 分、11 个篮板，可惜他所在的“字母哥”队以 155 比 157 惜败于勒布朗队。这是一场超越胜负的比赛，大家都为了纪念刚刚逝去的传奇巨星科比而战。2020 年注定多灾多难，新冠病毒在美国也肆虐开来，很不幸，戈贝尔成为“中标者”。3 月 12 日，雷霆与爵士的比赛突然推迟，原因就是戈贝尔的新冠病毒检测呈阳性，很快新冠疫情导致 NBA 停摆。

经过漫长的新冠肺炎治疗恢复期以及 NBA 停摆期，戈贝尔异常珍惜重回赛场的机会，在感染新冠病毒的 2019/2020 赛季，他场均依然能贡献 15.1 分、13.5 个篮板和 2.0 次盖帽，并成功入选 2019/2020 赛季最佳防守一阵以及最佳阵容三阵。

遗憾的是，戈贝尔的爵士队在季后赛抢七战中不敌掘金，再一次沦为过客。

在高大中锋凋零的年代，身高 2.16 米的戈贝尔无疑是“珍稀物种”，所以犹他爵士队为了留住这个“定海神针”，不惜给出一份 5 年 2.05 亿美元的顶薪合同 。

2020/2021 赛季爵士打出 52 胜 20 负的西部最佳战绩，作为内线核心的戈贝尔场均贡献 14.3 分、13.5 个篮板、2.7 次盖帽，夺得联盟盖帽王，并再次荣膺最佳防守球员。

2021 年季后赛，爵士首轮以 4 比 1 轻取灰熊。在西部半决赛对阵快船，爵士在主场先胜 2 场，但在对方主将伦纳德因伤缺阵的大好局势下，却被快船连扳 4 场，只能目送对手挺进西部决赛。爵士失利，屡屡被对手点名单打的戈贝尔成为失利的原罪。这位三届最佳防守球员场均依然能贡献 14.7 分、12.3 个篮板、2.1 次盖帽，但他镇守的内线不再固若金汤。戈贝尔的防守面积大、协防意识出色，但速度慢。快船祭出“五小”阵容，以“炸碉堡”的气势轮番冲击这尊“爵士巨塔”，曼恩更是两次隔扣了戈贝尔。

“木秀于林，风必摧之”，戈贝尔作为三届最佳防守球员、联盟中最好的防守内线，成为无数球员梦想逾越的高峰，但戈贝尔是爵士的大旗，绝不会因为球队失利而倒下。

2021 年夏天，戈贝尔成为法兰西军团杀入东京奥运男篮决赛的内线倚仗。在国际篮球没有三秒规则的情况下，戈贝尔更是在攻防两端优势尽显。法国队奥运第一战便击败美国队，在决赛中他们又让美国队吃尽苦头，戈贝尔在整个美国队内线翻江倒海。他在奥运比赛中场均得到 12.2 分、9.4 个篮板，入选东京奥运男篮最佳阵容。

爵士拥有“蜘蛛侠”米切尔这样联盟顶级的后卫，也有博格丹诺维奇、康利和克拉克森等当世名将，阵容豪华而又均衡，下赛季定会卷土重来，而戈贝尔这座移动的“窒息之塔”，秉承着爵士队铁血坚韧的风格，一定会矗立在盐湖城的篮球版图中央。

生涯高光闪回 / 24 分加 28 个篮板

高光之耀：爵士本赛季能够取得联盟第一的战绩，靠的不仅仅是三分火力，还有戈贝尔在禁区一手遮天的统治力。身高 2.16 米、臂展达到 2.35 米的戈贝尔犹如埃菲尔铁塔，单场抓下 28 个篮板，篮板怪兽名不虚传。

2021 年 3 月 15 日，爵士客场挑战勇士，尽管球队以 119 比 131 不敌勇士，但戈贝尔在比赛中展现出恐怖的内线统治力让人印象深刻。他几乎以一己之力把勇士的禁区搅动得天翻地覆，轰下24分、28 个篮板的超级两双。其中，28 个篮板创下了戈贝尔生涯单场篮板数新高，同时打破了爵士队史纪录。

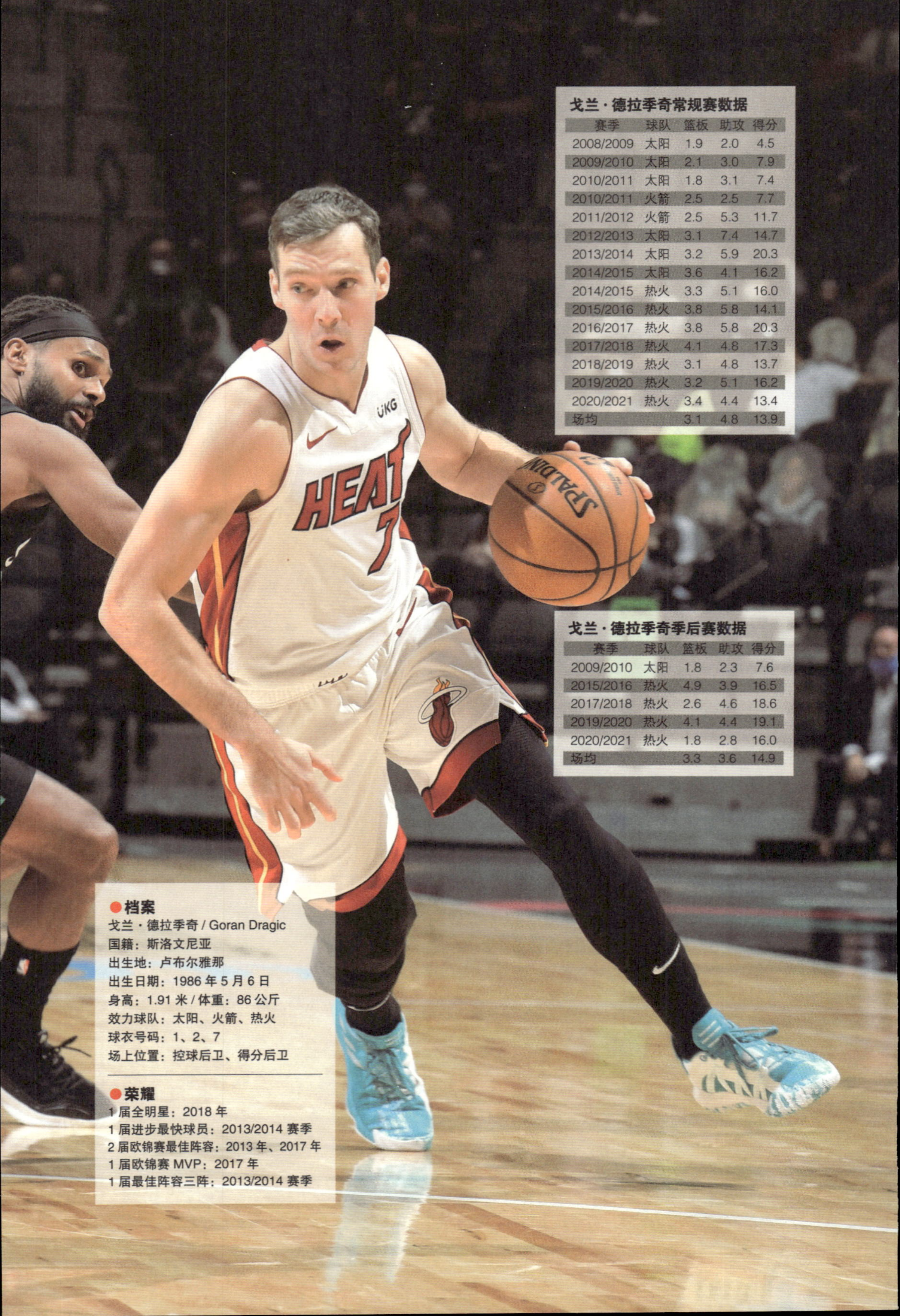

戈兰·德拉季奇常规赛数据

赛季	球队	篮板	助攻	得分
2008/2009	太阳	1.9	2.0	4.5
2009/2010	太阳	2.1	3.0	7.9
2010/2011	太阳	1.8	3.1	7.4
2010/2011	火箭	2.5	2.5	7.7
2011/2012	火箭	2.5	5.3	11.7
2012/2013	太阳	3.1	7.4	14.7
2013/2014	太阳	3.2	5.9	20.3
2014/2015	太阳	3.6	4.1	16.2
2014/2015	热火	3.3	5.1	16.0
2015/2016	热火	3.8	5.8	14.1
2016/2017	热火	3.8	5.8	20.3
2017/2018	热火	4.1	4.8	17.3
2018/2019	热火	3.1	4.8	13.7
2019/2020	热火	3.2	5.1	16.2
2020/2021	热火	3.4	4.4	13.4
场均		3.1	4.8	13.9

戈兰·德拉季奇季后赛数据

赛季	球队	篮板	助攻	得分
2009/2010	太阳	1.8	2.3	7.6
2015/2016	热火	4.9	3.9	16.5
2017/2018	热火	2.6	4.6	18.6
2019/2020	热火	4.1	4.4	19.1
2020/2021	热火	1.8	2.8	16.0
场均		3.3	3.6	14.9

● 档案

戈兰·德拉季奇 / Goran Dragic
国籍：斯洛文尼亚
出生地：卢布尔雅那
出生日期：1986 年 5 月 6 日
身高：1.91 米 / 体重：86 公斤
效力球队：太阳、火箭、热火
球衣号码：1、2、7
场上位置：控球后卫、得分后卫

● 荣耀

1 届全明星：2018 年
1 届进步最快球员：2013/2014 赛季
2 届欧锦赛最佳阵容：2013 年、2017 年
1 届欧锦赛 MVP：2017 年
1 届最佳阵容三阵：2013/2014 赛季

J

小纳什

戈兰·德拉季奇

GORAN DRAGIC

在东契奇崛起之前，戈兰·德拉季奇才是斯洛文尼亚篮球的象征，他曾率领斯洛文尼亚国家队登上欧洲之巅。

德拉季奇是一个狡黠而灵动的篮球精灵：伺机而动，破空闪击，他在菲尼克斯继承了纳什衣钵，学会了沉稳与掌控。

他之后又在迈阿密接过了韦德的权杖，成为热火的领袖。

年过三十之后的德拉季奇愈发老辣，他攻守兼备、挡拆犀利，拥有出色的大局观与终结能力，并且拥有一颗永不服输的心。

1986 年 5 月 6 日，戈兰·德拉季奇出生在斯洛文尼亚的卢布尔雅那，而 13 年之后，这里又诞生了一位不世出的篮球天才——卢卡·东契奇。

戈兰·德拉季奇的 NBA 生涯起点不高，他参加了 2008 年 NBA 选秀，仅仅在次轮第 15 顺位被马刺选中，随后又被交易至太阳。为了得到他，太阳送出两个次轮签和 50 万美元现金，时任太阳总经理的史蒂夫·科尔觉得这笔交易相当值，他说："德拉季奇是一个天才，他是这届新秀中仅次于德里克·罗斯的控球后卫。"

新秀赛季，德拉季奇出场时间少得可怜，好在他的身边就有一位最好的老师——史蒂夫·纳什，纳什教给了德拉季奇很多东西：如何推进，如何组织，如何打挡拆。

事实证明，科尔眼光确实独到。2010 年 5 月 8 日，太阳与马刺西部半决赛第三场，在决定生死的第四节，德拉季奇 13 投 10 中，三分球 5 投全中，砍下了 23 分，这位曾被马刺选中的后卫帮助太阳战胜旧主，自此一战成名。

此战过后，德拉季奇开始声名鹊起。2011 年，太阳把德拉季奇送到火箭换来阿隆·布鲁克斯。在休斯敦效力了一个半赛季后，德拉季奇以自由球员身份重回菲尼克斯，太阳给他一份 4 年 3400 万美元的大合同，让他代替纳什成为球队新的领袖。

重回太阳之后，德拉季奇的职业生涯进入了快速上升期。2013/2014 赛季，太阳通过交易得到布莱德索，德拉季奇身边有了一个可靠的搭档，两人组成了名噪一时的双控卫组合。也是那个赛季，德拉季奇打出了登陆 NBA 以来的最佳表现：职业生涯场均得分第一次突破 20 大关，率领太阳取得 48 胜 34 负的不俗战绩，比前一个赛季多赢了 23 场。那个赛季，德拉季奇当选了 NBA 进步最快球员。

太阳又签下小托马斯，加上顶薪续约布莱德索，球队后卫线顿时人满为患。于是太阳面临一个亟待解决的问题：德拉季奇、布莱德索和小托马斯，球权到底给谁？

太阳主教练霍纳塞克打起“三控卫”战术，德拉季奇改打无球。斯洛文尼亚人对于球权和角色的变化非常不满，在多次协商无果后，提出了交易请求。最终，在一笔涉及三方的交易中，德拉季奇被送到了南海岸的迈阿密热火。

2015 年 7 月 1 日，德拉季奇与热火签下一份 5 年 9000 万美元的续约合同。

2016 年季后赛，德拉季奇和韦德联手，率领热火一路闯关，“抢七大战”淘汰黄蜂，之后又与猛龙“抢七”大战，双加时憾负对手，无缘东部决赛。

2016/2017 赛季，德拉季奇迎来高峰，场均拿到 20.3 分、5.8 次助攻和 3.8 次助攻，在韦德离队、波什因为血栓问题长期休战的情况下，德拉季奇成为热火新领袖。

2017 年欧锦赛，德拉季奇率领斯洛文尼亚队首次夺得欧锦赛冠军，同时他也荣膺了 MVP。夺冠后，德拉季奇宣布退出国家队，专注于自己的 NBA 职业生涯。

此后，弟弟佐兰・德拉季奇接过哥哥的班，成为斯洛文尼亚队的一员。

德拉季奇在 2018 年迎来里程碑时刻：他成为第一个入选 NBA 全明星赛的斯洛文尼亚球员。从 2008 年以二轮秀身份登陆 NBA 到 2018 年入选全明星，德拉季奇上演了球员逆袭的励志典范，这一路历尽艰辛终于获得认可。

2019 年，韦德在迈阿密完成“最后一舞”，德拉季奇接过这位热火的领袖权杖。

2019/2020 赛季，NBA 经历了新冠肺炎疫情的侵扰、停摆、复赛，整个赛程支离破碎，在这个非凡的赛季里，除了湖人夺冠，就属热火的逆袭令人难以忘记。

巴特勒的到来补强了热火最薄弱的小前锋位置，阿德巴约进步显著，而德拉季奇作为 34 岁的老将与球队领袖，为了希罗、纳恩这些新秀的成长，在自己的合同年甘愿接受了斯波教练给他的新角色：替补和导师。

从首发控卫到被调整到第二阵容，德拉季奇的效率不降反升，场均登场 28.4 分钟贡献 16.1 分、3.1 个篮板、5.1 次助攻，是热火替补席上最稳定的得分点。更关键的是，德拉季奇总能用正确的方式带领球队前行，他和巴特勒产生了良好的化学反应，他的言传身教让希罗、纳恩获益匪浅，他和阿德巴约的挡拆配合是热火最有把握的进攻方式之一。

进入复赛园区，为了应战姗姗来迟的 2020 年季后赛，德拉季奇被斯波斯特拉重新提上首发位置。首轮下克上横扫步行者，德拉季奇场均得到 22.8 分、4.0 个篮板和 5.0 次助攻，打出了生涯季后赛最佳表现。

热火在东部半决赛以 4 比 1 淘汰头号种子雄鹿，德拉季奇组织串联游刃有余，进攻端稳定输出，极大地缓解了巴特勒的压力；东部决赛对阵凯尔特人，德拉季奇第一场砍下 29 分，第二场再得 25 分，是热火击败凯尔特人、挺进总决赛的关键先生。

遗憾的是，热火对阵湖人的总决赛，德拉季奇在第一场打了 14 分钟就遭遇足底筋膜撕裂，被迫休战，这种伤势至少修养半个月才能复出。求战心切的德拉季奇在总决赛第四场曾尝试复出，但在热身时无法忍受脚伤所带来的疼痛最后只能放弃，他坐在替补席上望着球场，眼含泪光，梦想就在眼前，却倒在了终点线前面。

总决赛的第六场，德拉季奇忍受着足底筋膜的剧痛，重新回到了场上，尽管没有为热火换回一场胜利，但他那带伤上阵的勇气却值得人钦佩。热火最终以 2 比 4 不敌湖人，目送对手捧得总冠军的金杯。

在经历了梦幻般的一个赛季后，德拉季奇与热火签下一份两年 3740 万美元的续约合同。2020/2021 赛季，德拉季奇场均得到 13.4 分、4.4 次助攻，季后赛场均升至 16 分，虽然表现不俗，但状态有所起伏。热火在这个赛季没有打出上届东部冠军的风采，他们在季后赛首轮被雄鹿横扫。

从 29 岁到 34 岁，从韦德助手到球队中流砥柱再到如今的定海神针，德拉季奇把职业生涯最好的年华都给了迈阿密。

生涯高光闪回 / 笑傲东巅

高光之耀：比赛的最后关头，早已过而立之年的德拉季奇用超高难度的三分和无解中投赢得比赛，老夫聊发少年狂，不禁让人回想起十年前的“小纳什”。

2020 年 9 月 18 日，东部决赛第二场，热火在上半场一度落后17分的情况下，上演超级大逆转，以 106 比 101 力克凯尔特人，大比分 2 比 0 领先。

德拉季奇在第四节一人拿到 9 分，全场砍下 25 分，送出 5 次助攻，并在关键时刻连续得分，帮助热火锁定胜利。德拉季奇在东部决赛第一场拿到全队最高的 29 分后，这一场的 25 分也是全队最高得分。这位年近 35 岁的老将，鏖战东部之巅，化身热火得分王。

档案

杰伦 · 布朗 / Jaylen Brown
出生地：美国佐治亚州阿尔法利塔
出生日期：1996 年 10 月 24 日
身高：1.98 米 / 体重：101 公斤
效力球队：凯尔特人
场上位置：得分后卫、小前锋
球衣号码：7

荣耀

1 届全明星：2021 年
最佳新秀阵容二阵：2016/2017 赛季

杰伦 · 布朗常规赛数据

赛季	球队	篮板	助攻	得分
2016/2017	凯尔特人	2.8	0.8	6.6
2017/2018	凯尔特人	4.9	1.6	14.5
2018/2019	凯尔特人	4.3	1.4	13.0
2019/2020	凯尔特人	6.4	2.1	20.3
2020/2021	凯尔特人	6.0	3.4	24.7
场均		4.7	1.8	15.1

杰伦 · 布朗季后赛数据

赛季	球队	篮板	助攻	得分
2016/2017	凯尔特人	2.1	0.8	5.0
2017/2018	凯尔特人	4.8	1.4	18.0
2018/2019	凯尔特人	5.8	1.1	13.9
2019/2020	凯尔特人	7.5	2.3	21.8
场均		5.0	1.4	14.8

10 ♠

杰伦

杰伦·布朗

JAYLEN BROWN

身高 1.98 米、臂展 2.13 米，“魔鬼筋肉人”杰伦·布朗拥有一副标准锋线球员的身形。他身体强壮、头脑敏锐、防守强悍、进攻犀利，是 NBA 联盟中攻守一体的准巨星。

布朗与塔图姆联袂组成“双探花组合”，率领凯尔特人在东部强势崛起，成为“绿衫军”复兴的希望。如果说天赋高绝、得分如探囊取物的塔图姆决定着“绿衫军”的上限，那么能从 1 号位一直防到 4 号位，具备成为顶级防守者潜质的布朗决定着“绿衫军”的下限。

如今的布朗已经成长为联盟一流的无球攻击手，虽然他的持球进攻依旧不稳定，但他走位精准，接球出手命中率极高，为凯尔特人的球权转移、空位进攻带来了无限可能。

2013 年，在美国 U-18 锦标赛时期，时任美国队主教练（雷霆主教练）的比利·多诺万曾指责 1996 年出生的杰伦·布朗没有进取心，即便进入 NBA 也最多待三年。

如今，杰伦·布朗已在 NBA 熬到第五个年头了，他场均能够砍下 20.4 分、6.4 个篮板、2.2 次助攻，投篮命中率高达 49.0%，三分命中率也达到 38.1%。看来多诺万教练的“三年论”并没有奏效，布朗似乎平步青云，甚至还有点逐步跻身巨星行列的端倪。当然，多诺万教练的言论也激励了这位曾经不求上进的小伙子。

早在杰伦·布朗高中的时候，他就率领校队夺得佐治亚州的州冠军。2015 年，布朗进入加利福尼亚大学伯克利分校——一个以学术著称的名校，布朗对此的解释是不希望自己仅仅是一名运动员，他希望学识上也有所造诣。

2015/2016 赛季，他大学的首个赛季，他总计为母校出战 34 场，场均得到 14.6 分、5.4

个篮板和 1.9 次助攻，身手不错，投篮命中率也有 43.1%，成功入选太平洋十二校联盟最佳第一阵容，同时也获得了该联盟最佳新秀称号。

2016 年 6 月 24 日，NBA 选秀大会，当 76 人拿下西蒙斯、湖人摘下英格拉姆之后，波士顿凯尔特人在第 3 顺位选中了杰伦・布朗。

布朗在加盟凯尔特人的第一个赛季的日子并不好过。虽然贵为“探花”，却并未受到球队的特别优待，即便他在首次首发亮相中就砍下 19 分、5 个篮板、3 次抢断的漂亮数据，也只是昙花一现，不能改变坐板凳席的命运。

最终，布朗在自己的新秀赛季只交出 6.6 分、2.8 个篮板的寒碜数据。

2017 年 6 月 23 日，凯尔特人又在首轮第 3 顺位选中杰森・塔图姆——一位天赋异禀的锋卫摇摆人，他与布朗联袂搭档而成“双探花”组合，将是凯尔特人复兴的希望。当然，这是后话，彼时他们均羽翼未丰。

2016/2017 赛季结束，小托马斯与凯尔特人分道扬镳，换来骑士的联盟“单打王”凯里・欧文。此外，“绿衫军”也签下爵士的全明星后卫凯里・海沃德。

刚刚签约的海沃德在揭幕战就遭遇重伤，导致赛季提前结束，随后欧文也伤病不断，原本兵强马壮的凯尔特人捉襟见肘，布朗赶紧抓住机会，在 2016/2017 赛季一路水涨船高，场均贡献 14.5 分、4.9 个篮板、1.6 次助攻，更在防守端表现优异，一跃成为侧翼防守悍将。

2018 年季后赛，布朗与塔图姆这对“双探花”组合，率领凯尔特人上演青春风暴，一路过关斩将杀入东部决赛。首轮战雄鹿，第一场布朗就贡献了 20 分；第二场他更是砍下 30 分，成为“绿衫军”历史季后赛单场得分 30+ 最年轻的球员。接下来第四场，他再度取下 34 分，刷新了自己季后赛的得分纪录。

虽然年轻的“绿衫军”在东部决赛不敌开启“灭霸”模式的詹姆斯领衔的骑士，但纵观整个赛季，布朗的出色表现足以让凯尔特人管理层下定决心，培养他和塔图姆一起，成为“绿衫军”新一代的领军人物。

2018/2019 赛季，布朗的职业生涯再度迎来曲折，随着欧文和海沃德复出，“绿衫军”开启了一场“宫斗大戏”，彼此指责、纷争不断，球队战绩也随之起伏。队内也矛盾四起，而布朗为了“让位”海沃德，整个赛季只得到 13 分、4.2

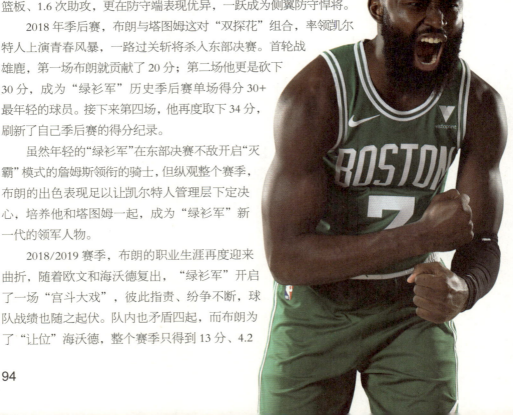

个篮板，而加上欧文、海沃德的凯尔特人也最终未能走得更远，还不如之前布朗和塔图姆独自带队的赛季。最终，在休赛期欧文远走布鲁克林，凯尔特人的控制权又回到了布朗和塔图姆这对“双探花”组合手里。

2019 年休赛期，布朗觉得自己在进攻端的武器不够丰富，过分依赖天赋在打球，这样在 NBA 不足以占据一席之地，所以布朗特意找到传奇球星麦迪，学习进攻技巧。

布朗师从麦迪，而塔图姆是科比传人，从这对“双探花”组合中，我们依稀能看到昔日绝代双骄——科比、麦迪的影子，这也是 NBA 传奇特质的一种延续。

2019/2020 赛季，随着新冠肺炎疫情的来袭，赛程面临停摆、缩水，但布朗朝着超级球星迈进的脚步却未曾停止。整个常规赛季，他打得如鱼得水，场均能得到 20.3 分、6.4 个篮板、2.1 次助攻，真实命中率 58.3%，均创造自己职业生涯新高。

2020 年季后赛，布朗更是成了凯尔特人的晴雨表，他场均砍下 21.8 分，与塔图姆一起扛起这支凯尔特人，淘汰上届冠军猛龙，杀入东部决赛。

虽然，他们在东部决赛对阵热火折戟沉沙，但布朗和凯尔特人的成长却是有目共睹。

2020/2021 赛季，这原本是布朗蜕变的一个赛季，进入职业生涯第五年的他进步神速，场均能拿下 24.7 分、6 个篮板、3.4 次助攻、1.2 次抢断，投篮命中率 48.4%，三分球命中率高达 39.7%，得分与助攻均创生涯新高。然而，2021 年 5 月 11 日，就在“绿衫军”冲击季后赛的关键时刻，布朗被诊断为左手腕韧带撕裂，本赛季提前报销。

布朗在兑现天赋的时候遭遇伤病侵袭、轰然倒下，“双探花”已缺其一，这让凯尔特人季后赛的征程变得暗淡渺茫。纵然塔图姆表现神勇，单场劈下 50 分，也无法改变“绿衫军”首轮被篮网以 4 比 1 淘汰的命运。

因为不期而至的伤病，布朗在自己原本注定爆发的一个赛季画上了不圆满的句号。下赛季韧带痊愈后的布朗前途依旧光明。假以时日，他将更加全面稳定，那么这位凯尔特人唯二的“探花郎”，也将成为联盟里闪耀的巨星。

生涯高光闪回 / 三节轰 42 分

高光之耀：在新生代最出色的得分手之一塔图姆的身边，布朗的进攻才华往往被忽略，实际上找到手感的布朗，也是无视任何防守的得分机器。灰熊大将狄龙·布鲁克斯的防守不可谓不努力，但是碰上“开挂”的布朗，他也只能自认倒霉了。

2020 年 12 月 31 日，凯尔特人主场迎战来访的灰熊。此役，“绿衫军”双核之一的杰伦·布朗迎来爆发，登场 29 分钟，21 投 15 中，三分球 10 投 7 中，只用了三节时间就拿到生涯新高的 42 分，此外还有 5 个篮板和 4 次助攻。

登场不到 30 分钟，就能得分 40+，上一位凯尔特人能做到如此表现的球员，还是 1986 年的拉里·伯德。

扎克·拉文常规赛数据

赛季	球队	篮板	助攻	得分
2014/2015	森林狼	2.8	3.6	10.1
2015/2016	森林狼	2.8	3.1	14.0
2016/2017	森林狼	3.4	3.0	18.9
2017/2018	公牛	3.9	3.0	16.7
2018/2019	公牛	4.7	4.5	23.7
2019/2020	公牛	4.8	4.2	25.5
2020/2021	公牛	5.0	4.9	27.4
场均		3.8	3.8	19.1

档案

扎克·拉文 / Zach LaVine
出生地：美国华盛顿州波塞尔
出生日期：1995 年 3 月 10 日
身高：1.96 米 / 体重：82 公斤
效力球队：森林狼、公牛
场上位置：得分后卫 / 球衣号码：8

荣耀

1 届全明星：2021 年
2 届全明星扣篮大赛冠军：2015 年、2016 年
全明星新秀赛 MVP：2016 年
1 枚奥运金牌：2020 年

10

风城飞将
扎克·拉文
ZACH LAVINE

他横空出世，用天外飞仙般扣篮挽救了日渐式微的扣篮大赛。然而，两届扣篮王的光环却无法承载他成为巨星的理想。

他起飞时如同羽毛般轻盈，扣篮像月光下的精灵，但在 NBA 的实战丛林中，他这唯美扣篮只是锦上添花的存在。于是他不断精修中远投技艺，增强组织与持球得分的稳定性。

十三顺位、得分后卫，拉文沿着科比的足迹启航，用卡特的模式在扣篮大赛封神，如今又似乎找到了库里的三分瞄准镜……拉文不断进化，在乔丹昔日辉煌的地方稳步成长。

2019 年 11 月 24 日，夏洛特光谱中心球馆，公牛客场对战黄蜂，扎克·拉文在黄蜂现场漫天的嘘声中，最后 40 秒内连续命中 3 记三分球，包括最后一记拉到外线绝杀对手的飘移三分球。公牛以 116 比 115 险胜黄蜂，拉文狂砍 49 分，率领公牛完成超级逆转。而他此战命中了 13 记三分，追平斯蒂芬·库里单场三分球命中数（历史第二）纪录。

自此，24 岁的拉文在世人眼中，不再只是那位飞天遁地的超级扣将，还是一位百步穿杨的神射手，“金州库里”的绰号也不胫而走。

1995 年 3 月 10 日，扎克·拉文出生于华盛顿州波塞尔，他的父亲保罗·拉文曾是一名效力于西雅图海鹰队的橄榄球手，母亲 C.J. 拉文则是一名业余垒球手。体育世家出身的扎克从小就展现出了惊人的运动天赋。尽管天赋异禀，但拉文最先接触的运动并非篮球，而是棒球。直到 7 岁那年，他看到《空中大灌篮》，运动理想才发生转变。

正是迈克尔·乔丹的魔幻演出，让年少的拉文从此一见倾心，他开始疯狂地搜集老乔的比赛集锦。对于“95 后”的孩子来说，他们的初代篮球偶像应该是正值运动巅峰的四大分卫——科比、艾弗森、麦迪、卡特，拉文却对乔丹情有独钟。

“我就开始在球场上模仿迈克尔的各种动作，”拉文说，“真希望有朝一日能够像他（乔丹）那样扣篮。”从此以后，拉文走上篮球之路。凭借着出众的身体天赋和刻苦训练，拉文很快就脱颖而出，此后他在博赛尔高中就读，在高二彻底爆发，场均砍下 25.9 分。

2013 年，扎克·拉文进入了洛杉矶分校，这是一座享誉全美的篮球名校。整个大一赛季，拉文表现中规中矩，场均贡献 9.4 分、2.5 个篮板、1.8 次助攻。而各种酷炫劲爆的扣篮表演，使他成为让许多球迷为之疯狂的明星球员。

2014 年的 NBA 选秀大会，扎克·拉文在首轮第 13 顺位被明尼苏达森林狼选中，而在此前，森林狼还用手中的状元签选中了来自堪萨斯大学的锋线摇摆人安德鲁·维金斯，他们是同届新秀中身体天赋最出众的两位青年才俊。

2014/2015 赛季，由于森林狼的主力控卫卢比奥因伤长期缺席，“菜鸟”拉文获得了大量的首发出场机会，他在自己的新秀赛季，出战 77 场，场均贡献 10.1 分、2.8 个篮板、3.6 次助攻，表现可谓不俗。然而，让拉文名满天下的还是 2015 年全明星扣篮大赛。

初出茅庐的拉文，几乎以完美的表现拿下了扣篮王。而同样完美的表现，也在一年之后再度上演，拉文与阿龙·戈登，联袂奉献了扣篮大赛史上 TOP5 级别的角逐，凭借两次加赛之后，拉文惊险获胜，蝉联扣篮王。

值得一提的是，在 2016 年扣篮大赛上，拉文共三次完成了从罚球线起跳扣篮的壮举，而且难度一个比一个高。当他最后拿出压箱底的罚球线胯下换手，场边的戈登也只能无奈地摊手认输。文斯·卡特之后，扎克·拉文主导了最令人血脉偾张的扣篮演出，而关于史上最佳扣将的讨论，也第一次从乔丹、卡特，变成了乔丹、卡特、拉文。

21 岁的拉文做梦都没有想到，自己有朝一日能够在某项领域与乔丹一较高下。2016/2017 赛季，拉文更上一层楼，他的场均得分达到 18.9 分，在 2016 年 12 月 24 日同国王的比赛中，更是砍下了生涯首个 40 分。当一切都在朝着更好的方向发展时，伤病却突然袭来，2017 年 2 月 4 日，森林狼以 108 比 116 不敌活塞，拿到 20 分、4 个篮板、4 次助攻的拉文却在比赛中左膝盖前交叉韧带撕裂，最终导致赛季结束。

2017 年夏天，拉文被森林狼送往芝加哥，用以交换吉米·巴特勒。2018 年 7 月，拉文以 4 年 8000 万美元的合同与公牛续约，随后的赛季，他场均贡献 23.7 分、4.7 个篮板、4.5 次助攻，并成为乔丹之后首位在麦迪逊花园球馆单场至少拿下 40 分的公牛球员。

接下来，就是那场技惊四座的 40 秒 9 分、单场 13 记三分球怒砍 49 分的旷世演出。在 2019/2020 赛季中，拉文依然在进步，场均得分突破 25 分。虽然个人表现可圈可点，但公牛依然无法挺进季后赛，这让身为主将的拉文有些尴尬。

2020/2021 赛季，拉文不乏名场面：2021 年 1 月 11 日，他面对快船，命中 10 个三分球，砍下 45 分。一个月之后，拉文又狂砍 46 分，率领公牛力克鹈鹕。

生涯高光闪回 / 扣篮双雄决

高光之耀：这届扣篮大赛已超过1988年乔丹与威尔金斯的巅峰对决，2000年卡特、弗朗西斯和麦迪的世纪争霸，成为历史最精彩的一届扣篮大赛。拉文与戈登的扣篮双雄决，成为不可复制的永恒经典。

伟大的对决需要等量齐观的伟大对手，就像拉文和戈登，他们的对决让2016年多伦多全明星扣篮大赛异乎寻常的精彩。两人奇招频出，几乎每一扣都堪称传世之作。譬如戈登飞跃魔术龙的平筐扣篮、转身爆扣；拉文空中360度单手爆扣、篮板后胯下背扣。最终拉文罚球线起飞胯下换手扣篮，再现了乔丹与卡特夺冠扣篮的二合一！

最终拉文险胜戈登卫冕扣篮大赛冠军，他们没有输家。这次无比精彩的双雄对决也挽救了濒临淘汰的全明星扣篮大赛。

2020/2021 赛季结束，拉文每场得分上升到 27.4 分，并贡献 5 个篮板、4.9 次助攻，达到顶流球星的数据，然而公牛仅取得 31 胜的战绩，排在东部第 11 位，又一次无缘季后赛。虽然战绩徘徊不前，但拉文对未来充满信心。

2021 年夏天，拉文跟随美国男篮“梦之队”出征东京奥运会，并最终夺下奥运金牌。拉文在夺冠之旅中表现不俗，场均贡献 9.8 分、3.6 次助攻。数据虽然并不抢眼，但拉文在攻防两端活力无限，三分球、助攻、抢断，无所不能，尤其是他多次上演飞翔暴扣，成为东京奥运篮球赛场为数不多的亮点。

夺得奥运金牌，对这位颇具天赋的德罗赞而言，足以提振信心。新赛季随着德罗赞、鲍尔来到公牛，拉文率队将在乔丹曾经战斗的地方、续写芝加哥的传奇。

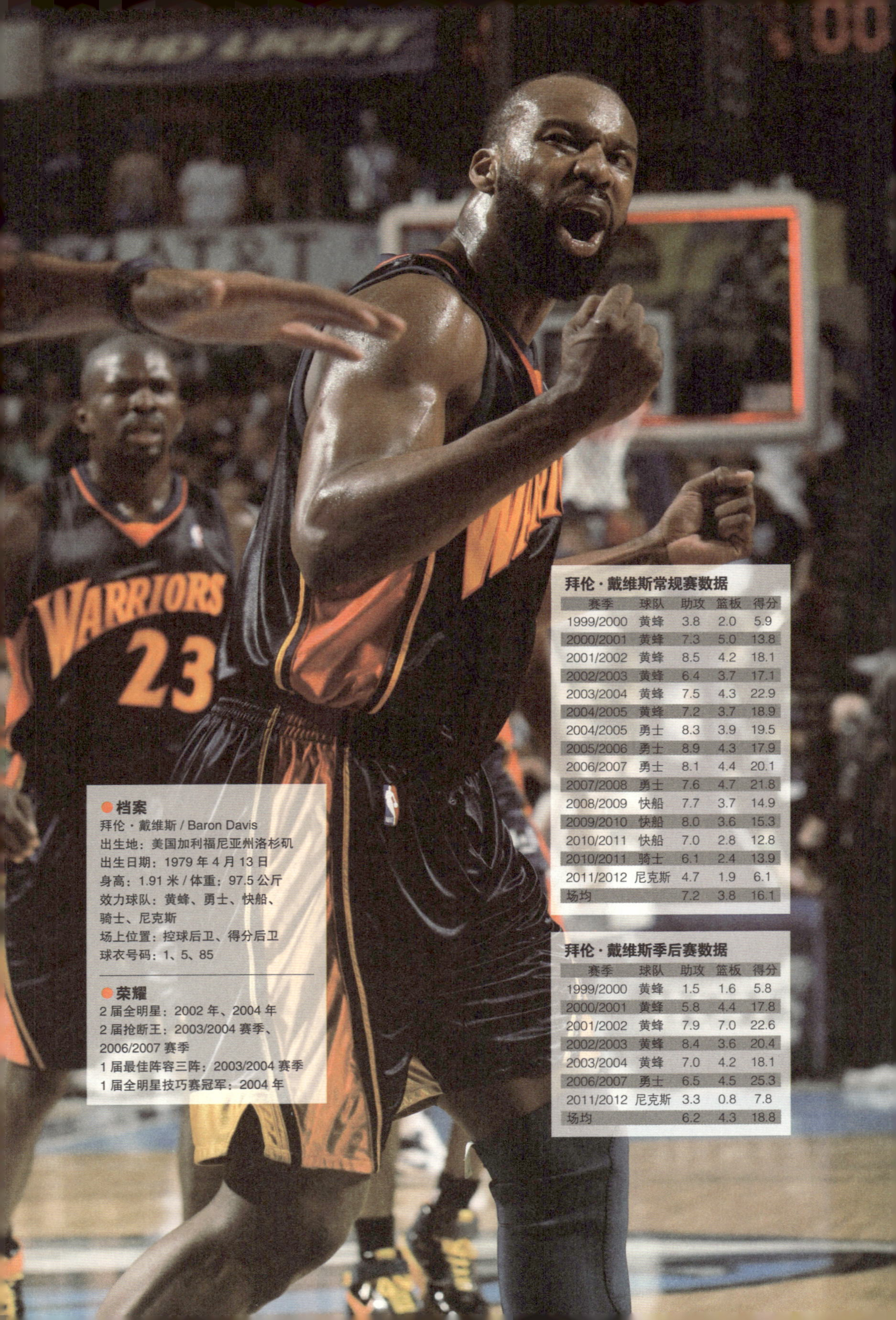

●档案

拜伦·戴维斯 / Baron Davis

出生地：美国加利福尼亚州洛杉矶

出生日期：1979 年 4 月 13 日

身高：1.91 米 / 体重：97.5 公斤

效力球队：黄蜂、勇士、快船、骑士、尼克斯

场上位置：控球后卫、得分后卫

球衣号码：1、5、85

●荣耀

2 届全明星：2002 年、2004 年

2 届抢断王：2003/2004 赛季、2006/2007 赛季

1 届最佳阵容三阵：2003/2004 赛季

1 届全明星技巧赛冠军：2004 年

拜伦·戴维斯常规赛数据

赛季	球队	助攻	篮板	得分
1999/2000	黄蜂	3.8	2.0	5.9
2000/2001	黄蜂	7.3	5.0	13.8
2001/2002	黄蜂	8.5	4.2	18.1
2002/2003	黄蜂	6.4	3.7	17.1
2003/2004	黄蜂	7.5	4.3	22.9
2004/2005	黄蜂	7.2	3.7	18.9
2004/2005	勇士	8.3	3.9	19.5
2005/2006	勇士	8.9	4.3	17.9
2006/2007	勇士	8.1	4.4	20.1
2007/2008	勇士	7.6	4.7	21.8
2008/2009	快船	7.7	3.7	14.9
2009/2010	快船	8.0	3.6	15.3
2010/2011	快船	7.0	2.8	12.8
2010/2011	骑士	6.1	2.4	13.9
2011/2012	尼克斯	4.7	1.9	6.1
场均		7.2	3.8	16.1

拜伦·戴维斯季后赛数据

赛季	球队	助攻	篮板	得分
1999/2000	黄蜂	1.5	1.6	5.8
2000/2001	黄蜂	5.8	4.4	17.8
2001/2002	黄蜂	7.9	7.0	22.6
2002/2003	黄蜂	8.4	3.6	20.4
2003/2004	黄蜂	7.0	4.2	18.1
2006/2007	勇士	6.5	4.5	25.3
2011/2012	尼克斯	3.3	0.8	7.8
场均		6.2	4.3	18.8

10 ♣

大胡子
拜伦·戴维斯
BARON DAVIS

他是哈登之前 NBA 中最著名的“大胡子”，大多数人的记忆都会停留在 2006/2007 赛季的“黑八”桥段——如果固定在某个镜头，应该是在第二轮暴扣基里连科的那个。

在金州的四年时光里，老尼尔森的“意识流战术”彻底释放了戴维斯胸中的那头“野兽”。几乎在金州的每个夜晚，戴维斯都在为 NBA 视频组提供着足够多的素材——杂耍般的突破、技术加体重构架的背身强吃、迎面的战斧式劈扣、让人振聋发聩的怒吼声以及无厘头的三分球……

洛杉矶面前是太平洋上层峦迭起的万里碧涛，身后是加州宁静安逸的细碎光阴。这里出产的一切仿佛都带着阳光的浓郁和金色，也包括 1979 年生于此的拜伦·戴维斯。

“大胡子”戴维斯进入联盟之前，名头响亮：出身名校（加州大学洛杉矶分校），1.91 米的身高、97.5 公斤体重，有一手随时随地敢开火的三分，还能恐怖地突破扣篮。

1999 年戴维斯参加选秀时，黄蜂以首轮第三顺位选中他，就是看中他的精准三分、飞身劈扣等凶猛的进攻火力，同时他们也迎来一个炸药桶般火爆的小伙子。

2001 年 2 月 17 日，黄蜂客场以 103 比 93 轻取雄鹿，还只是二年级的戴维斯命中一记约 27.1 米的超远距离压哨球，创造了 NBA 压哨投篮最远距离。

2001 年季后赛，“大胡子”戴维斯曾率领名不见经传的夏洛特黄蜂以 3 比 0 横扫阿伦佐·莫宁、安东尼·梅森和艾迪·琼斯领衔的热火，第二轮更是与正处鼎盛时期的雄鹿酣斗 7 场，最终因双拳难敌四手，铩羽而归。戴维斯在这一系列季后赛中交出的季后赛场均数据是 26 分、5 个篮板、8 次助攻和 4 次抢断。

除了激情，拜伦 · 戴维斯在球场上还有着太多与众不同的东西。虽然出身名校，但他却不算学院派；他能够指挥进攻，但却缺乏大局观；他过于冲动，一旦对方挑衅他，他的疯狂神经就马上被触动，什么输赢都被抛之脑后，他要的就是以血还血。

在他精准的三分球、高速突破、闪电抢断这光环的背后，有许多细节的缺点。职业生涯前五年，他的罚球只有一季达到 68%，投篮命中率总在 42% 以下晃悠。

2004/2005 赛季，黄蜂似乎因拜伦·戴维斯的伤伤停停及球队的止步不前失去了信心，加之戴维斯的心也和这座不够都市级别的城市渐行渐远，赛季开始不久，夏洛特人便将戴维斯送到了金州勇士。拜伦 · 戴维斯显得很满意这笔交易，奥克兰离他的家要比夏洛特近上很多，而且地处西海岸，那里有适合他“发疯”的海洋性气候。

2006/2007 赛季，拜伦 · 戴维斯出战 63 场，场均砍下 20.1 分、4.4 个篮板、8.1 次助攻，率领勇士取得 42 胜，以西部第八晋级季后赛。首轮面对豪取 67 胜常规赛战绩联盟第一的小牛，拜伦 · 戴维斯率队以 4 比 2 的大比分淘汰对手，创造了“黑八奇迹”。那一年的甲骨文球馆，就像一场疯狂的盛宴，丝毫不逊于如今，每一个进球都伴随着誓要掀翻屋顶的欢呼声“WE BELIEVE”！

虽然之后的西区半决赛，勇士大比分 1 比 4 不敌爵士，惨遭淘汰。但那个系列赛中，拜伦·戴维斯的表现仍旧可圈可点，尤其是面对“AK–47”安德烈·基里连科的那记背扣，更是被人们奉为经典，口口相传。

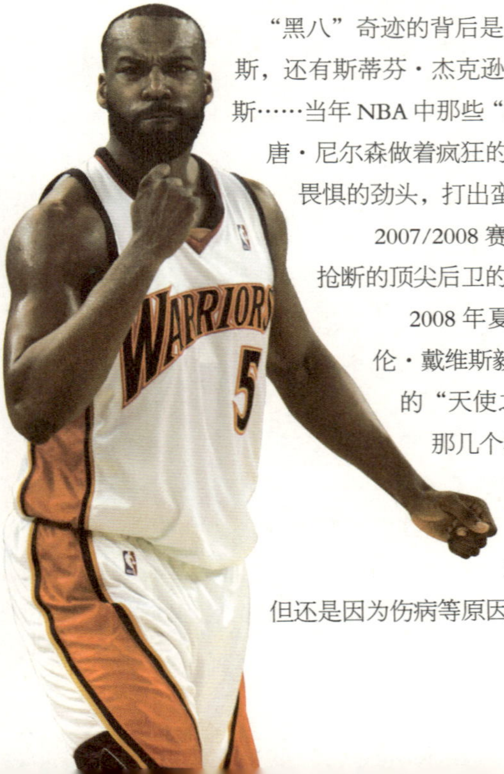

“黑八”奇迹的背后是“金州匪帮”的崛起：除了“匪首”拜伦 · 戴维斯，还有斯蒂芬 · 杰克逊、蒙塔 · 埃利斯、贾森 · 理查德森、马特 · 巴恩斯……当年 NBA 中那些“浑不懔 ”的角色几乎尽出于奥克兰。“科学怪人”唐 · 尼尔森做着疯狂的篮球试验，当年这帮“悍匪”凭借着一股子无所畏惧的劲头，打出蛮不讲理的血性篮球。

2007/2008 赛季，他更是砍下场均 21.8 分、7.6 次助攻、2.3 次抢断的顶尖后卫的数据。

2008 年夏天，因为丰厚的收入以及对于家乡的思念，拜伦 · 戴维斯毅然回到洛杉矶，加盟快船，之后在这座五光十色的“天使之城”迷失自己，几乎黯然消失。在效力快船的那几个赛季，他场均仅得 15 分左右，完全不能胜任“大胡子船长”的要职。

2011 年 2 月，快船将拜伦·戴维斯送至骑士，之后他又辗转尼克斯、76 人，虽然偶尔回光返照，但还是因为伤病等原因，逐步沦为 NBA 的边缘球员。

拜伦·戴维斯是一位需要前呼后拥、万人瞩目的球员，洛杉矶人对他的淡然，才是他堕落的原因。在斯台普斯他听不到甲骨文球馆那样山呼海啸的欢呼声。

当年那位叱咤风云的混世魔王渐渐淡出我们的视线，如今我们偶尔翻开老杂志，看到那张拜伦·戴维斯飞身隔扣基里连科的照片时，才忽然想起：这个人去哪儿了呢？

或者看到如日中天的詹姆斯·哈登时，偶尔会说起，“当年也有一位‘大胡子’，也是如此劲爆、如此充满激情！”

生涯高光闪回 / 黑八奇迹

高光之耀：2007 年季后赛首轮，西部排名第八的金州勇士以 4 比 2 击败达拉斯小牛（常规赛豪取第一战绩 67 胜、常规赛 MVP 诺维茨基领衔阵容鼎盛的超级劲旅），完成联盟历史上第三次“黑八奇迹”。那时的奥克兰还是一片刀光剑影的混沌江湖，一群肆意横行的“亡命匪徒”在“大胡子”拜伦·戴维斯的率领下，开启了血雨腥风的“屠戮之旅”。

2006/2007 赛季，戴维斯率领勇士以西部第八晋级季后赛。首轮面对 67 胜的常规赛冠军小牛，戴维斯率队以 4 比 2 的大比分淘汰对手，创造季后赛采用 7 战 4 胜制以来的首次“黑八奇迹”。

布兰登·英格拉姆常规赛数据

赛季	球队	篮板	助攻	得分
2016/2017	湖人	4.0	2.1	9.4
2017/2018	湖人	5.3	3.9	16.1
2018/2019	湖人	5.1	3.0	18.3
2019/2020	鹈鹕	6.1	4.2	23.8
2020/2021	鹈鹕	4.9	4.9	23.8
场均		5.0	3.5	17.8

档案

布兰登·英格拉姆 / Brandon Ingram
出生地：美国北卡罗来纳州金斯顿
出生日期：1997 年 9 月 2 日
身高：2.06 米 / 体重：86 公斤
效力球队：湖人、鹈鹕
场上位置：小前锋 / 球衣号码：14

荣耀

1 届全明星：2020 年
最佳新秀阵容二阵：2016/2017 赛季
1 届进步最快球员：2019/2020 赛季

10

小杜兰特

布兰登·英格拉姆

BRANDON INGRAM

身高 2.06 米，体重只有 86 公斤，臂展却长达 2.21 米，静态天赋极其出色，但身材单薄。英格拉姆初入联盟，顶着“小杜兰特”的光环，符合人们关于标准小前锋的一切美好想象：身材修长，臂展出众，深谙各种得分之道。此外他视野开阔，传控俱佳。

他是宠儿，也是弃儿。他曾是科比的接班人，被湖人奉若珍宝；他又成为交易安东尼·戴维斯的筹码，被湖人弃之如敝屣。

命运的冷暖殊途给予英格拉姆奋发向上的力量。

他面如平湖，胸有激雷，不断砥砺前行，终于成为斩将夺旗的上将军。他在跌入谷底后重新爬起，追上了曾经被寄予厚望的自己。

1997 年 9 月 2 日，布兰登·英格拉姆出生于北卡罗来纳州的金斯顿，这是一个只有 2 万多人口但篮球文化浓郁的小镇。在他之前，金斯顿一共走出了 6 名 NBA 球员，其中包括 1981 年总决赛 MVP 塞德里克·麦克斯维尔和两届全明星球员杰里·斯塔克豪斯。

相比于那些混迹于金斯顿街头的孩子，英格拉姆无疑是幸运的，在父亲唐纳德·英格拉姆经营的球馆里，这个沉默寡言的少年将全部精力都投入了篮球训练。英格拉姆曾连续四年率领金斯顿高中队夺得州冠军，展现出惊人的篮球天赋。

英格拉姆高中毕业后，“老 K”教练迈克·沙舍夫斯基亲自登门招募，将他带到篮球名校——杜克大学。在杜克大学就读的这一年，英格拉姆出战 36 场，场均得到 17.3 分、6.8 个篮板、2 次助攻，三分球命中率为 41%，当选大西洋海岸联盟年度最佳新人。

2016 年选秀大会，英格拉姆在首轮第 2 顺位被洛杉矶湖人选中。当时的“紫金军团”最伟大的球星科比刚刚退役，英格拉姆在万众期待中成为科比的接班人。有一个细节足以说明：湖人把科比的更衣柜位置留给了英格拉姆。

自从科比退役后，湖人就缺乏一个真正的核心，比英格拉姆更早进队的德安吉洛·拉塞尔、朱利叶斯·兰德尔、乔丹·克拉克森都亟待证明自己，湖人休赛期又引入了罗尔邓、莫兹科夫等老将，队中还有尼克·杨、路易斯·威廉姆斯这样的进攻终结点。

湖人人才济济，顶着“科比接班人”光环的英格拉姆无法获得相应的战术地位，加上身体单薄、对抗不足的劣势，其表现非常糟糕，湖人球迷对这位“榜眼秀”开始了质疑。

2017 年全明星赛后，英格拉姆渐入佳境，3 月份场均得分来到两位数。该赛季最后的 10 场比赛，英格拉姆迎来小高潮，场均得到 21.7 分。最终他在自己的处子赛季交出了场均 9.4 分、4 个篮板、2.1 次助攻的优异成绩单，并入选最佳新秀二阵。

2017 年夏天，湖人送走了拉塞尔，确定了英格拉姆的战术核心地位。在得到充分的信任和球权后，英格拉姆在 2017/2018 赛季开始兑现天赋，场均数据飙升到 16.1 分、5.3 个篮板、3.9 次助攻，投篮命中率高达 47%，三分球命中率高达 39%。

赛季中期，湖人的“正印控卫”朗佐·鲍尔因伤缺阵，英格拉姆担任起组织前锋的角色，他利用身高和视野优势，频频为队友创造机会，湖人打出近 4 个赛季最好的战绩。英格拉姆在此赛季也不乏经典之作：0.8 秒三分准绝杀费城 76 人；与偶像杜兰特对决，砍下生涯新高的 32 分。

2018/2019 赛季随着詹姆斯的到来，英格拉姆的战术地位随之下降，他没能延续上赛季的强势表现。

2019 年 3 月，英格拉姆被检查出手臂静脉血栓，这无疑是晴天霹雳，“龙王”波什正是因为类似的伤病而被迫提前退役。英格拉姆尽管通过手术清除了血栓，但其职业生涯前景却由此蒙上了一层阴影。

2019 年 6 月，湖人在招揽安东尼·戴维斯的三方交易中，将英格拉姆连同鲍尔、哈特一同打包送至鹈鹕。英格拉姆曾经是杜克大学的“天选之子”、大西洋海岸联盟年度最佳新人、NCAA 联赛的超级巨星、湖人的未来领袖，却被当作筹码放逐到新奥尔良。巨大的落差激起英格拉姆心中无穷的动力，他迫切要证明自己。

2019年夏天，英格拉姆的同届新秀西蒙斯、穆雷和西亚卡姆都拿到了顶薪合同，心高气傲的英格拉姆拒绝了鹈鹕送上的低价续约合同，他决心在新奥尔良完成自我救赎。

机会总是留给有准备的人，2019 年“状元秀”蔡恩·威廉森在季前赛受伤，鹈鹕主帅金特里将英格拉姆确立为战术核心。于是英格拉姆打出一个精彩绝伦的赛季，他在前 22 场比赛里，有 5 次得分超过 30，对阵爵士时狂砍 49 分。英格拉姆在为鹈鹕效力的首个赛季，场均得到 23.8 分、6.1 个篮板、4.2 次助攻，不仅首次成功入选全明星，还力压阿德巴约、东契奇当选该赛季进步最快球员。

2020 年 12 月，英格拉姆与鹈鹕正式签下一份 5 年 1.58 亿美元的顶薪续约合同。

2020/2021 赛季，“胖虎”蔡恩的归来后，英格拉姆与之联手率领鹈鹕打出一个耳目一新的赛季，英格拉姆场均砍下 23.8 分、4.9 个篮板、4.9 次助攻，蔡恩场均也有 27 分入账，二人一刚一柔，率领鹈鹕悄然崛起。

从天赋型到实力派，这个来自金斯顿的年轻人不停地奔跑，终于追上了那个被寄予厚望的自己。未来的超级巨星！24 岁的英格拉姆正在这条路上疾行。

生涯高光闪回 / 对飙蜘蛛侠

高光之耀：这一战堪称“神仙打架”，英格拉姆对飙“蜘蛛侠”米切尔，双双砍下 40+。此外英格拉姆还颜扣戈贝尔，以一己之力率领鹈鹕击败爵士。

2020 年 1 月 17 日，鹈鹕在主场经过加时大战，以 138 比 132 击败爵士。此役英格拉姆 21 投 15 中，三分球 8 投 3 中，罚球 20 罚 16 中，狂砍职业生涯新高的 49 分，并送出 8 个篮板和 6 次助攻，率队终结了爵士 10 连胜，让米切尔的 46 分黯然失色。

10
12
NEW YORK
17

LAKERS

VISTA
PRINT

9–6

黑桃 9 戈登 · 海沃德 / **红桃** 9 本 · 华莱士 / **梅花** 9 里基 · 卢比奥 / **方片** 9 肖恩 · 马里昂
GORDON HAYWARD　BEN WALLACE　RICKY RUBIO　SHAWN MARION
黑桃 8 阿隆 · 戈登 / **红桃** 8 赛尔吉 · 伊巴卡 / **梅花** 8 乔 · 约翰逊 / **方片** 8 安德鲁 · 威金斯
ARON GORDON　SERGE IBAKA　JOE JOHNSON　ANDREW WIGGINS
黑桃 7 林书豪 / **红桃** 7 杰梅因 · 奥尼尔 / **梅花** 7 拉玛尔 · 奥多姆 / **方片** 7 马库斯 · 斯马特
JEREMY SHU-HOW LIN　JERMAINE ONEAL　LAMAR ODOM　MARCUS SMART
黑桃 6 拉希德 · 华莱士 / **红桃** 6 德里克 · 费舍尔 / **梅花** 6 贾马尔 · 克劳福德 / **方片** 6 迈克 · 毕比
RASHEED WALLACE　DEREK FISHER　JAMAL CRAWFORD　MIKE BIBBY

档案

戈登·海沃德 / Gordon Hayward
出生地：美国印第安纳州印第安纳波利斯
出生日期：1990 年 3 月 23 日
身高：2.03 米 / 体重：102 公斤
效力球队：爵士、凯尔特人、黄蜂
场上位置：小前锋
球衣号码：20

荣耀

1 届全明星：2017 年
1 届 NCAA 西部赛区最杰出球员：2009/2010 赛季

戈登·海沃德常规赛数据

赛季	球队	篮板	助攻	得分
2010/2011	爵士	1.9	1.1	5.4
2011/2012	爵士	3.5	3.1	11.8
2012/2013	爵士	3.1	3.0	14.1
2013/2014	爵士	5.1	5.2	16.2
2014/2015	爵士	4.9	4.1	19.3
2015/2016	爵士	5.0	3.7	19.7
2016/2017	爵士	5.4	3.5	21.9
2017/2018	凯尔特人	1.0	0.0	2.0
2018/2019	凯尔特人	4.5	3.4	11.5
2019/2020	凯尔特人	6.7	4.1	17.5
2020/2021	黄蜂	5.9	4.1	19.6
场均		4.5	3.5	15.6

戈登·海沃德季后赛数据

赛季	球队	篮板	助攻	得分
2011/2012	爵士	2.8	3.0	7.3
2016/2017	爵士	6.1	3.4	24.1
2018/2019	凯尔特人	4.0	2.4	9.6
2019/2020	凯尔特人	4.0	2.8	10.8
场均		4.6	2.9	15.0

9

白曼巴

戈登·海沃德

GORDON HAYWARD

精致老牌的发型、英俊深邃的面容，文质彬彬的戈登·海沃德更像一位好莱坞明星，然而他却凭借娴熟的技艺、高超的球商，在长人如林的 NBA 闯出一片天空。

海沃德是世人眼中标准的“高富帅”，然而根据物质守恒定律，上天带走了他的一些运气。在他拿到职业生涯第一份亿元合同之后，代表凯尔特人首秀仅上场五分钟便遭遇胫骨骨折，导致赛季结束，从此伤病与他如影随形，命运多舛，颇为悲情。

海沃德从不是飞天遁地的运动健将，但他凭借扎实全面的技术，依然可以跻身当今联盟十大顶级小前锋的序列。

1990 年 3 月 23 日，戈登·海沃德出生于印第安纳州布朗兹堡。与绝大多数出身运动世家的球星不同，海沃德的父母并没有过人的运动天赋。他的父亲戈登·斯科特·海沃德和母亲朱迪·海沃德身高都只有 1.78 米。

正因为家族身高的基因平平，老海沃德督促儿子从小就学习后卫技巧，打磨运球和跳投。这位父亲一定没有想到，儿子将来会长到 2.03 米，那是一副标准小前锋的身材。

海沃德在高三那年，身高就猛长到 2.01 米，自幼练就的扎实基本功以及飘逸灵动的球风，让他成为布朗兹堡高中的明星球员。此外，帅气的海沃德在女球迷中颇受欢迎。

高中毕业后，海沃德在时年 31 岁的少帅布拉德·史蒂文斯的极力推荐下，最终选择了巴特勒大学。大一赛季，海沃德场均拿到 13.1 分、6.5 个篮板，入选了分区最佳阵容。

在大二赛季，海沃德率领巴特勒大学在 NCAA 以黑马之势杀进决赛，但遗憾不敌杜克大学，痛失冠军。大二赛季结束后，海沃德决定参加 NBA 选秀。

2010 年 6 月，海沃德被犹他爵士在首轮第 9 顺位选中。他被选中几天后，爵士就破釜沉舟开始重建：放走卡洛斯·布泽尔，签约艾尔·杰弗森。赛季中途执教爵士 23 年之久的传奇老帅杰里·斯隆宣布退休，随后德隆·威廉姆斯转会篮网，“新犹他双煞”时代宣告终结。初来乍到的海沃德就见识到 NBA 的残酷。

海沃德在菜鸟赛季，场均贡献 5.4 分、1.9 个篮板，投篮命中率高达 48.5%，三分球命中率为 47.3%。2011 年 4 月 6 日爵士险胜湖人，海沃德全场拿下 22 分、6 个篮板、5 次助攻，并在最后时刻封杀科比的最后一投，为自己的菜鸟赛季写下闪亮的一笔。

2011/2012 缩水赛季，海沃德成为爵士的先发小前锋。整个赛季，他场均贡献 11.8 分、3.5 个篮板、3.1 次助攻，爵士最终以西部第八的身份进入季后赛，但在首轮被老辣的马刺横扫，海沃德职业生涯第一次的季后赛体验并不甜蜜。

此后爵士连续四年无缘季后赛，2013 年，米尔萨普、杰弗森、莫·威廉姆斯等主力球员纷纷离队，海沃德、费沃斯、坎特等“小鬼当家”的爵士，在 2013/2014 赛季率队打出了 25 胜 57 负的战绩，西部垫底。

2014 年，爵士聘请了奎因·斯奈德出任球队主教练，在斯奈德教练的体系里，海沃德获得了更多的出手权，他的核心地位得以夯实。2014/2015 赛季，海沃德场均贡献 19.3 分、4.9 个篮板、4.1 次助攻。

2016 年 4 月 13 日，科比退役之战，爵士虽然成为背景板，砍下 59 分的“黑曼巴”执行最后一罚时，海沃德故意提前进线，以此来确保科比如果罚球不中可以重罚得到 60 分。海沃德这种谦谦君子的暖心之举，让他圈粉无数。

2015/2016 赛季，海沃德场均砍下 19.7 分、5 个篮板、3.7 次助攻，跻身到联盟顶级小前锋的序列。

与此同时，远在东海岸的波士顿迎来巴特勒大学主教练布拉德·史蒂文斯，海沃德曾经的恩师登陆 NBA，执教凯尔特人。

2016/2017 赛季，处于合同年的海沃德打出巅峰一季，他场均拿下职业生涯最高的 21.9 分，并首次入选全明星阵容。爵士也以西部第五的身份重返季后赛舞台，并在首轮下克上，掀翻快船。之后爵士挺进西部半决赛，可惜却被巅峰勇士所横扫。

合同期满，海沃德接受了凯尔特人的邀请，决定与昔日恩师史蒂文斯重新携手。

而对于海沃德的到来，史蒂文斯也坚信这是波士顿重返巅峰的必然一步。2010 年，巴特勒在 NCAA 决赛中不敌杜克，留下巅峰的遗憾，如今师徒再度携手。

然而，不是所有的久别重逢都能被温柔以待。在波士顿，海沃德遭遇了职业生涯的滑铁卢。那是 2017/2018 赛季揭幕战，海沃德开场仅仅 5 分多钟便因脚踝骨折而结束赛季，凯尔特人重金打造的“新三巨头”才刚刚起航就遭遇重创。

经过一年多的休养，海沃德伤愈复出，大部分时间都是替补出场，有着场均 11.5 分、4.5 个篮板的数据。随着欧文和霍福德相继离队，凯尔特人争冠计划宣告失败，以塔图姆为代表的年轻人开始抢班夺权。

2019/2020 赛季，海沃德走出伤病阴霾，代表凯尔特人出战 52 场比赛，场均贡献 17.5 分、6.7 个篮板以及 4.1 次助攻，投篮命中率为 50%，三分球命中率为 38.3%。

2020 年休赛期，海沃德跳出最后一年价值 3400 万美元的合同离开凯尔特人。对于一个受过大伤的球星来说，这是一个十分冒险的决定。但令人意外的是，几天后，海沃德与夏洛特黄蜂达成一份 4 年价值 1.2 亿美元的顶薪合同。作为黄蜂老板，乔丹的“神操作”再次引来了外界的质疑声一片，帕金斯直言不讳：“给一个 30 多岁受过大伤的球员每年 3000 万美元，简直就是把球队往火坑里推！”

迎着冷眼与嘲讽，海沃德用球场上的强势表现给予猛烈回击。赛季至今场均 19.6 分、5.8 个篮板和 4.1 次助攻，2021 年 1 月份对阵老鹰时创造职业生涯新高的 44 分，随后又在对阵鹈鹕的比赛中迎来生涯 10000 分的里程碑。比起个人数据，海沃德所展现出的全能属性、处理球能力以及领袖气质更加令人印象深刻，他让黄蜂从鱼腩球队一跃成为季后赛竞争者。

生命以痛吻我，我却报之以歌。饱经风霜的海沃德早已习惯了世间的人情冷暖，这个已过而立之年、历经伤痛与轻视的昔日全明星依旧没有向命运低头臣服，他要在“蜂鸣之城”赢回尊重。

生涯高光闪回 / 单场 44 分创新高

高光之耀：转战黄蜂，乔丹开出的 4 年 1.2 亿美元大合同，海沃德成为夏洛特的新“蜂王”。于是他砍下职业生涯新高的 44 分作为登基宣言。对于经历过千难万险并志存高远的海沃德而言，这 44 分只能算是一个开始。

2021 年 1 月 7 号，黄蜂客场挑战东部新贵老鹰，海沃德率队 102 比 94 战胜对手，结束三连败。

全场比赛，海沃德出战 39 分钟，25 投 15 中，得到 44 分、7 个篮板，这不仅仅是他生涯首次砍下 40+，同时创下个人职业生涯单场得分新高。第四节黄蜂全队只有 21 分入账，海沃德一个人便攻下 14 分，是球队获胜的最大功臣。

本・华莱士常规赛数据

赛季	球队	篮板	盖帽	得分
1996/1997	子弹	1.7	0.3	1.1
1997/1998	奇才	4.8	1.1	3.1
1998/1999	奇才	8.3	2.0	6.0
1999/2000	魔术	8.2	1.6	4.8
2000/2001	活塞	13.2	2.3	6.4
2001/2002	活塞	13.0	3.5	7.6
2002/2003	活塞	15.4	3.2	6.9
2003/2004	活塞	12.4	3.0	9.5
2004/2005	活塞	12.2	2.4	9.7
2005/2006	活塞	11.3	2.2	7.3
2006/2007	公牛	10.7	2.0	6.4
2007/2008	公牛	8.8	1.6	5.1
2007/2008	骑士	7.4	1.7	4.2
2008/2009	骑士	6.5	1.3	2.9
2009/2010	活塞	8.7	1.2	5.5
2010/2011	活塞	6.5	1.0	2.9
2011/2012	活塞	4.3	0.8	1.4
场均		9.6	2.0	5.7

●档案

本・华莱士 / Ben Wallace
出生地：美国亚拉巴马州怀特霍尔
出生日期：1974 年 9 月 10 日
身高：2.06 米 / 体重：109 公斤
效力球队：子弹、魔术、活塞、公牛、骑士
场上位置：大前锋、中锋
球衣号码：3、4、6、30

●荣耀

1 届总冠军：2004 年
4 届全明星：2003—2006 年
4 届最佳防守球员：2001/2002 赛季、2002/2003 赛季、2004/2005 赛季、2005/2006 赛季
2 届篮板王：2001/2002 赛季、2002/2003 赛季
篮球名人堂：2021 年

本・华莱士季后赛数据

赛季	球队	篮板	盖帽	得分
2001/2002	活塞	16.1	2.6	7.3
2002/2003	活塞	16.3	3.1	8.9
2003/2004	活塞	14.3	2.4	10.3
2004/2005	活塞	11.3	2.4	10.0
2005/2006	活塞	10.5	1.2	4.7
2006/2007	公牛	9.5	1.7	8.7
2007/2008	骑士	6.5	1.1	3.2
2008/2009	骑士	2.7	0.3	1.1
场均		11.2	1.9	7.2

9

大本钟

本·华莱士

BEN WALLACE

在奥本山宫殿，现场总会响起钟声，那是独属于大本的BGM（背景音乐），“大本钟”也成为本·华莱士的另一种昵称。

本·华莱士，一位最能定义“蓝领”和“防守”二字的球员。他面如瘟神，杀气凛凛，身形不高却肌肉虬结。

本·华莱士与活塞气质完美契合，他效力底特律六年间，四次荣膺最佳防守球员，集篮板王与盖帽王于一身。

此外，他和拉希德·华莱士联袂打造了强悍的“双华莱士”防线，将奥本山宫殿的内线打造成令人望而生畏的“禁飞区”。

本·华莱士的童年在亚拉巴马州的怀特霍尔度过，那是一座民风淳朴的南方小镇。家中有11个兄弟姐妹，他排行第十。本·华莱士是家中最小的男孩，小时候与兄弟们打篮球时没人给他传球，于是他便到处抢球，从小就树立了立足防守的篮球观。

虽然身高长到了2.06米，但大本的技术粗糙，无法像后卫一样打球，去打中锋，身高又成了致命伤。除了篮球，身体强壮、爆发力惊人的他还很适合橄榄球。

大本曾获得奥本大学的全额奖学金，学校开出的条件是放弃篮球改打橄榄球。大本不愿放弃心爱的篮球，于是他自费加入弗尼吉亚联合大学，在那里他遇到“伯乐”奥卡利，奥卡利教会了大本如何凶猛有度地打球，如何做一名优秀的“蓝领”球员。

1996年，本·华莱士决定参加NBA选秀。众所周知，那是一个伟大的年份。在灿若云霞的“黄金一代”中间，大本的身份略显尴尬。虽然官方显示他的身高为2.06米，但实际上他只有2.03米（甚至更矮），以如此身高去打中锋，显然是“灭顶”之灾。于是，他成了落选秀，但多年以后再回首，你会发现大本成了落选逆袭的励志典范。

1996年选秀夜榜上无名，本·华莱士开始了龙套生涯，被波士顿拽去打起了蹩脚的后卫，他不堪入目的投射，很快就被扫地出门。之后，他到意大利联赛转了一遭。

当年拥有过最优秀矮壮中锋的韦斯·昂塞尔德的华盛顿子弹（奇才前身）选中了大本（“碎骨机”昂塞尔德在新秀赛季就拿下常规赛MVP，他是身高还不到1.98米的名人堂中锋）。大本在1998/1999缩水赛季，场均得到6分、8个篮板、1次抢断和2次盖帽，开始树立起自己的风格。他凶悍地拼抢前场篮板、盖帽和抢断。他不苟言笑、不怒自威，挥舞着双臂，就像驱赶飞鸟守护麦田一样守护着自家的禁区。

1999/2000赛季，大本被交易到奥兰多魔术。2000/2001赛季，魔术为了得到当年的“乔丹的接班人”格兰特·希尔，将大本交易到底特律活塞，从此，大本那强悍无畏的铁血风格与这座汽车城朴实无华的“蓝领”气质完美契合。

大本来到活塞的第一个（2000/2001)赛季，场均就拿到6.4分、13.2个篮板、2.3次盖帽，成为NBA历史上第四位单赛季篮板、盖帽王，他也是NBA历史上最矮的盖帽王，并荣膺最佳防守球员，在大本这枚坚盾的护佑下，活塞在2001年冲到东部半决赛。

2002/2003赛季主帅乔·杜马斯下课，里克·卡莱尔上位，他开始以大本为基础，将活塞打造成为一支如钢铁般躯体的防守球队，那个赛季，活塞成为全联盟防守最好的球队，他们常规赛打出了50胜32负的战绩，名列东部第一，并且杀进东部决赛。

大本在2002/2003赛季，他场均得到6.9分、15.4个篮板、3.2次盖帽，再度蝉联了篮板王以及最佳防守球员。那时的活塞总以令人窒息的防守，让对手胆寒。

2004年是属于活塞的年份，他们击败了“紫金F4”领衔的不可一世的湖人，缔造了平民冠军的神话，大本也迎来巅峰，成为这支队伍的脊梁。在进攻端，他可以用强悍的力量直接攻篮；在防守端，他可以随时送出大帽。他可以及时为队友提供坚实的挡拆、掩护。他可以在球的运转中枢，抢前场篮板、补扣，更是他的拿手好戏。

2005 年，活塞趁着韦德受伤再次碾过拥有奥尼尔的球队，连续两年冲进总决赛。但马努·吉诺比利灵动如蛇，蒂姆·邓肯恒定如山，外加罗伯特·霍利的神来之笔，七场史诗大战之后，活塞败北。活塞钢铁体系的打造者拉里·布朗掷鞭而去。本·华莱士和新帅桑德斯迅速爆发出不可调和的矛盾。

本·华莱士的性格像是双刃剑——恐吓对手、扬起球队气势的同时，也在与桑德斯教练针锋相对，双方关系僵持不下。此时的公牛抛来橄榄枝，一笔 6000 万美元的顶薪合约，将 32 岁的大本招至“风城”，自此本·华莱士的底特律岁月告一段落。

他留给活塞五年的巅峰岁月，四尊最佳防守球员奖杯——在 NBA 历史上，没有人能超越这个数字，只有穆大叔和他并肩。

从出走公牛开始，本·华莱士的身体、竞技状态开始不断下滑。在公牛的第二个赛季，他饱受伤病困扰，当时克里夫兰急于为自己的“天之骄子”詹姆斯寻找强硬保镖，与芝加哥一拍即合，大本带着剩余的两年合同去了骑士。他的一对一防守从来都不是强项，何况他已经老了。2009 年东部决赛，他和扎诸纳斯·伊尔戈斯卡斯、安德森·瓦莱乔一起，成了“魔兽”霍华德肆虐骑士禁区的背景。

骑士决定寻找新的禁区屏障，于是大本又被当作交换“大鲨鱼”奥尼尔的筹码送至菲尼克斯太阳，后者随即买断了他的合同。2009 年 7 月，本·华莱士与活塞签下一份 1 年合同，落叶归根的大本在场均不足 29 分钟的时间内场均得到 5.5 分、8.7 个篮板、1.2 次盖帽，成为活塞的意外之喜。

2016 年 1 月 17 日，活塞主场迎战勇士，在中场休息期间，底特律为已经退役将近四年的大本举行球衣退役仪式。他和他激情如火的发型就此彻底定格在底特律最显眼的体育宣传海报上，与这里的第一代领袖微笑刺客比肩而立；一冰一火，相映成趣。

2021 年 9 月 12 日，本·华莱士入选了奈史密斯篮球名人堂，与他一同入选的前 NBA 球星还有波什、皮尔斯、韦伯和库科奇。从无人问津的落选秀，到步入篮球名人堂，功成名就的大本书写了一部 NBA“蓝领”逆袭的奋斗传奇。

生涯高光闪回 / 四虎入星团

高光之耀：2006 全明星赛，活塞的四名主力比卢普斯、汉密尔顿、本·华莱士和拉希德·华莱士全部入选东部替补名单，“活塞五虎”中只有“小王子”普林斯则意外落选。

与先发阵容由球迷投票不同，在这场由主教练决定的票选中，实力才是能否入选的唯一标准。活塞目前以 40 胜 8 负的战绩笑傲全联盟，超高的胜率自然赢得了不少教练的信任。而这次大规模入选也令他们成为继湖人在 1998 年后，首支拥有四名入围全明星赛球员的队伍，当年湖人的奥尼尔、科比、琼斯及范埃克塞尔也曾同时当选。

里基·卢比奥常规赛数据

赛季	球队	助攻	篮板	得分
2011/2012	森林狼	8.2	4.2	10.6
2012/2013	森林狼	7.3	4.0	10.7
2013/2014	森林狼	8.6	4.1	9.5
2014/2015	森林狼	8.8	5.7	10.3
2015/2016	森林狼	8.7	4.3	10.1
2016/2017	森林狼	9.1	4.1	11.1
2017/2018	爵士	5.3	4.6	13.1
2018/2019	爵士	6.1	3.6	12.7
2019/2020	太阳	8.8	4.7	13.0
2020/2021	森林狼	6.4	3.3	8.6
场均		7.6	4.2	11.0

里基·卢比奥季后赛数据

赛季	球队	助攻	篮板	得分
2017/2018	爵士	7.0	7.3	14.0
2018/2019	爵士	8.6	3.2	15.4
场均		7.7	5.5	14.6

档案

里基·卢比奥 / Ricky Rubio
国籍：西班牙
出生地：巴塞罗那埃尔马斯诺
出生日期：1990 年 10 月 21 日
身高：1.93 米 / 体重：86 公斤
效力球队：森林狼、太阳、爵士
场上位置：控球后卫
球衣号码：3、11、9

荣耀

1 届欧洲篮球先生：2008 年
1 届欧洲联赛冠军：2010 年
最佳新秀阵容一阵：2011/2012 赛季
1 届篮球世界杯冠军：2019 年

9♣

金童
里基·卢比奥
RICKY RUBIO

卢比奥像是从漫画里走出的“金童”，他玉树临风、长发浓密，拥有一双能看透世间万物的眼睛，晶莹剔透、炯炯有神。在篮球场上，他就像会施魔法的哈里·波特，形神兼备、古怪精灵。

他传球就像基德，场上视野很广，传球很有创造力，并极具破坏性；他运球就像纳什，在游弋摇摆间，随时能洞察对手的破绽；他防守就像佩顿，抢断犀利、预判精准、防守顽强。

卢比奥年少成名，17 岁时就成为西班牙男篮的主力控卫，2008 年盛夏，他在北京奥运赛场上纵横闪耀、惊艳世界。历经十多年 NBA 岁月的磨砺，昔日那位俊逸少年如今蜕变成胡子大叔，但那一手传球依旧帅气潇洒、出神入化，骨子里还是灵气四溢的“金童”。

2005 年 10 月，未满 15 周岁的里基·卢比奥就代表巴塞罗那队在西班牙篮球联赛中亮相，成为该联赛有史以来最年轻的球员。从那时起，他每天都与几乎年长自己 10 岁的对手展开对抗，那些老大哥们都想好好教训这个毛头小子，但往往事与愿违。

年少时的卢比奥喜欢模仿基德以及美式街球风格，而同时他也来自欧洲学院。

2006 年，在欧洲篮球（16 岁以下）锦标赛上，卢比奥率领西班牙队夺冠，他包揽了此届锦标赛的得分王、篮板王、助攻王、抢断王以及 MVP，并在战胜俄罗斯队的比赛中，个人独砍 51 分、24 个篮板、12 次助攻外加 7 次抢断的史诗级数据。自此，“金童”的绰号便名满天下，卢比奥年少成名，前程似锦。美国媒体撰写道：“西班牙‘手枪’诞生了”，将卢比奥视为下一个皮特·马拉维奇。

2008 年北京奥运会，西班牙队与美国队在男篮决赛相遇，代表西班牙队先发出战的卢比奥成为奥运篮球决赛史上最年轻的球员，他面对 NBA 的诸多大腕儿，毫不怯场，展现出娴熟的运控技巧以及大将之风。在那个夏天，这位 18 岁少年惊艳了世界。

2009 年 NBA 选秀大会，卢比奥在首轮第 5 顺位被明尼苏达森林狼选中，但由于与母队巴塞罗那的合同未到期，直到 2011/2012 赛季，他才正式加盟森林狼。

2011 年 9 月，里克·阿德尔曼出任森林狼主教练。卢比奥闻讯后第一时间钻研起阿德尔曼的普林斯顿进攻体系，积极主动融入其中，这便是卢比奥与以往那些古板的老式欧洲传统控卫的区别。终于迎来盛名已久的“金童”，森林狼管理层信心满满。在卢比奥到来之前的两个赛季，森林狼战绩联盟垫底，迫切需要“金童”来挽救颓势。

新秀赛季，卢比奥的热度丝毫不亚于同届状元布雷克·格里芬。在该赛季的全明星投票中，卢比奥排名西部后卫的第三名，仅落后于科比·布莱恩特和克里斯·保罗。

集万千宠爱于一身，“金童”卢比奥初来乍到就展现出与 NBA 控卫不同的风格。虽然得分能力有限，却能不断地给队友输送炮弹，成为森林狼的助攻王。2011/2012 赛季，卢比奥场均得到 10.6 分、8.2 次助攻以及 2.2 次抢断，并入选了最佳新秀第一阵容。

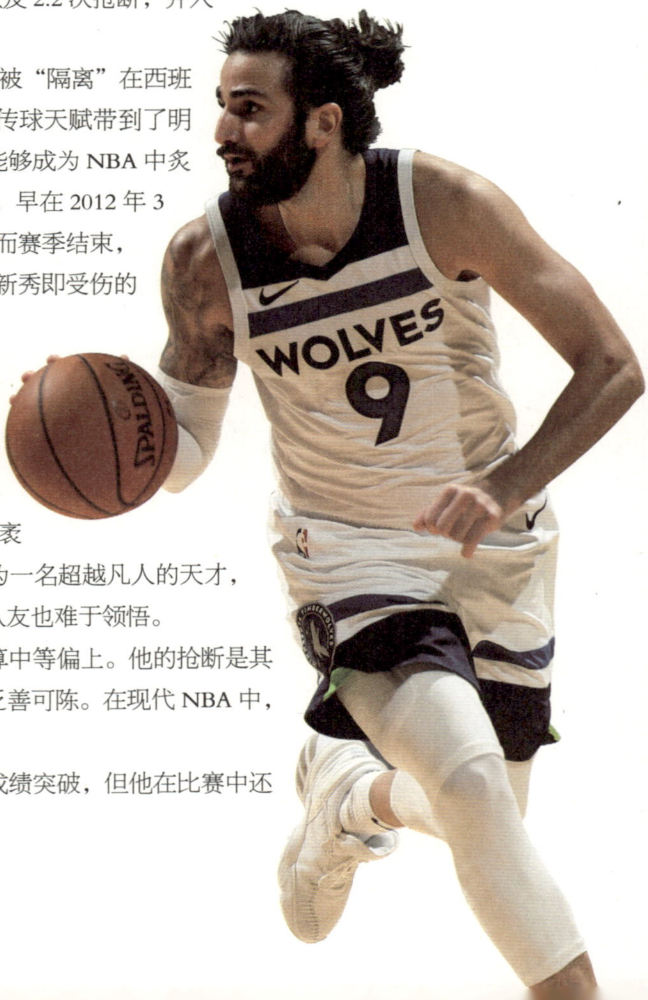

从 2009 年被森林狼选中，随后却被“隔离”在西班牙联赛两年。终于，卢比奥将自己的传球天赋带到了明尼苏达。如果不出什么意外，卢比奥能够成为 NBA 中炙手可热的控卫，然而，意外还是来了。早在 2012 年 3 月 11 日，卢比奥就因前十字韧带撕裂而赛季结束，直到 2012 年 12 月 16 日才复出。这次新秀即受伤的经历让“金童”的成色大打折扣。

身高 1.93 米的卢比奥体重只有 86 公斤，身材略显单薄的他在对抗激烈的 NBA 禁区，很难形成突破得分。此外他的运球推进速度在 NBA 中没有绝对优势，通过非凡的大局观与广袤视野，卢比奥固然能盘活全队，但作为一名超越凡人的天才，他那鬼神难测的即兴妙传，有时就连队友也难于领悟。

在得分与防守方面，卢比奥只能算中等偏上。他的抢断是其防守的利器，而他的三分是其短板，乏善可陈。在现代 NBA 中，没有一手惊准远投的控卫难称顶尖。

尽管卢比奥没有率领森林狼取得成绩突破，但他在比赛中还是取得了不俗的数据。

2012 年 3 月 4 日，森林狼对阵开拓者，卢比奥首节就送出 10 次助攻，追平队史（球员）单节助攻纪录。2015 年 12 月 31 日，森林狼以 94 比 80 战胜爵士。卢比奥得到 10 分、17 次助攻，助攻数追平了森林狼队史（球员）单场助攻数最高纪录。

2017 年 3 月 14 日，森林狼在主场 119 比 104 战胜奇才。卢比奥得到 22 分、19 次助攻。其中上半场 13 次助攻、全场 19 次助攻都刷新了他个人与森林狼队史（球员）的新纪录。

2017 年 7 月 1 日，卢比奥被交易到犹他爵士，自此一段长达六年的明尼苏达岁月戛然而止，而一段“盐湖城”的新光阴赫然来到。此时的卢比奥不再是那位丰姿卓越的绝世“金童”，而是一脸络腮胡子的爵士“大叔”。

不知何时，也许是明尼苏达的“冰刀霜剑”，让卢比奥蓄起胡须，从此 NBA 中少了一位球风俊逸的翩翩美少年，而多了一位纯熟圆润的球场指挥官。

在爵士，一个“传统控卫大神”约翰·斯托克顿曾效力的球队，这里秉承着简洁、实用的传球理念，卢比奥只能完成中规中矩的控卫工作，只能偶露峥嵘。

2019 年 7 月，卢比奥又加盟了太阳，在菲尼克斯短短效力了一个赛季后，他在 2020 年 11 月 19 日，经过太阳、雷霆与森林狼的三方交易之后，再次回到明尼苏达。在 NBA 梦开始的地方，卢比奥跟随森林狼队，又踏上新一轮的逐梦旅程。

2021 年夏天，卢比奥率领西班牙男篮出征东京奥运会，场均得到 25.5 分、6.0 次助攻，表现惊艳，成功入选了东京奥运男篮最佳阵容。虽然西班牙队在 1/4 决赛被美国队淘汰，但卢比奥砍下西班牙队史最高的 38 分，捍卫了黄金一代的最后荣光。

2021 年 8 月 3 日，刚刚回到森林狼一个赛季，卢比奥又被交易到克利夫兰骑士，在刚刚过去的 2020/2021 赛季，卢比奥生涯遭遇低谷，场均仅得 8.6 分、3.3 个篮板、6.4 助攻，而森林狼也仅仅取得 23 胜的惨淡战绩，无缘季后赛。

卢比奥在 NBA 日趋黯淡、却能在东京奥运上大放异彩，实践表明，只要给他足够的球权，卢比奥依然是那位灵气四溢的“金童”，并更加成熟稳健。

生涯高光闪回 / 三双制胜

高光之耀：爵士对阵雷霆，卢比奥以彼之道还施彼身，面对“三双王”威斯布鲁克豪取三双，并率领爵士取胜。威少此役纵然拿到 14 分、11 个篮板、9 次助攻的“准三双”数据，却无力回天。

2018 年 4 月 22 日，爵士以 115 比 102 大胜雷霆，那场比赛，卢比奥得到 26 分、11 个篮板和 10 次助攻的三双，生涯首次斩获季后赛三双。卢比奥也成为爵士队史继斯托克顿后，首位能在季后赛中收获三双的球员。

在卢比奥的串联下，爵士首发“五虎”全部得分上双，而卢比奥也用半场压哨三分球瞬间点燃全场。

肖恩·马里昂常规赛数据

赛季	球队	篮板	助攻	得分
1999/2000	太阳	6.5	1.4	10.2
2000/2001	太阳	10.7	2.0	17.3
2001/2002	太阳	9.9	2.0	19.1
2002/2003	太阳	9.5	2.4	21.2
2003/2004	太阳	9.3	2.7	19.0
2004/2005	太阳	11.3	1.9	19.4
2005/2006	太阳	11.8	1.8	21.8
2006/2007	太阳	9.8	1.7	17.5
2007/2008	太阳	9.9	2.1	15.8
2007/2008	热火	11.2	2.5	14.3
2008/2009	热火	8.7	1.8	12.0
2008/2009	猛龙	8.3	2.3	14.3
2009/2010	小牛	6.4	1.4	12.0
2010/2011	小牛	6.9	1.4	12.5
2011/2012	小牛	7.4	2.1	10.6
2012/2013	小牛	7.8	2.4	12.1
2013/2014	小牛	6.5	1.6	10.4
2014/2015	骑士	3.5	0.9	4.8
场均		8.7	1.9	15.2

肖恩·马里昂季后赛数据

赛季	球队	篮板	助攻	得分
1999/2000	太阳	8.8	0.8	9.1
2000/2001	太阳	8.3	0.8	14.8
2002/2003	太阳	11.7	2.0	18.5
2004/2005	太阳	11.8	1.5	17.6
2005/2006	太阳	11.7	1.6	20.4
2006/2007	太阳	10.4	1.2	16.9
2009/2010	小牛	4.2	1.0	8.7
2010/2011	小牛	6.3	2.1	11.9
2011/2012	小牛	8.0	1.0	11.8
2013/2014	小牛	5.3	1.9	8.4
2014/2015	骑士	1.0	0.2	0.3
场均		8.6	1.4	13.9

●档案

肖恩·马里昂/Shawn Marion
出生地：美国伊利诺伊州沃基根
出生日期：1978年5月7日
身高：2.01米/体重：103.4公斤
效力球队：太阳、热火、小牛、骑士
场上位置：小前锋
球衣号码：31

●荣耀

1届总冠军：2011年
4届全明星：2003年、2005年—2007年
2届最佳阵容三阵：2004/2005赛季、2005/2006赛季
最佳新秀阵容二阵：1999/2000赛季

9

骇客

肖恩·马里昂

SHAWN MARION

关于阐释马里昂是如何厉害的存在，可以用以下的一言蔽之。

1999 年太阳队选中马里昂，当时的菲尼克斯主帅丹尼·安吉说：“马里昂拥有我们寻找的一切，如果他有戴尔·库里（斯蒂芬·库里之父，著名的神射手）的投篮，那他就是迈克尔·乔丹了。”

除了怪异的投篮姿势以及奇特的身形容貌，马里昂那特立独行的球风也令人印象深刻。他弹跳如簧、飞天遁地，曾是那支“盛世骄阳”的全能战士，也是凤凰城的斗魂。他又在达拉斯成为顶级的外线防守者，为小牛的总冠军之路铸就钢铁防线。

他是一个惊世骇俗的锋线鬼才，不可复制的暗夜“骇客”。

当肖恩·马里昂脱下骑士 0 号战袍，从速贷中心球馆转身离开时，记忆回转，他仿佛从那团蓝金色的彩光中看到了昔日的疯狂，但一切都已成过往。

2015 年 6 月 19 日，马里昂宣布自己退役的消息。至此，这位 37 岁的老将正式结束了长达 16 年的 NBA 职业生涯。他无法忘记身披太阳 31 号战袍时的风光岁月，那是他最美的年华；他无法忘记辗转迈阿密和多伦多的流浪时光，那是他人生的低谷；他无法忘记助小牛夺冠的辉煌之旅，那是他圆梦的时刻。

1999 年，马里昂被太阳第 9 顺位选中时，《亚利桑那报》称他是“锋线上的全能战士”，而 *ESPN* 则对这个手臂颀长、投篮姿势怪异的家伙评价一般。

但在 TNT 的王牌解说员肯尼·史密斯看来，马里昂则是一个不世出的锋线鬼才，在全美转播了肖恩太阳生涯的第一场季前赛后，史密斯老师便为其取下了“骇客”的绰号，“Matrix 31”（骇客）也成为马里昂的个人标签。

没有比“骇客”更能代表马里昂的绰号了，他无时无刻不在扮演着球队战术体系中的一位“破解者”的角色。无论是迈克·德安东尼“跑轰战术”里的锋线箭头，还是里克·卡莱尔轮换体系里的侧翼尖刀，马里昂都驾轻就熟。

马里昂征战NBA16载，共效力了5支球队，从太阳到热火，从猛龙到小牛，继而在骑士退役。热火、猛龙和骑士的短暂效力对于“骇客”而言聊胜于无。

马里昂从菲尼克斯出发，在德安东尼手下成为名震一时的全能战士，他效力太阳8个半赛季，共参加676场比赛，取得场均18.3分、10.1个篮板、2.0次助攻、1.9次抢断、1.3个盖帽的全面数据。他见证了太阳的三次蜕变，并在纳什身边抵达生涯巅峰。

2004年，马里昂与阿马雷·斯塔德迈尔、史蒂夫·纳什组成“MSN”组合，联袂率领太阳成为联盟中跑得最快、传球最精妙的球队。2004/2005赛季，太阳取得62胜20负的骄人战绩，并一举闯入西部决赛，惜败于老辣的马刺。

太阳高举跑轰大旗，在之后的两个赛季分别取得54胜28负、61胜21负的战绩。2005/2006赛季，马里昂达到生涯巅峰，他场均得到21.8分、11.8个篮板和1.69次盖帽，投篮命中率达到52.5%，是球队的得分、篮板、抢断、盖帽王。太阳炙热绽放，但醉心进攻的他们因为稀松的防守，连续折戟沉沙。2008年2月，失去耐心的太阳管理层用马里昂换来沙奎尔·奥尼尔，一代跑轰的先行者——菲尼克斯太阳就此落幕。

没能帮助那支华丽的太阳夺冠是马里昂一生的痛，在留下历史盖帽榜第三、总得分榜第四以及四届全明星阵容的辉煌纪录后，马里昂远赴迈阿密。

如果不是马克·库班在2009年的力邀，马里昂很可能就像陨石般坠落。库班的青睐让31岁的“骇客”重新找到追逐冠军的动力。他在小牛效力5个赛季，场均贡献11.6分、7个篮板，并在2010/2011赛季帮助小牛成功战胜热火，夺得总冠军。

职业生涯末期，马里昂并没有对骑士痛失总冠军表现出过多的伤感。2011年他随小牛夺冠时，本该功成身退，但他拖着那双一次次经历手术修复的膝盖，仍旧坚毅地战斗了四年，直至挥手离开。

前太阳总经理老克朗杰洛谈及马里昂时总喜欢做眉飞色舞状。“我记得在1999年考察肖恩的大学比赛时的事儿，我的目光从没有离开过这个家伙，”老克说，“这是个可以覆盖球场任何位置的球员。”而昔日的恩师朗杰洛·德安东尼

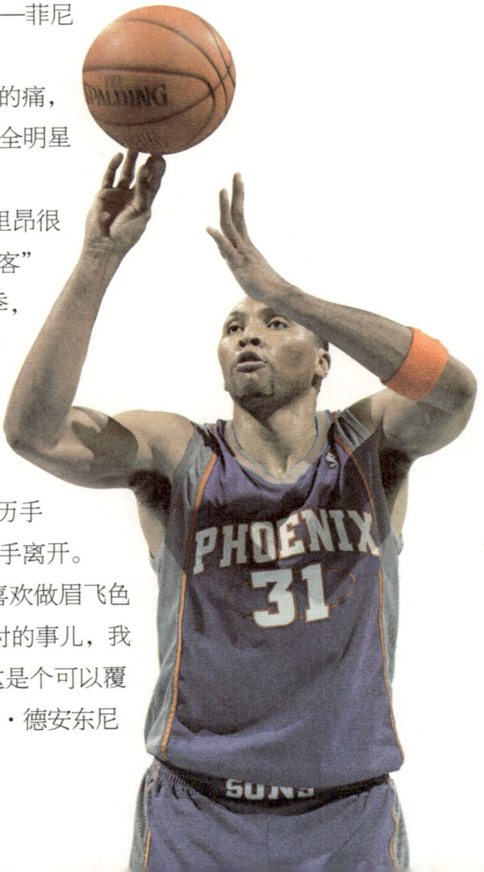

也告诉记者：“肖恩总是在完成一项在外人看来不可能完成的任务，他是我见过的最好的防守人，没有人像他那样可以封锁内外线。”

数据不会骗人，马里昂是NBA历史上第一个做到15000分、10000个篮板、1000次盖帽和500记三分球的球员。《华盛顿邮报》记者戴斯·比尔认为史上唯一能做到像马里昂这样攻防面面俱到的球员，只有斯科特·皮蓬。

皮蓬的职业生涯有2307次抢断和947次盖帽，而马里昂的这两项数据为1729次和1233次。NBA史上能同时得到这样数据的球员，只有奥拉朱旺、卡尔·马龙、凯文·加内特和朱利叶斯·欧文。比尔在专栏的最后特别强调了一点：以上均为名人堂球员。

每一位球员都渴望成为一个乔丹、下一个邓肯、下一个科比、下一个詹姆斯，却很少人想成为下一个“骇客”。即便人才辈出，能够在气质上接近马里昂的球员恐怕不会再有了。他如同一个惊世骇俗的鬼才之作，拥有了一切不可复制的难度。

马里昂的投篮姿势怪异离奇，双手胸前平推，小臂抖动，这个“白猿献果”式的动作与“三八式”投篮极为相似，据说他的投篮是妈妈教的。无论好看与否，依旧照进不误，马里昂职业生涯达到82%的罚球命中率和38.8%的三分命中率。

就像里克·巴里老先生当年以一招“端尿盆”罚球震惊联盟，再无后辈效仿。NBA也许不会有下一个像马里昂那样“白猿献果”投篮的锋线多面手出现了。

生涯高光闪回 / 骇客归来

高光之耀：本场比赛，马里昂在一次补篮后扭伤脚踝，疼痛难忍，在队医的搀扶下返回更衣室。然而1分钟之后，他裹着纱布，一瘸一拐地重回赛场。那一刻，全场起立，掌声雷动，全场观众都在为凤凰城的斗士叫好。

2006年5月17日，西区半决赛“天王山之战”，经过双加时苦战，太阳主场以125比118险胜快船。此役，马里昂一展“骇客”风采，他带伤上阵，上演王者归来。33投16中，砍下36分、20个篮板，是太阳“天王山之战”获胜的头号功臣。

阿隆·戈登常规赛数据

赛季	球队	篮板	助攻	得分
2014/2015	魔术	3.6	0.7	5.2
2015/2016	魔术	6.5	1.6	9.2
2016/2017	魔术	5.1	1.9	12.7
2017/2018	魔术	7.9	2.3	17.6
2018/2019	魔术	7.4	3.7	16.0
2019/2020	魔术	7.6	3.7	14.4
2020/2021	魔术	6.7	4.2	14.6
2020/2021	掘金	4.7	2.2	10.2
场均		6.3	2.5	12.7

阿隆·戈登季后赛数据

赛季	球队	篮板	助攻	得分
2018/2019	魔术	7.2	3.6	15.2
2020/2021	掘金	5.4	2.0	11.1
场均		6.0	2.5	12.5

档案

阿隆·戈登 / Aaron Gordon

出生地：美国加利福尼亚州圣何塞

出生日期：1995 年 9 月 16 日

身高：2.06 米 / 体重：102 公斤

效力球队：魔术、掘金

场上位置：大前锋、小前锋

球衣号码：00、50

荣耀

1 届 U-19 世锦赛冠军：2013 年

1 届 U-19 世锦赛 MVP：2013 年

8

无冕之王
阿隆·戈登
AARON GORDON

作为现役联盟暴力美学的代言人，阿隆·戈登拥有超强的身体天赋，弹跳爆发力惊人，人送外号“小格里芬”。

刚进联盟时，戈登说选择00号是想让球迷看到他时“眼睛睁大些”，他确实做到了——三次参加全明星扣篮大赛，完成创纪录的八次满分扣篮，留下了“坐扣吉祥物”“空中转体360度炸筐”等经典之作，即便未能夺冠，他已经是名副其实的无冕之王。

戈登以扣篮名满天下，但这位正值巅峰年华的小前锋却执意摘掉“扣将”的标签，他将惊人的运动天赋用在二次进攻、收集篮板、弱侧协防、转换进攻中，甚至还不断精进自己的射程。

1995年9月16日，阿隆·戈登出生在加利福尼亚圣何塞的一个运动世家，父亲埃德·戈登是篮球、橄榄球双修的运动健将，母亲雪莉·戴维斯曾是一名准职业冰球运动员。戈登继承了父母的运动基因，8岁时曾有机会代表美国参加少年奥运会短跑比赛，但由于跟一场篮球比赛时间冲突，戈登决定退出少年奥运会，从那时起就注定了他将走上篮球之路。

2009年至2013年，戈登就读于米蒂大主教高中期间，两次率领校队夺得加利福尼亚州高中篮球联赛冠军，他也两度当选加州篮球先生。2013年4月，戈登被名师肖恩·米勒的诚意打动，决定加入亚利桑那大学。做完决定的第二天，他就在麦当劳全美高中全明星赛上，力压贾巴里·帕克、维金斯等人荣膺MVP。

2013年，戈登还率队参加了U-19美青赛，场均得到17.0分、11.2个篮板、4.6次助攻以及3.2次盖帽，其中一场对阵哥斯达黎加，戈登砍下18分、18个篮板、9次助攻、

8 次盖帽的恐怖数据，不仅帮助美国队夺冠，个人也荣获赛事最有价值球员的称号。

在亚利桑那大学的一年，戈登场均 12.4 分、8.0 个篮板，率领野猫队杀入 NCAA 锦标赛八强。大一赛季结束后，戈登决定放弃学业，将天赋带到 NBA 舞台。

2014 年选秀大会，在维金斯、帕克和恩比德之后，戈登在首轮第 4 顺位被魔术选中，他被认为是那一届新秀中最好的锋线摇摆人之一，跑跳能力俱佳，身体柔韧性出色，爆发力和滞空能力更是历史顶级。进入 NBA 联盟之后，戈登选择了 00 号球衣，用他自己的话说："两个 0 代表着我想让球迷看我比赛的时候眼睛睁得大一些。"

2014/2015 赛季，受制于伤病和出场时间，戈登在自己的新秀年只打了 47 场比赛，场均得到 5.2 分。第二个赛季，戈登开始兑现天赋，数据提升到场均 9.2 分、6.5 个篮板。

2016 年全明星周末，戈登在扣篮大赛上的惊艳表现，征服了世人。

纵观 NBA 历史，扣篮大赛一直是全明星周末的重头戏。20 世纪 80 年代乔丹与威尔金斯的"神仙打架"，2000 年卡特的惊世三扣时至今日依然是经典当中的经典。2016 年，拉文与戈登联手奉献了一场比之前那两届还要精彩的扣篮史诗对决。

戈登预赛第三个出场，一记 360 度胯下换手暴扣开场，中规中矩，但力量感十足，得到 45 分。这个分数迫使戈登第二扣必须拿出绝活，他找来魔术吉祥物帮忙，在空中接球胯下换手，头部平筐将球扣进，这个动作引爆了现场，连上届冠军拉文都双手抱头，一副难以置信的样子。五名评委中只有奥尼尔打了 9 分，全场嘘声一片。

不过没关系，这个分数已经足够戈登与拉文会师决赛。决赛第一回合，戈登从旋转的吉祥物手中拿到皮球，左手抱头致敬卡尔·马龙，360 度转体暴扣，拉文同样完成单手转体扣篮。两人都拿到 50 分，难分伯仲；第二扣，戈登飞跃吉祥物头顶后，抓住皮球绕过双腿，接着左手暴扣得分，全场陷入疯狂。拉文回应一记罚球线大风车。

加赛第一扣，戈登接球平筐背扣，拉文篮板后起跳胯下换手背扣，还是 50 比 50。加赛第二扣，戈登底线突入篮下，将球举过头顶双手反扣，这一扣只得到 47 分。拉文第三次从罚球线起跳完成胯下换手暴扣，终结了这场旷世对决。

颁奖仪式上，拉文对戈登大加赞扬："我觉得我们俩应该并列冠军，他完成了一些前所未见的扣篮。"尽管没能夺冠，但戈登在多伦多展现的暴力美学逼出了最强拉文，让他们这一组对决成为扣篮大赛历史上不可复刻的经典。

一年后的扣篮大赛，拉文不在，作为夺冠热门的戈登却在预赛就爆冷出局。2017/2018 赛季，戈登进步神速，为魔术出战 58 场常规赛，其中 57 次首发，场均拿下 17.6 分、7.9 个篮板，在对阵篮网和雷霆的比赛中两次砍下 40+，这样的表现自然让魔术十分满意，2018 年休赛期，戈登与魔术达成一份四年 8400 万美元的续约合同。

续约之后，戈登在谈到目标时说："现在我们要建立赢球的文化。"2019 年 4 月 18 日，魔术客场以 116 比 108 战胜凯尔特人，时隔六年再次杀进季后赛。那个赛季，戈登场均

生涯高光闪回 / 扣篮双雄决

高光之耀：此次扣篮大赛，戈登的扣篮依旧惊艳，而韦德那个 9 分颇受争议。戈登再次无缘“扣篮王”桂冠之后，心灰意冷，宣布“封扣”，从此扣篮大赛再无魔术 00 号。

2020 年扣篮大赛，戈登前 5 次扣篮均为满分，其中接球转身 360 度单臂抡扣更是惊艳全场。最后一扣，戈登飞跃 NBA 第一高度、2.26 米的凯尔特人中锋法尔，却只拿到 47 分。作为扣篮大赛评委的韦德，在最后一扣打分时，只给戈登 9 分，这也间接导致了戈登以 1 分之差惜败于热火球员小德里克·琼斯，再次与“扣篮王”失之交臂。

贡献 16 分、7.4 个篮板、3.7 次助攻，三分球命中率达到 34.9%，助攻也创下职业生涯新高。

2020 年 2 月 16 日，阿隆·戈登又参加了芝加哥全明星扣篮大赛，第三次参赛的戈登依旧无缘“扣篮王”桂冠。3 次参赛，8 记扣篮获得满分，将暴力美学演绎到了极致，虽然未能如愿捧杯，但他已经是名副其实的“无冕之王”。

2021 年 3 月 26 日，戈登被魔术交易到掘金，奥兰多的战绩一直不温不火，所以志在重建的魔术几乎将主力悉数交易，作为核心之一的戈登也只得远走丹佛。

来到掘金，戈登将 00 号换成 50 号，似乎预示着他对 2020 年扣篮大赛的最后一扣未得 50 分依旧耿耿于怀，以此来激励自己。戈登生涯首次效力西部劲旅，也从昔日的主将变成辅佐约基奇的副手，场均交出了 11.1 分、5.4 个篮板的成绩单。

2021 年季后赛，掘金以 4 比 2 艰难击败开拓者，杀入西部半决赛的掘金却被太阳以 4 比 0 横扫。因为掘金的失败有伤病的原因（主力控卫穆雷因伤缺阵），所以这次失利让新科常规赛 MVP 约基奇大跌颜面。戈登在此次季后赛某些场次表现出较高的效率值，但不太稳定，以他的天赋与资质，依然可以成为独当一面的将佐之才。

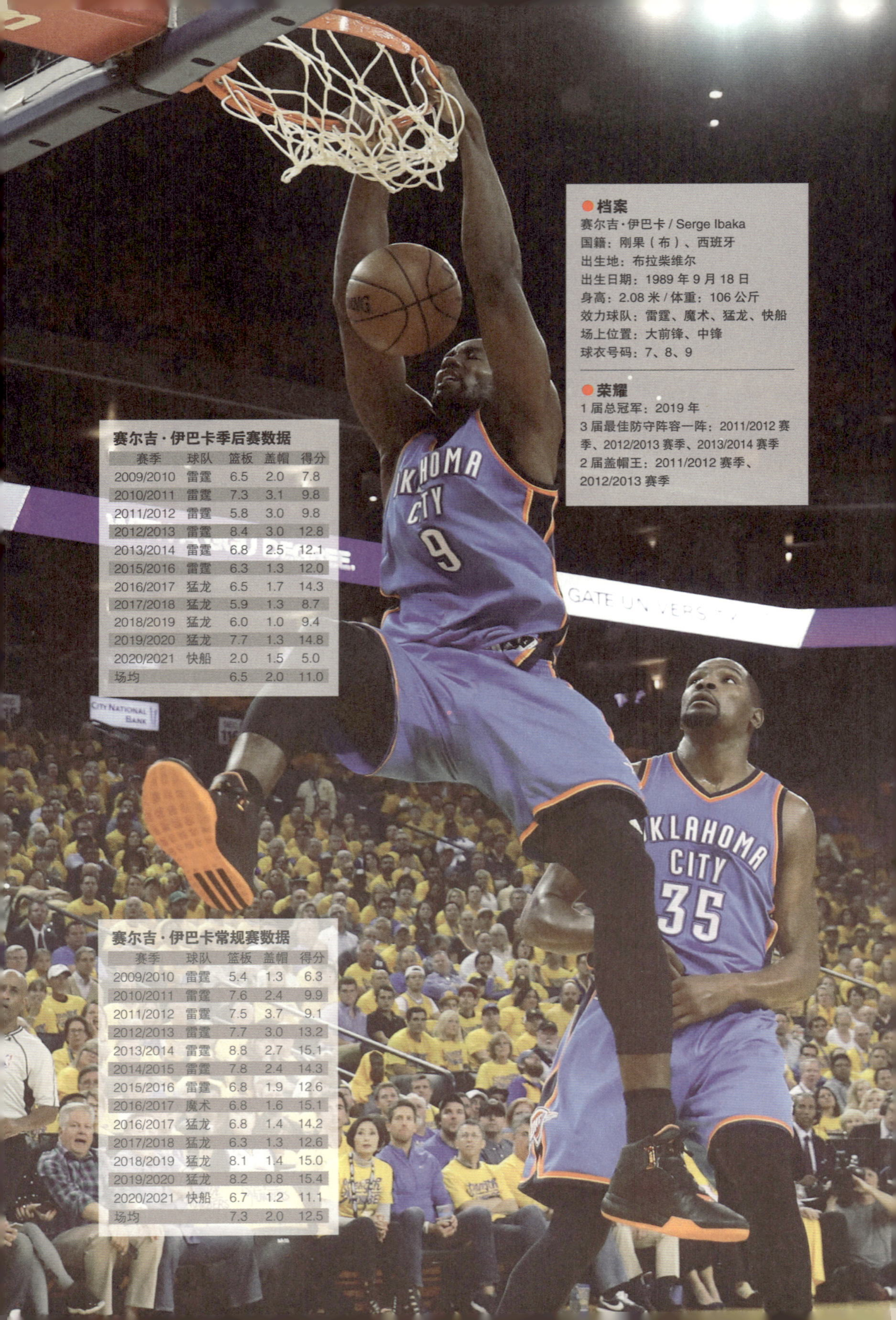

● **档案**

赛尔吉·伊巴卡 / Serge Ibaka
国籍：刚果（布）、西班牙
出生地：布拉柴维尔
出生日期：1989 年 9 月 18 日
身高：2.08 米 / 体重：106 公斤
效力球队：雷霆、魔术、猛龙、快船
场上位置：大前锋、中锋
球衣号码：7、8、9

● **荣耀**

1 届总冠军：2019 年
3 届最佳防守阵容一阵：2011/2012 赛季、2012/2013 赛季、2013/2014 赛季
2 届盖帽王：2011/2012 赛季、2012/2013 赛季

赛尔吉·伊巴卡季后赛数据

赛季	球队	篮板	盖帽	得分
2009/2010	雷霆	6.5	2.0	7.8
2010/2011	雷霆	7.3	3.1	9.8
2011/2012	雷霆	5.8	3.0	9.8
2012/2013	雷霆	8.4	3.0	12.8
2013/2014	雷霆	6.8	2.5	12.1
2015/2016	雷霆	6.3	1.3	12.0
2016/2017	猛龙	6.5	1.7	14.3
2017/2018	猛龙	5.9	1.3	8.7
2018/2019	猛龙	6.0	1.0	9.4
2019/2020	猛龙	7.7	1.3	14.8
2020/2021	快船	2.0	1.5	5.0
场均		6.5	2.0	11.0

赛尔吉·伊巴卡常规赛数据

赛季	球队	篮板	盖帽	得分
2009/2010	雷霆	5.4	1.3	6.3
2010/2011	雷霆	7.6	2.4	9.9
2011/2012	雷霆	7.5	3.7	9.1
2012/2013	雷霆	7.7	3.0	13.2
2013/2014	雷霆	8.8	2.7	15.1
2014/2015	雷霆	7.8	2.4	14.3
2015/2016	雷霆	6.8	1.9	12.6
2016/2017	魔术	6.8	1.6	15.1
2016/2017	猛龙	6.8	1.4	14.2
2017/2018	猛龙	6.3	1.3	12.6
2018/2019	猛龙	8.1	1.4	15.0
2019/2020	猛龙	8.2	0.8	15.4
2020/2021	快船	6.7	1.2	11.1
场均		7.3	2.0	12.5

8

医保卡
赛尔吉·伊巴卡
SERGE IBAKA

伊巴卡拥有惊人的弹跳与臂展，宛如一只黑色的猎鹰，盘桓在俄克拉荷马城的上空，守护着一方安宁。无论是在“雷霆三少”肆意驰骋的燃情世界，还是在“杜威双少”刀剑合璧的枭雄江湖，伊巴卡总是默默镇守球队的内线，坚如磐石、稳健刚毅。

伊巴卡拥有一手遮天蔽日的顶级封盖，他蝉联盖帽王，连续三年入选最佳防守阵容。此外，他的中远投能力不断进化。这名攻守兼备的全能战士也成为杜兰特、威少最为信赖与依仗的攻防屏障。

“医保卡”这个谐音绰号，也形象地说明伊巴卡的特殊作用。

1989 年 9 月 18 日，赛尔吉·伊巴卡出生于刚果共和国首都布拉柴维尔的一个篮球世家。父亲德西雷·伊巴卡曾是刚果共和国篮球队的主力球员，母亲阿玛杜·德红卡是刚果民主共和国女子篮球队的成员。伊巴卡在家里排行第 16，他们兄弟姐妹共 18 人，因为生长在这个人员庞大的篮球家庭里，伊巴卡从小耳濡目染，便喜欢上了篮球。

在伊巴卡还是一个孩子的时候，会坐在布拉柴维尔破旧的球场边看他的父亲打球。多年之后，伊巴卡选择了父亲曾经穿过的号码：9 号。

17 岁的伊巴卡率领刚果青年队赢得非洲青年篮球锦标赛的冠军，而他本人也荣膺此项赛事的 MVP。也正是在这届大赛上，他被球探发现，并随后带往法国发展，离开了他饱受战争摧残、满目疮痍的祖国。又过了几个月，伊巴卡开始在西班牙打职业篮球。

2008 年 NBA 选秀大会，伊巴卡在首轮第 24 顺位被西雅图超音速（雷霆前身）选中，根据合约规定，他必须在西班牙联赛继续效力一年。2008 年 10 月，西雅图超音速迁址到俄克拉荷马城，更名为雷霆。

2009年7月，伊巴卡与雷霆签下4年的新秀合同，成为刚果走出的第一位NBA球员。

伊巴卡在2009/2010新秀赛季，场均贡献6.3分、5.4个篮板、1.3个盖帽，投篮命中率为54.3%。2010年4月20日季后赛，雷霆对阵湖人，20岁零214天的伊巴卡替补出战28分钟，送出7记盖帽，成为NBA季后赛史上送出7记盖帽最年轻的球员。

2010/2011赛季开始后，雷霆“青年军”火力全开，“杜威二少”像踩了风火轮一样不断突进，而伊巴卡在11月场均贡献10.8分、2.1次盖帽，成为雷霆的防守屏障。

2011年2月，伊巴卡成为雷霆的首发大前锋，此后在长达5年的时间里，他始终站在凯文·杜兰特和拉塞尔·威斯布鲁克身旁，担任着俄城的首发内线。

2010/2011赛季，伊巴卡的进步有目共睹，他的得分涨到了场均得到9.9分、7.6个篮板和2.4记盖帽，数据较新秀赛季有了长足的进步。

2011/2012赛季，伊巴卡继续镇守雷霆的内线，首次加冕常规赛盖帽王（场均3.7次），在最佳防守球员评选中位列第二，并入选了年度最佳防守阵容。2012年2月20日，雷霆通过加时赛战胜掘金，伊巴卡砍下14分、15个篮板以及生涯新高的11次盖帽，首次砍下三双，成为雷霆（超音速）队史上首次斩获（盖帽上双的）三双的球员。

2012年夏天，雷霆一路杀入总决赛，在与“热火三巨头”的直接对话中，“俄城三少”还稍显稚嫩与青涩。虽然雷霆以1比4不敌热火，憾失总冠军，但他们的未来令人期待。雷霆与伊巴卡达成4年4800万美元的续约合同，自此留住了雷霆的脊梁。

续约激发了伊巴卡的能量，2012/2013赛季，他场均贡献13.2分、7.7个篮板、3个盖帽，投篮命中率57.3%，达到职业生涯新高，并蝉联盖帽王，再次入选最佳防守阵容。

2013/2014赛季，伊巴卡篮板生涯达到创新高的8.8个，总盖帽数219次领跑联盟。在进攻端，他的射程已经逐渐扩大到三分线外，整个赛季他总共出手60次三分球，命中了23球，命中率为38.3%。他的场均得分涨到生涯新高的15.1分。

2014年5月16日，西部半决赛第六场，雷霆以104比98击败快船，进军西部决赛的同时却付出了惨重的代价——伊巴卡赛季结束，由于小腿受伤，这位雷霆的防守基石轰然倒下。虽然在之后西部决赛第三场，伊巴卡带伤复出，贡献15分、4次盖帽，帮助雷霆赢回一城。但这位刚果铁汉未能继续出战，随着伊巴卡的再次倒下，老辣的马刺淘汰雷霆，挺进总决赛。

虽然雷霆止步于西部决赛，但伊巴卡依然入选了2013/2014赛季的最佳防守阵容，这是他连续

三届入选最佳防守阵容。

2014/2015 赛季，“杜威二少”先后因伤缺阵，伊巴卡也受到长时间伤病的困扰，伤兵满营的雷霆最终无缘季后赛。

2015/2016 赛季，比利·多诺万出任雷霆主帅后，战术调整，伊巴卡的数据全面缩水。雷霆多年来战绩不进反退之后，决定改变。2016 年 6 月，雷霆将伊巴卡送到魔术。

伊巴卡在奥兰多短暂停留之后，于 2017 年 2 月，又被魔术交易到猛龙。在魔术短短半个赛季中，伊巴卡不乏亮点，2016 年 11 月 14 日魔术对阵雷霆，他砍下职业生涯最高的 31 分，并在终场前 0.4 秒投篮命中，绝杀了旧主——雷霆。

从 2017 年 2 月起，伊巴卡在冰天雪地的多伦多，找回昔日防守悍将的荣光。

猛龙盘踞北境边陲，从不在 NBA 版图的中心，2019 年季后赛，科怀·伦纳德率领着这支边缘球队一路开挂，杀入总决赛。伊巴卡在猛龙与勇士的第三场巅峰对决中，送出 6 记盖帽，创总决赛单场球员盖帽的新纪录。2019 年 6 月 14 日，随着猛龙以总比分 4 比 2 击败勇士夺得总冠军，伊巴卡也拿上自己职业生涯的首枚总冠军戒指。

2019 年夏天，功成名就后的伦纳德移驾洛杉矶，加盟快船。时隔一年之后，伊巴卡也追随那位总决赛 MVP 的脚步，来到快船。因为之前在多伦多已建立默契，伊巴卡来到快船无缝衔接，成为伦纳德的好帮手。这位刚果的大个子既能强悍地保护篮筐，又有一手精准的投篮，此外他无论是在低位进攻，还是三分线外远投，都极其稳健。

2020 年圣诞大战，伊巴卡误伤（肘击）伦纳德面部，血溅赛场，但这个小插曲丝毫不影响二人的战友关系。2021 年 2 月初，保罗·乔治右脚趾骨水肿，无限期缺阵，快船夺冠征途陡生变数。“双星”缺一，伊巴卡地位变得更加重要，成为伦纳德最为依仗的帮手。

生涯高光闪回 / 庖丁解牛

高光之耀：伊巴卡作为雷霆首发大前锋，篮板效率偏低，他的篮板贡献只排在球队第四名，甚至不如杜兰特和威少两位外线球员。尽管如此，面对老气横秋的小牛内线，伊巴卡还是能翻江倒海，打出 20+20 的完美表现，并摘下职业生涯最高的 22 个篮板。

2015 年 2 月 20 日，雷霆主场对阵小牛，伊巴卡拿到 21 分，并摘得个人新高的 22 个篮板。

伊巴卡生涯首次砍下双 20 数据，凭借他在内线的统治级表现，雷霆最终以 104 比 89 战胜小牛。

乔·约翰逊季后赛数据

赛季	球队	篮板	助攻	得分
2002/2003	太阳	4.3	1.3	5.3
2004/2005	太阳	4.3	3.3	18.8
2007/2008	老鹰	3.9	4.0	20.0
2008/2009	老鹰	4.5	3.5	16.4
2009/2010	老鹰	5.1	5.0	17.9
2010/2011	老鹰	4.6	3.3	18.8
2011/2012	老鹰	3.5	3.5	17.2
2012/2013	篮网	3.1	2.7	14.9
2013/2014	篮网	3.8	2.9	21.2
2014/2015	篮网	7.7	4.8	16.5
2015/2016	热火	4.7	2.5	12.1
2016/2017	爵士	3.9	2.5	12.9
2017/2018	火箭	1.3	0.4	1.5
场均		4.2	3.1	15.2

乔·约翰逊常规赛数据

赛季	球队	篮板	助攻	得分
2001/2002	凯尔特人	2.9	1.5	6.3
2001/2002	太阳	4.1	3.6	9.6
2002/2003	太阳	3.2	2.6	9.8
2003/2004	太阳	4.7	4.4	16.7
2004/2005	太阳	5.1	3.5	17.1
2005/2006	老鹰	4.1	6.5	20.2
2006/2007	老鹰	4.2	4.4	25.0
2007/2008	老鹰	4.5	5.8	21.7
2008/2009	老鹰	4.4	5.8	21.4
2009/2010	老鹰	4.6	4.9	21.3
2010/2011	老鹰	4.0	4.7	18.2
2011/2012	老鹰	3.7	3.9	18.8
2012/2013	篮网	3.0	3.5	16.3
2013/2014	篮网	3.4	2.7	15.8
2014/2015	篮网	4.8	3.7	14.4
2015/2016	篮网	3.9	4.1	11.8
2015/2016	热火	2.8	3.6	13.4
2016/2017	爵士	3.1	1.8	9.2
2017/2018	爵士	3.3	1.4	7.3
2017/2018	火箭	2.8	1.7	6.0
场均		4.0	3.9	16.0

●档案

乔·约翰逊 / Joe Johnson

出生地：美国阿肯色州小石城

出生日期：1981 年 6 月 29 日

身高：2.01 米 / 体重：109 公斤

效力球队：凯尔特人、太阳、老鹰、篮网、热火、爵士、火箭

场上位置：得分后卫、小前锋

球衣号码：2、3、6、7、31

●荣耀

7 届全明星：2007 年—2012 年、2014 年

1 届最佳阵容三阵：2009/2010 赛季

最佳新秀阵容二阵：2001/2002 赛季

8 ♣

单打乔
乔·约翰逊
JOE JOHNSON

乔·约翰逊不是乔丹、科比那种偏执狂，他甚至有些过于平静、内敛、不愠不火。他平静得似乎让人忘记那是一位曾经 41 次绝杀对手、以单打技艺独步联盟的全明星球员。

以他的性格，应该不会执拗于老大的位置，可偏偏阴差阳错，做了老大很多年，这对于乔·约翰逊来说，有点勉为其难。

他有着熟极而流的技巧和节奏感，投射精准，但缺少外线王牌球员的标配——第一步的爆发力，无法随心所欲地摆脱对手。此外他的背身技巧也不完整，偶尔能用，但无法像科比那样撑起半场进攻。他也没有詹姆斯那种串联、引领队友去进攻的统御力。

2004/2005 赛季，史蒂夫·纳什转战菲尼克斯，开启了灿若云霞的篮球变革，太阳得以质变。乔·约翰逊堪称“纳什变革”的最大受益者：在 2004/2005 赛季，乔·约翰逊场均得到 17.1 分，常规赛三分命中率达到 47.8%，季后赛更是达到恐怖的 55.6%。

君子豹变，趁着纳什带起的这股旋风，刚刚结束新秀合同的乔·约翰逊欲振翅高飞。2005 年 8 月，亚特兰大老鹰递给他一份 5 年 7000 万美元的合同，这在当时是标准的大合同，科比在新秀合同结束后，拿到的第二份合同也是 5 年 7000 万美元。

在 NBA 中，成为球队老大，意味着战术核心、无限开火权，球队赢球后享有最多的镁光灯和掌声。不知有多少精英级球员，终其一生也得不到一个老大的名号，而年仅 24 岁的乔·约翰逊就这样轻松成为老鹰的老大，要知道他以前还排不到太阳的前三。

老鹰无比热衷于囤积两米左右的锋卫摇摆人，这支球队的大前锋是 NBA 历史最矮的盖帽王——身高 2.06 米的约什·史密斯；中锋位置上则是仅有大前锋身高，以射术和

灵巧著称的艾尔·霍福德。21 世纪前十年，小个阵容尚未流行，老鹰的玩法相当超前。

这样的小个阵容以强大的机动性和投射能力为乔·约翰逊拉开空间，弥补他的摆脱能力不足。2006/2007 赛季，乔·约翰逊场均得分达到职业生涯最高的 25 分，然后老鹰开始成为季后赛常客，他也由此连续开启了连续多年的全明星之路。

乔·约翰逊领军老鹰的那些年，球队始终无法在季后赛更进一步，常常在第一轮就和对手陷入昏天黑地的七场大战，然后在第二轮被下一个对手轻松干掉。

2008/2009 赛季东部半决赛，他们被詹姆斯领衔的骑士横扫。

2009/2010 赛季东部半决赛，他们又被德怀特·霍华德领衔的魔术横扫。四场比赛，乔·约翰逊场均仅得 13 分，命中率不足四成，这位王牌遭到自家球迷的嘘声。

对于一个合同年球员，这样的表现无疑是极具“伤害性”的。但乔·约翰逊似乎天生好命，2010 年夏天，詹姆斯奔赴迈阿密组建“三巨头”，各队老板担心自家王牌跟风远走，甘心奉上大合同，乔·约翰逊在打出糟糕的系列赛之后却签下 6 年 1.2 亿美元的肥约。

丰厚的金钱回报并没有让“鹰王”再次奋飞，他每况愈下，场均得分跌破 20 分。老鹰仍然是季后赛球队，但不愠不火、原地踏步的战绩，令老板失去了耐心。

2012 年夏天，乔·约翰逊被交易到篮网。凯文·加内特、保罗·皮尔斯也随之而来，再加上之前的德隆·威廉姆斯，一支由老年版全明星球员组成的球队在布鲁克林建立了。

乔·约翰开始组织起篮网的进攻，但他并不是真正的组织前锋，不能凭借简洁有效的分配球和强弱侧大幅度转移来调动队友，步步为营瓦解对手的防线。他的传球全靠个人进攻的牵制，一旦进攻状态下滑，传球的威胁性也就不复存在。

2013 年东部半决赛第五场，篮网在最后时刻落后 2 分，乔·约翰逊面对勒布朗·詹姆斯强大的贴防笼罩，甚至没有机会出手，篮网因此输掉比赛，最终被热火吞噬。

2014 年，皮尔斯、加内特、德隆相继离开篮网，乔·约翰逊带着一群无名队友打发日子。

2016 年 2 月 26 日，乔·约翰逊和篮网达成买断协议，尽管半个月前他刚刚超越拉沙德·刘易斯（1787 记），排名升至 NBA 三分球命中数榜的第 10 位。

虽然乔·约翰逊没有达到詹姆斯、杜兰特那种巨星级别，但依靠着丰富的经验、扎实的基本功，以及卓越的投篮稳定性，可以无限单打，屡屡命中压哨绝杀。据统计，乔·约翰逊在近 10 个赛季里 7 次命中压哨绝杀，排名联盟第一。

“单打乔”的名头也在 NBA 中颇为响亮，所以被篮网买断后，乔·约翰逊很快就去了热火。

2016 年 2 月 29 日，代表热火首战，乔·约翰逊得到 12 分，成为 NBA 第三位至少拿到 19000 分、4500 个篮板、4500 次助攻，并投进 1700 个三分球的球员。前两位是科比与皮尔斯。在热火半个赛季之后，乔·约翰逊又去了爵士。2017 年 2 月 2 日，乔·约翰逊超越约翰·斯托克顿（19711 分），升至 NBA 历史总得分榜第 42 位。

2018 年 2 月 15 日，乔·约翰逊加盟火箭。在昔日恩师德安东尼麾下，一切看起来顺理成章。但乔·约翰逊已经老了，在火箭作为一名侧翼球员要无限换防，老迈的“单打乔”显然跟不上节奏。于是 2018 年西部决赛，火箭宁可用七人轮换和勇士浴血死战，也不敢给乔·约翰逊任何机会，生怕他跟不上勇士的如风快枪。

到了这一步，也就临近结束了。乔·约翰逊之后短暂地加盟活塞，又很快被裁掉。退出 NBA 江湖的他并没有离开心爱的篮球，反而转战到 BIG3 联赛。

2019 年，乔·约翰逊当选 BIG3 联赛常规赛 MVP，随后又率队夺得 BIG3 总冠军。以“单打乔”的球风，显然很适合以单挑为主的 BIG3 赛事。他技术娴熟、功力深湛，一板一眼地持球与人单挑时，鲜有对手。乔·约翰逊在 NBA 的 5V5 比赛中，还会暴露出运动天赋与大局观不足等弱点，而在没有协防的 BIG3 中，他就是王者般存在。

生涯高光闪回 / 单节 8 记三分球

高光之耀：乔·约翰逊单节命中 8 记三分球，追平迈克尔·里德，位列 NBA 历史第二。第一名是克莱·汤普森，他在 2015 年 1 月 24 日对阵国王的比赛中单节命中 9 记三分球，豪取 37 分。

2013 年 12 月 17 日，篮网以 130 比 94 大胜 76 人，乔·约翰逊此役投中 10 记三分球，创造个人职业生涯纪录。他在第三节里三分球 10 投 8 中，狂砍 29 分，追平当时 NBA 单节三分球命中纪录。

安德鲁·威金斯常规赛数据

赛季	球队	篮板	助攻	得分
2014/2015	森林狼	4.6	2.1	16.9
2015/2016	森林狼	3.6	2.0	20.7
2016/2017	森林狼	4.0	2.3	23.6
2017/2018	森林狼	4.4	2.0	17.7
2018/2019	森林狼	4.8	2.5	18.1
2019/2020	森林狼	5.2	3.7	22.4
2019/2020	勇士	4.6	3.6	19.4
2020/2021	勇士	4.9	2.4	18.6
场均		4.4	2.3	19.5

安德鲁·威金斯季后赛数据

赛季	球队	篮板	助攻	得分
2017/2018	森林狼	5.2	2.0	15.8
场均		5.2	2.0	15.8

档案

安德鲁·威金斯 /Andrew Wiggins
国籍：加拿大
出生地：多伦多
出生日期：1995 年 2 月 23 日
身高：2.03 米 / 体重：91 公斤
效力球队：森林狼、勇士
场上位置：小前锋、得分后卫
球衣号码：22

荣耀

最佳新秀：2014/2015 赛季
全明星新秀挑战赛 MVP：2015 年

8

枫叶乔丹
安德鲁·威金斯
ANDREW WIGGINS

他早在高中时期就飞天遁地、无所不能。拥有猎豹般的启动速度、俯瞰众生的弹跳高度、烈风惊雷般的爆发力，以及在罚球线内一步就直接轰炸篮筐的绝对天赋。他简直就是一个上帝打造出来的篮球运动员标本，此外，他还是 NBA 的“状元”……

上一次能得到如此盛赞的球员，还是勒布朗·詹姆斯，而这一次，是来自“枫叶之国”加拿大的安德鲁·威金斯。

威金斯天赋惊人，但太过佛系，似乎无欲无求的他早早就打起了“养生篮球”。纵然身上蕴藏着强大的“洪荒之力”，但那些肉眼可见的天赋始终无法转换成与之匹配的即战力。在世人眼中，他还是一块等待打磨的璞玉，所有球迷都在等着他的破茧成蝶。

1995 年 2 月 23 日，安德鲁·威金斯出生于加拿大多伦多的一个体育世家。父亲米切尔·威金斯曾是 NBA 球员，1986 年曾随火箭打进 NBA 总决赛。母亲玛丽塔·佩妮曾在 1984 年洛杉矶奥运会上，拿过两枚田径银牌，至今仍保持着加拿大女子 400 米纪录。小威金斯继承了父母优秀的运动基因。

威金斯也有着类似于“天选之子”的传说：他曾被认为是自詹姆斯之后最出色的高中篮球运动员。2013 年，威金斯转学来到美国西弗吉尼亚的亨廷顿高中，自此，他被 *ESPN* 排到全美第一高中生的位置。

2013 年 2 月 25 日，威金斯获得“奈史密斯奖”年度高中球员称号。3 月 28 日，他又获得“佳得乐全美年度最佳高中生球员”称号。如果不是 NBA 颁布了高中生球员禁令，那么威金斯一定会成为科比、麦迪、詹姆斯那样名动天下的 NBA 高中生球员。

2013 年 5 月，威金斯被堪萨斯大学选中，并加入堪萨斯松鹰队。在 NCAA 大学联赛的 2013/2014 赛季，威金斯场均得到 17.1 分，创造了堪萨斯大学一年级纪录。他在这里不断打磨技艺，从一位纯靠天赋吃饭的年轻人，变成一位基本功扎实的大学球员。

2014 年 6 月 27 日，NBA 选秀大会，天赋异禀的威金斯被骑士在首轮第 1 顺位选中，在克里夫兰人眼中，他就是继勒布朗・詹姆斯之后最好的“状元 ”。

然而，2014 年夏天，“状元 ”威金斯的风头完全被回归克利夫兰的詹姆斯抢走。更尴尬的是，因为“皇帝”归来，骑士为其做夺冠规划，并没有把威金斯留在克利夫兰。2014 年 8 月 7 日，威金斯被交易至森林狼，骑士从森林狼得到凯文・乐福。

在明尼苏达，身披 22 号球衣的威金斯还没能适应 NBA 级别的对抗强度和比赛节奏，他进攻技巧粗糙、单调的缺点完全暴露。威金斯面框进攻能力匮乏，中远距离跳投不稳定。此外，他的体重偏轻不足以强打内线，他也不可能像詹姆斯那样驱动全队的进攻。

即便如此，威金斯在“菜鸟”赛季还是展示出傲视同侪的非凡天赋：迅疾的启动速度让他可以在罚球线内一步加速轰击篮筐；出色的身高和臂展让他在起跳后无法阻挡。威金斯在同级新秀的比拼中一路领跑，并连续 4 次当选月最佳新秀。2014/2015 赛季结束，威金斯场均得到 16.9 分、4.6 个篮板以及 2.1 次助攻，荣膺最佳新秀，成为森林狼队首位获此殊荣者，也是加拿大出产的第一位 NBA 最佳新秀。

威金斯在职业生涯前两个赛季的扣篮已经比詹姆斯还多了。但詹姆斯比他体重更大、更强壮，人球结合能力也更好，所以 18 岁的“詹皇”比 18 岁的威金斯显得更富有冲击力。这也是威金斯的天赋并没有完全展现的原因之一，他的持球进攻能力实在配不上他的身体素质。

2015/2016 赛季，威金斯稳步提升，场均得到 20.7 分。2016/2017 赛季，威金斯在 NBA 的第三个赛季，实现个人数据的三连跳，场均达到 23.6 分。那个赛季威金斯打出了不少代表作：面对湖人疯狂地砍下生涯最高的 47 分；2017 年 2 月 15、16 日，威金斯先是在詹姆斯的防守下怒砍 41 分，随后转战丹佛，26 投 15 中得到 40 分。连续两场比赛砍下 40+，威金斯成为 NBA 历史上 22 岁以下完成该成就的第四人。此前的三名球员分别是詹姆斯、杜兰特和“答案”艾弗森。

2017 年休赛期，森林狼为威金斯奉上一份

5 年 1.48 亿美元的顶薪合同。2017/2018 赛季，威金斯兑现了续约时的承诺——与巴特勒、唐斯一起带领森林狼时隔 14 年重返季后赛，他们赢下了 47 场比赛，比前一个赛季多赢了 16 场。

然而，2018 年季后赛，面对哈登率领的火箭，森林狼毫无还手之力，以 1 比 4 败下阵来。威金斯的第一次季后赛之旅，场均仅有 15 分进账，表现差强人意。

2018/2019 赛季，森林狼动荡不安，巴特勒被交易到 76 人，锡伯杜教练下课。威金斯在生涯第五个赛季，场均得到 18.1 分、4.8 个篮板，表现不进反退。

2020 年 2 月 6 日，森林狼不敌老鹰，惨遭 13 连败。威金斯打完了他在森林狼生涯的最后一场比赛。第二天，勇士与森林狼达成交易，威金斯拉塞尔互换东家。

来到金州之后，在斯蒂芬 · 库里身边，威金斯变得备受瞩目，他也一改往日的“养生打法”，在攻防两端都展现出了极强的侵略性。从森林狼到勇士，从外线核心到顶级“蓝领”，他在库里身边找到了发挥全部天赋潜能的最佳定位。

2020/2021 赛季，库里火力全开，勇士在他的引领下，气势如虹，一度杀入西部前八。遗憾的是，勇士在附加赛中接连惜败于湖人、灰熊，无缘进入季后赛。作为队内二当家，威金斯在该赛季场均贡献 18.6 分、4.9 个篮板，但这些显然还不够。

当库里不在场时，威金斯偶尔也能担起勇士的进攻重担，他曾在对阵灰熊时砍下 40 分，但这样的表现凤毛麟角。绝大多数场次，威金斯就像上班打卡的职工，20 分成为他得分任务额的上限，完成即可，威金斯的这种“养生”篮球也颇为金州球迷诟病。

威金斯在比赛中缺乏存在感，麦迪对此评价道：“他上场 30 分钟，毫无存在感。等比赛结束的时候，你会发现他得分已经 20+ 了，那些时间他到底去哪儿了？”。

始终没能打出炸裂表现的威金斯被指责浪费天赋，打“养生篮球”的他不知不觉已经在 NBA 混了 7 个年头，从“被上帝偏爱的孩子”到被放逐的弃儿、再到自我救赎。

好在，一切都还来得及，期待威金斯在风华正茂的年纪，怒砸“保温杯”，早日追上那个被寄予厚望的自己。

生涯高光闪回 / 单场 40 分屠熊

高光之耀：贵为 2014 届状元，天赋异禀的威金斯加盟勇士后，逐渐摆脱了被人诟病的“养生篮球”，当库里不在，威金斯也能在进攻端偶露狰狞。

2021 年 3 月 20 日，勇士客场挑战灰熊，库里因伤缺阵，怀斯曼和帕斯卡尔接受隔离，缺兵少将的勇士将迎来一场恶战。

此役，威金斯 24 投 14 中，其中三分球 11 投 6 中，砍下 40 分，这是加盟勇士以来的得分新高，同时也是职业生涯第九次 40+，他的职业生涯单场得分最高则是 47 分。

档案

林书豪 / Jeremy Shu–How Lin
出生地：美国加利福尼亚州帕罗奥图
出生日期：1988 年 8 月 23 日
身高：1.91 米 / 体重：91 公斤
效力球队：勇士、尼克斯、火箭、湖人、黄蜂、篮网、老鹰、猛龙
场上位置：控球后卫
球衣号码：7、17

荣耀

1 届总冠军：2019 年

林书豪常规赛数据

赛季	球队	篮板	助攻	得分
2010/2011	勇士	1.2	1.4	2.6
2011/2012	尼克斯	3.1	6.2	14.6
2012/2013	火箭	3.0	6.1	13.4
2013/2014	火箭	2.6	4.1	12.5
2014/2015	湖人	2.6	4.6	11.2
2015/2016	黄蜂	3.2	3.0	11.7
2016/2017	篮网	3.8	5.1	14.5
2017/2018	篮网	0.0	4.0	18.0
2018/2019	老鹰	2.3	3.5	10.7
2018/2019	猛龙	2.6	2.2	7.0
场均		2.8	4.3	11.6

林书豪季后赛数据

赛季	球队	篮板	助攻	得分
2012/2013	火箭	2.0	2.0	4.0
2013/2014	火箭	3.7	4.3	11.3
2015/2016	黄蜂	2.3	2.6	12.4
2018/2019	猛龙	0.4	0.5	1.1
场均		2.0	2.2	7.2

7

林疯狂

林书豪

JEREMY SHU-HOW LIN

被篮球名校拒之门外，在选秀大会上无人问津，连续被球队下放、裁掉，林书豪的篮球之路充满坎坷。如果不是他的热爱与坚持，就不会有“林疯狂”，也不会有那段热血燃烧的纽约岁月。

从 2012 年 2 月初爆发到 3 月底，短短两个月，林书豪上演了 NBA 史上绝无仅有的华丽逆袭。他不仅拯救了尼克斯，更拯救了自己的 NBA 生涯。从球队边缘的小人物到震撼全美的励志典范，他向所有人证明黄种人后卫也能在 NBA 立足。

1988 年 8 月 23 日，林书豪出生于旧金山市帕罗奥图的一个华裔家庭。父亲林杰明是忠实的 NBA 球迷，在父亲的影响下，林书豪从五岁就开始接受篮球训练，天资聪颖的他在篮球和学业两方面都取得不俗的成绩。

林书豪就读于帕罗奥图高中，2005/2006 赛季，他场均得到 15.1 分、6.3 个篮板、7.1 次助攻以及 5 次抢断，并作为队长率领帕罗奥图高中篮球队打出 32 胜 1 负的战绩，夺得加州校际联盟二级联赛冠军，且入选了加州第一阵容并被评为二级联赛年度最佳球员。然而，如此优秀的表现依然不足以帮林书豪获得一份 NCAA 一级联赛大学的奖学金。

虽然林书豪在被心仪的斯坦福大学拒绝，但堪称“学霸”的他凭借优秀的文化课成绩进入了哈佛大学。哈佛虽然是世界一流名校，但在篮球方面几乎毫无建树。用《洛杉矶时报》的话说，从哈佛走出来的美国总统，比进入 NBA 的球员多多了。

林书豪在自己的大四赛季，场均能砍下 16.4 分、4.4 个篮板、4.5 次助攻，率领哈佛大学时隔 64 年再次杀进 NCAA 决赛圈，并且全票当选常青藤联盟第一阵容。

尽管大学时期的林书豪在篮球方面表现不错，但NBA选秀前景依旧暗淡。因为上一次NBA通过选秀选中哈佛球员，还是20世纪50年代的事。

果不其然，林书豪参加2010年选秀大会并最终落选，不过他得到了代表达拉斯小牛征战夏季联赛的机会，场均得到9.8分、3.2个篮板、1.2次抢断。林书豪凭借着在夏季联赛的出色表现，与金州勇士签下一份两年的部分保障合约，自此正式进入NBA。

林书豪在新秀赛季很难获得出场机会，曾经3次被下放到发展联盟，NBA生涯随时可能终结。2010/2011赛季，勇士的后场是蒙塔·埃利斯与斯蒂芬·库里的天下。林书豪在新秀赛季仅在勇士出战29场，场均仅得2.6分、1.4次助攻。

2011年12月9日，林书豪被勇士裁掉，在金州他与库里结下深厚的友谊。

2011年12月27日，尼克斯用一份非保障性合同签下林书豪。边缘人物、微薄薪水、随时被裁掉的命运，以及居无定所，只能寄宿在队友菲尔德斯家中的沙发上……这些暂时的窘境并没有让“哈佛小子”林书豪困顿消沉。2012年1月中旬，尼克斯遭遇伤病危机，主教练迈克·德安东尼在无人可用的情况下，想到了板凳席末端的林书豪。

2012年2月4日，纽约尼克斯对阵新泽西篮网，林书豪临危受命，开启了个人“SHOWTIME”：他空接连线钱德勒、突破上篮打2+1、运球戏耍对手、中距离急停跳投。在麦迪逊花园球馆，林书豪16投13中，拿下25分、5个篮板和7次助攻，各项数据均为职业生涯新高，率领尼克斯逆转战胜篮网，拉开了“Linsanity”（林疯狂）的序幕。

2月6日，尼克斯两大核心卡梅隆·安东尼和阿玛雷·斯塔德迈尔双双缺阵，林书豪阵前挂帅，生涯第一次首发出场，再次发威，全场砍下28分，送出8次助攻，率领尼克斯以99比88战胜爵士。接下来尼克斯对阵奇才，林书豪独得23分、10次助攻，以2010年落选秀的身份力压同级“状元”约翰·沃尔，率队豪取三连胜。

2月10日，尼克斯对阵湖人，林书豪又砍下38分，率队再次取胜，让赛前称不知道Jeremy Lin是谁的科比对其称赞不已。随后尼克斯险胜森林狼，林书豪送出20分、6个篮板、8次助攻，并在末节贡献关键罚篮。尼克斯客战挑战猛龙，林书豪面对卡尔德隆命中绝杀三分。2月10日，林书豪得到10分、13次助攻两双数据，刷新生涯助攻新高，率队击败国王。自此，林书豪率领尼克斯打出一波气贯长虹的“七连胜”！

凭借这一波神奇表现，林书豪这位默默无闻的角色球员，从麦迪逊花园球馆走出，一下子成为家喻户晓的著名球星，“林疯狂”开始席卷全世界，成为美国整个华裔，甚至亚裔的骄傲，在大洋彼岸的中国，也出现无数林书豪的球迷。

2012年3月，作为林书豪的伯乐与恩师的德安东尼教练被尼克斯解雇，“林疯狂”开始降温。3月24日林书豪遭遇左膝伤病，最终确诊为半月板撕裂而赛季结束，自此，“林疯狂”的现象级表演告一段落。

从2012年2月初爆发到3月底受伤，林书豪就像忽然乍起的一阵旋风，席卷联盟，他在 26 场比赛中场均得到 18.5 分、7.7 次助攻、2 次抢断，打出顶级控卫的数据。

疯狂过后，一切归于平静。2012 年休赛期，林书豪加盟火箭，开启了生涯的另一个篇章。在火箭队的两个赛季，林书豪有过不少高光表演：单挑马刺“GDP”并砍下 38 分、对阵骑士斩获生涯首个三双、面对 76 人狂飙 9 记三分球。不过，由于麦克海尔更加青睐防守拼命又不占球权的帕特里克·贝弗利，2014 年 7 月，林书豪被交易到湖人。

来到洛杉矶，林书豪辅佐科比打了 74 场球后膝盖受伤，再次赛季结束。

2015 年 7 月，林书豪转战夏洛特黄蜂，卸下“光环”，重回熟悉的替补席，没有了从前的“疯狂”，但表现稳定高效，他与肯巴·沃克联袂率队杀进季后赛。

2016 年夏天，林书豪与篮网达成 3 年 3600 万美元的协议。2016/2017 赛季，林书豪因为伤病困扰，仅代表篮网出战 36 场，场均砍下 14.5 分、5.1 次助攻。 2017 年 10 月 19 日，新赛季揭幕战，林书豪遭遇髌韧带断裂，那一刻，他抚膝而叹，令人心碎。

时隔漫长的 350 天之后，林书豪身披老鹰战袍伤愈归来。2019 年 2 月，林书豪转战多伦多，虽然跟随猛龙捧起总冠军奖杯，但在夺冠经历并没有让他的生涯峰回路转，沦为边缘人的林书豪被猛龙队放弃，之后他再没有等到任何一支 NBA 球队的邀约。

2019/2020 赛季，林书豪转战 CBA，加盟北京首钢队，中国球迷终于可以近距离目睹“林疯狂”的风采。林书豪在 CBA 效力的一个赛季里，很好地融入北京首钢，场均得到 22.3 分、5.6 次助攻，而他在场上所展现的大将之风与顶级球商远超数据所体现。

2019/2020 赛季结束，林书豪决定重回 NBA，为了心中所愿，不惜从二级联赛打起。2021 年 1 月 10 日，林书豪加盟 NBA 发展联盟的圣克鲁兹勇士队。放弃优渥的条件，拿着微薄的薪水（3.5 万美元），已年逾 32 岁的林书豪为了理想，敢于走出舒适区。

从当年的闪耀纽约的“奇迹小子”到如今漂泊天涯的“篮球过客”，十多年过去了，林书豪缔造了一段令人心驰神往的崛起传奇，激励无数怀揣梦想的年轻人。而相比起那条流光溢彩的“旋风”之路，林书豪追逐理想的篮球苦旅，更令人铭记。

生涯高光闪回 / 对决科比

高光之耀：挑战尼克斯的前夕，当科比被问起当时炙手可热的“林疯狂”时，黑曼巴说并不知道。赛后当记者问科比给林书豪什么建议时，科比回应：“他都快在我们头上砍 40 分了，我无可奉告！”

2012 年 2 月 11 日，湖人在麦迪逊广场花园挑战尼克斯，科比很快就感受到强劲的“林旋风”。林书豪首节就卷走 10 分，第二节再添 8 分。下半场林书豪手感持续火热，全场他 23 投 13 中，劈落生涯新高的 38 分，并贡献 4 个篮板、7 次助攻，率领尼克斯以 92 比 85 击败湖人，豪取四连胜。科比虽然也得到 34 分，但 29 投 11 中的他显然无法率湖人在麦迪逊全身而退。

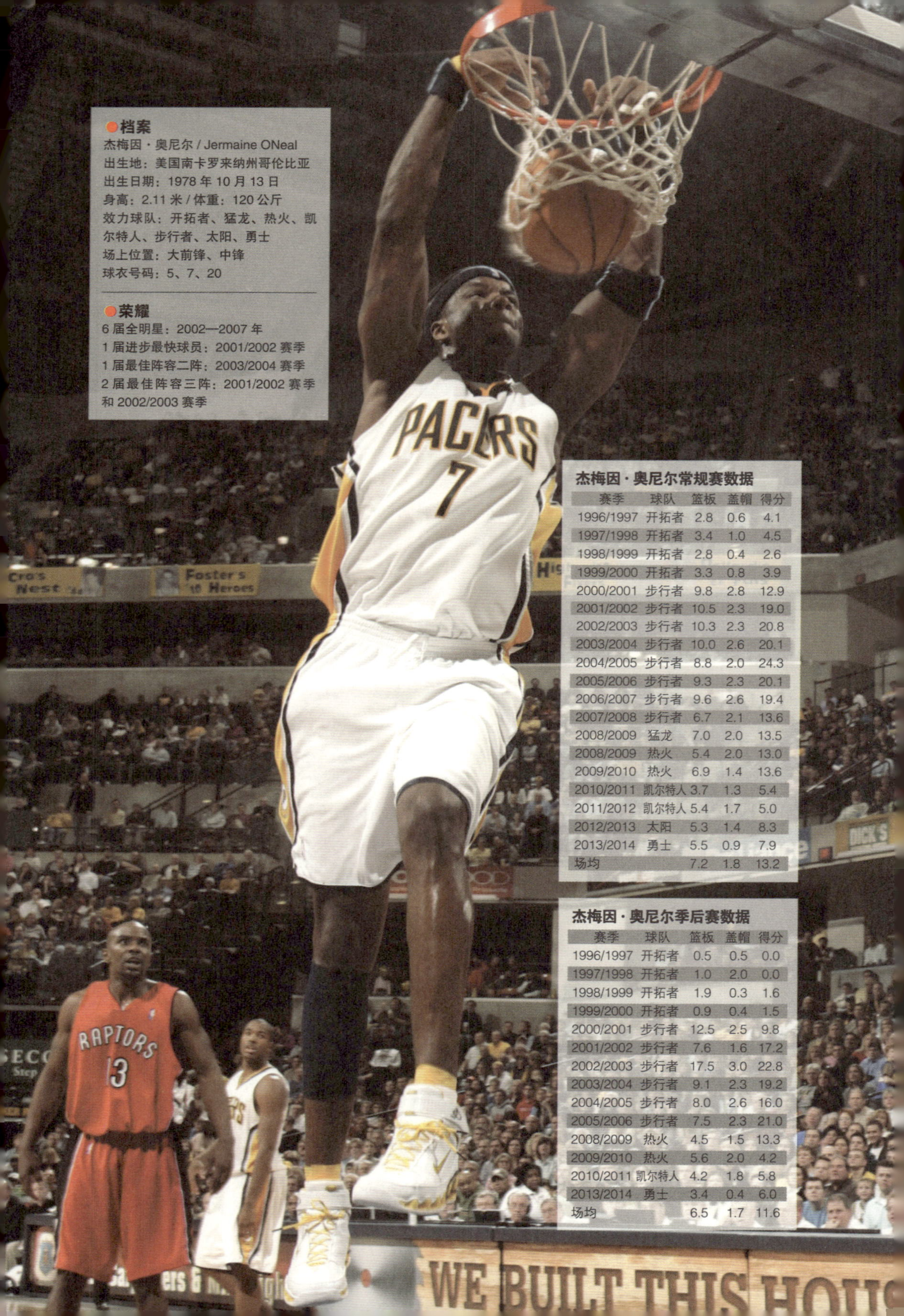

档案

杰梅因·奥尼尔 / Jermaine ONeal

出生地：美国南卡罗来纳州哥伦比亚

出生日期：1978 年 10 月 13 日

身高：2.11 米 / 体重：120 公斤

效力球队：开拓者、猛龙、热火、凯尔特人、步行者、太阳、勇士

场上位置：大前锋、中锋

球衣号码：5、7、20

荣耀

6 届全明星：2002—2007 年

1 届进步最快球员：2001/2002 赛季

1 届最佳阵容二阵：2003/2004 赛季

2 届最佳阵容三阵：2001/2002 赛季和 2002/2003 赛季

杰梅因·奥尼尔常规赛数据

赛季	球队	篮板	盖帽	得分
1996/1997	开拓者	2.8	0.6	4.1
1997/1998	开拓者	3.4	1.0	4.5
1998/1999	开拓者	2.8	0.4	2.6
1999/2000	开拓者	3.3	0.8	3.9
2000/2001	步行者	9.8	2.8	12.9
2001/2002	步行者	10.5	2.3	19.0
2002/2003	步行者	10.3	2.3	20.8
2003/2004	步行者	10.0	2.6	20.1
2004/2005	步行者	8.8	2.0	24.3
2005/2006	步行者	9.3	2.3	20.1
2006/2007	步行者	9.6	2.6	19.4
2007/2008	步行者	6.7	2.1	13.6
2008/2009	猛龙	7.0	2.0	13.5
2008/2009	热火	5.4	2.0	13.0
2009/2010	热火	6.9	1.4	13.6
2010/2011	凯尔特人	3.7	1.3	5.4
2011/2012	凯尔特人	5.4	1.7	5.0
2012/2013	太阳	5.3	1.4	8.3
2013/2014	勇士	5.5	0.9	7.9
场均		7.2	1.8	13.2

杰梅因·奥尼尔季后赛数据

赛季	球队	篮板	盖帽	得分
1996/1997	开拓者	0.5	0.5	0.0
1997/1998	开拓者	1.0	2.0	0.0
1998/1999	开拓者	1.9	0.3	1.6
1999/2000	开拓者	0.9	0.4	1.5
2000/2001	步行者	12.5	2.5	9.8
2001/2002	步行者	7.6	1.6	17.2
2002/2003	步行者	17.5	3.0	22.8
2003/2004	步行者	9.1	2.3	19.2
2004/2005	步行者	8.0	2.6	16.0
2005/2006	步行者	7.5	2.3	21.0
2008/2009	热火	4.5	1.5	13.3
2009/2010	热火	5.6	2.0	4.2
2010/2011	凯尔特人	4.2	1.8	5.8
2013/2014	勇士	3.4	0.4	6.0
场均		6.5	1.7	11.6

7♥

小奥

杰梅因·奥尼尔

JERMAINE ONEAL

当沙克·奥尼尔大杀四方时，杰梅因·奥尼尔悄无声息地来到NBA，在星光熠熠的“96黄金一代”，小奥的开篇有些暗淡，但之后他用超强表现证明了自己无愧于“奥尼尔”这个伟大姓氏，当然他也无愧于“96黄金一代”的一员。

小奥是“70后”顶级内线的代表人物，20世纪初，当韦伯、邓肯、加内特们开启大前锋的辉煌年代时，小奥也曾跻身其中。

这位“96黄金一代”最具代表性的内线，比坎比全面，比拉希姆持久，比丹皮尔有星味，比“大Z”更有偶像气质，这就是杰梅因·奥尼尔。

1978年10月13日，杰梅因·奥尼尔出生在美国南卡罗来纳州的哥伦比亚。

小奥尼尔从小就调皮捣蛋，除了一身不错的运动天赋外，其他都表现平平，尤其是学习成绩一塌糊涂。直到初中三年级，小奥尼尔都没有接受过任何正规的篮球训练，但在社区的篮球场上玩斗牛，他每次都能依靠身体取胜。1993年，15岁的小奥尼尔升入奥克莱尔高中，终于认识了他人生中的第一位贵人——高中教练乔治·格里姆夫。

格里姆夫教练不仅发现了这位“问题少年”身上的天赋和潜能，并将这块“璞玉”潜心雕琢，还细心教导小奥尼尔如何做人。在短短不到一年的时间里，小奥尼尔就成为奥克莱尔高中篮球队的第一主力，初中时那些打架斗殴的恶习也被体育馆里练球的汗水冲得不见了踪影。高一时小奥尼尔身高就有1.93米，高三已经接近2.08米了。而身高猛长的同时，小奥尼尔已成为高中篮球场上的霸主，回首三年高中篮球生涯，他场均可以砍下22.4分、12.6个篮板、5.2个盖帽，投篮命中率高达68.2%。

1996年夏，高中毕业的小奥尼尔决定参加NBA选秀。这一年选秀诞生了伟大的“96

黄金一代”。在那些灿若云霞的96新秀群中，只有17岁零8个月的小奥尼尔是年纪最小的一位，比同为高中生的科比·布莱恩特还要小两个月。最终小奥尼尔在首轮第17顺位被波特兰开拓者选中，成为NBA大家庭中最年轻的球员。

小奥尼尔在开拓者的那四年，正是开拓者名将云集的四年，根本轮不到这位高中生球员上场。他只能看同级生科比叱咤挥洒。2000年西部决赛，湖人在生死战碾压开拓者，已经是“OK组合”之一的科比大杀四方，作壁上观的小奥尼尔决定不再蹉跎时光。

2000年6月，小奥尼尔终于结束了自己的波特兰旁观生涯，奔赴印第安纳步行者。

在步行者的首个赛季，小奥尼尔就奉献228记盖帽，创造了队史纪录。2001/2002赛季，他场均得分19分、10.5个篮板、2.3个盖帽，荣膺最佳阵容第三队、全明星阵容以及年度进步最快球员，自此，他迎来了职业生涯最美好的五年。

2002/2003赛季，小奥尼尔场均得到20.8分、10.3个篮板、2.3个盖帽。他成为当时NBA中三位“场均20+10俱乐部”成员之一，并进入全明星赛的首发阵容。

2003年1月22日步行者对猛龙，他在攻防两端存在感十足，豪取18分、10个篮板、10个盖帽，成为步行者历史上唯一一位用盖帽上双的三双球员。

小奥尼尔在2003年季后赛更是场均豪取22.8分、17.5个篮板。

2003年7月，步行者给了小奥尼尔一份7年1.23亿美元的天价合同。与此同时，步行者也进入阵容鼎盛的黄金时代。阵中有斯蒂芬·杰克逊以及罗恩·阿泰斯特这样的防守悍将，小奥尼尔驱动这支“虎狼之师”在2003/2004赛季打出61胜的队史最佳战绩。

那时的步行者足够强悍，但他们遇到了更加强悍的活塞！2004年东部决赛，小奥尼尔因为受伤，实力大打折扣，阵容受损的步行者最终以2比4不敌活塞。

2004年11月19日，步行者做客奥本山宫殿挑战活塞，爆发了臭名昭著的“奥本山宫殿事件”。作为这场NBA史上最大的群殴战的主角，阿泰斯特被禁赛73场，而小奥尼尔也未能幸免，被禁赛25场，申诉后削减到10场。

自此，主力停赛，步行者的巅峰戛然而止，这是印第安纳传奇巨星——雷吉·米勒的最后一个赛季，这样的送别有些凄凉。

2005/2006赛季，小奥尼尔只打了51场比赛，但球迷仍然把他选进全明星首发。2007年他场均得到19.4分、9.6个篮板，混乱的步行者也随之掉出季后赛行列。

2008 年，小奥尼尔终于无法忍受步行者惨淡的战绩，自动请求交易，流浪的人生就此开始。先是极北苦寒的多伦多，后是东南沿海的迈阿密。接下来是凯尔特人、太阳以及勇士，他终于也像同姓前辈“大鲨鱼”奥尼尔那样，集齐了七色彩虹战衣。每到一个地方，不是与球队战术格格不入，就是被伤病再度放倒。

2009/2010 赛季小奥尼尔去到热火时，虽然只有 31 岁，但从小的基本功缺失以及身体素质的下滑，让他告别了叱咤风云的岁月，他场均得到 13.6 分、6.9 个篮板，平淡无奇。2010 年季后赛，他场均仅得 4.2 分、5.6 个篮板，投篮命中率更是低至 20.5%，唯一欣慰的是他从小养成的盖帽嗅觉依然还在。

2010 年 7 月 9 日，小奥尼尔以 2 年 1200 万美元的合同与波士顿凯尔特人签约。接下来的两个赛季里，他一共只打了 49 场比赛，先后因为膝伤和手腕伤结束赛季。

2012 年 4 月 21 日，他被“绿衫军”裁掉，去菲尼克斯太阳拿起底薪。他场均只打 18.7 分钟，却可以贡献出场均 8.3 分、5.3 个篮板和 1.4 个盖帽。他毕竟曾是禁区顶峰的“小霸王”，他的高度和技艺都还在。

2013 年 7 月，小奥尼尔加盟勇士，他在 2013/2014 赛季场均得到 7.9 分、5.5 个篮板，有效地守护金州的禁区。博古特缠绵于病榻之时，小奥尼尔顶替上阵成为勇士内线支柱。

2014 年 5 月 3 日，勇士与快船的季后赛第七战，杰梅因・奥尼尔走上球场，象征性地打完了个人 NBA 生涯的最后 2 分 55 秒，一次出手，一次封盖，仅此而已。

勇士最终抵挡不住“空接之城”的高空轰炸，被淘汰出局，小奥尼尔也自此绝迹于 NBA 江湖，很可惜他没有等到辉煌的勇士王朝的到来。虽然不再驰骋 NBA 赛场，但小奥尼尔仍然渴望打篮球，并不是因为钱或者荣誉，而是对于这项运动依旧有着深深的眷恋。2017 年他加盟了 BIG3 联赛，在那里他依然是肆虐内线的“小鲨鱼”。

就在小奥尼尔稳步向超级巨星行列迈进的时候，伤病毁掉这位内线天才，即便他的巅峰期异常短暂，但谁也无法否认，巅峰期间的他是最出色内线球员之一。

生涯高光闪回 / 单场 55 分

高光之耀：小奥尼尔因参与“奥本山殴斗”事件而被禁赛，这是他复出后的第五战，宛如猛虎出笼。他首节便砍下 19 分，第三节再得 18 分。终场前小奥尼尔在全场 14738 名观众的欢呼声中回到替补席，那一刻他成为康塞斯球场的英雄！

2005 年 1 月 4 日，步行者主场以 116 比 99 大胜雄鹿，此役小奥尼尔表现抢眼，全场 28 投 18 中，罚球 25 罚 19 中，狂砍 55 分、11 个篮板，同时创造个人职业生涯和 NBA 当赛季单场个人得分最高纪录，距麦基尼斯 1972 年所创步行者历史最高单场得分纪录也仅差 3 分。

拉玛尔·奥多姆常规赛数据

赛季	球队	篮板	助攻	得分
1999/2000	快船	7.8	4.2	16.6
2000/2001	快船	7.8	5.2	17.2
2001/2002	快船	6.1	5.9	13.1
2002/2003	快船	6.7	3.6	14.6
2003/2004	热火	9.7	4.1	17.1
2004/2005	湖人	10.2	3.7	15.2
2005/2006	湖人	9.2	5.5	14.8
2006/2007	湖人	9.8	4.8	15.9
2007/2008	湖人	10.6	3.5	14.2
2008/2009	湖人	8.2	2.6	11.3
2009/2010	湖人	9.8	3.3	10.8
2010/2011	湖人	8.7	3.0	14.4
2011/2012	小牛	4.2	1.7	6.6
2012/2013	快船	5.9	1.7	4.0
场均		8.4	3.7	13.3

拉玛尔·奥多姆季后赛数据

赛季	球队	篮板	助攻	得分
2003/2004	热火	8.3	2.8	16.8
2005/2006	湖人	11.0	4.9	19.1
2006/2007	湖人	13.0	2.2	19.4
2007/2008	湖人	10.0	3.0	14.3
2008/2009	湖人	9.1	1.8	12.3
2009/2010	湖人	8.6	2.0	9.7
2010/2011	湖人	6.5	2.1	12.1
2012/2013	快船	3.8	1.8	5.0
场均		8.8	2.4	13.0

●档案

拉玛尔·奥多姆 / Lamar Odom

出生地：美国纽约牙买加区

出生日期：1979 年 11 月 6 日

身高：2.08 米 / 体重：104 公斤

效力球队：湖人、快船、小牛

场上位置：小前锋、大前锋

球衣号码：7 号

●荣耀

2 届总冠军：2009 年、2010 年

1 届最佳第六人：2010/2011 赛季

最佳新秀阵容一阵：1999/2000 赛季

7 ♣

左手魔术师
拉玛尔·奥多姆
LAMAR ODOM

他是科比身边从一号位打到五号位的“左手魔术师”，也是湖人的“万金油”，作为紫金两冠的绝对功勋，拉玛尔·奥多姆并没有终老湖人。他的悲情宿命、离奇命运以及绝佳天赋，都像洛杉矶的云一样飘忽不定，令人难以捉摸。

2.08 米的身高丝毫不影响他的控球节奏，他可以像后卫一样运球突破，他三分射程和进攻能力、视野和大局观很出色，他能够娴熟地组织进攻并掌控节奏。他那过人的身高与天分，以及顶尖的篮板与盖帽嗅觉，又让他能胜任内线防守者。

1979 年 11 月 6 日，拉玛尔·奥多姆出生于纽约牙买加区。年少时的奥多姆最爱去附近的林肯公园篮球场，这片场地上流传着“黑珍珠”的传说。在这里，奥多姆结识了“穿越灵魂”的“街球之王”拉夫·阿尔斯通，以及球风华丽的“纽约之子”斯蒂芬·马布里，他们酷炫的篮球风格也影响了日后成为“左手魔术师”的奥多姆。

球场上呼朋引伴只是奥多姆的幻觉，家庭的不幸才是生活的真相。在奥多姆 12 岁那年，亲眼看见了相依为命的母亲撒手人寰，悲伤之余，他跑到林肯公园投了一整夜的篮。

在高三的联赛中，奥多姆场均砍下 17 分、11 个篮板、9 次助攻、4 个盖帽的全能数据，引起各大名校趋之若鹜，但他的学习成绩太过惨淡，也让各大名校望而却步。

最终，奥多姆去了罗德岛大学。虽然罗德岛大学因为整体实力的羸弱在 NCAA 中战绩不值一提，但奥多姆还是展现出了非凡的篮球才华，名动全美。1999 年，奥多姆参加 NBA 选秀，在首轮第 4 顺位被洛杉矶快船选中。

1999 年 11 月 2 日，快船对阵超音速，奥多姆第一次登场便得到 30 分、12 个篮板、

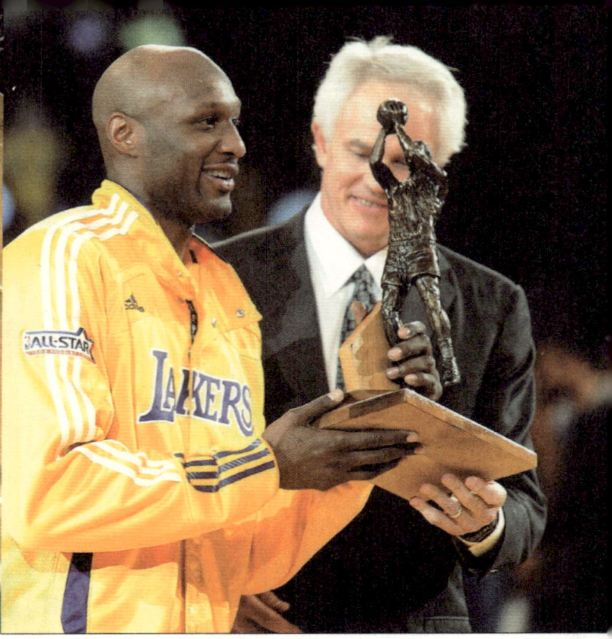

3 次助攻、2 次抢断、2 次盖帽，成为近 20 年来得分最多的首秀球员，而且身手全面，即便是后来“小皇帝”首秀也仅得 25 分。

奥多姆在新秀赛季三次完成三双，场均得到 16.6 分、7.8 个篮板、4.2 次助攻、1.2 次抢断、1.2 个盖帽的全面数据，顺理成章进入最佳新秀阵容。

毫无疑问，奥多姆正在通往全明星的路上。即使随后去到热火，他的个人能力也没有停止进步，2004 年 3 月对阵国王，他砍下 30 分、19 个篮板、11 次助攻的恐怖三双。

然而造化弄人，每当奥多姆的人生燃起希望时，就会迎来打击。抚养奥多姆长大的外婆在 2004 年离开了，除了母亲，外婆是这个世界上最深爱他的人。

2005 年，作为“大鲨鱼”东游迈阿密的筹码之一，奥多姆重回洛杉矶，加盟湖人，成为辅佐科比的二当家，他们二人在后来并肩携手的岁月里，也成为挚友。

2006 年夏天，奥多姆只有六个月大的小儿子窒息猝死。这件事情，深深地刺痛了奥多姆的心，很长一段时间里，他都需要心理治疗。

经过夜店短暂的沉沦放纵之后，迷途知返的奥多姆强制把注意力放到球场上，并连续四个赛季成为湖人篮板王。2006 年季后赛首轮，他场均得到 19.1 分、11 个篮板、5 次助攻；2007 年季后赛首轮，他场均也砍下 19.4 分、13 个篮板。成为湖人除科比之外最强的火力点，但这还不够，湖人连年季后赛被淘汰的现状显示，他们需要第三点。

2008 年 2 月，保罗 · 加索尔来了。大加的到来填补了湖人三角进攻低位轴的空白，同时也解放了奥多姆，他万金油般的球员属性，让菲尔 · 杰克逊的排兵布阵得心应手，他几乎和湖人任何球员都认真执行过战术，是湖人最稳定的第三点。

湖人开始迈向复兴之路的巅峰，奥多姆成了一枚“开心果”。他是科比的保镖和崇拜者，是全队的好队友。他为了推动湖人的斗志，不遗余力。他爱这支球队，所以他在 2008/2009 赛季接受替补地位，而你要知道，这可是他的合同年。

2009 年初，安德鲁 · 拜纳姆受伤，奥多姆和科比、加索尔联袂率领湖人高歌猛进，挺进季后赛，并最终夺冠。在2009年季后赛和总决赛，奥多姆成为湖人替补阵容的中枢驱动，在攻防两端持续贡献能量，让那支“紫金雄师”浑然天成、锐利雄浑。

在2009年的那个盛夏，捧着冠军奖杯的奥多姆潸然泪下，极重情谊的他接受了一份和他的能力、贡献并不匹配的底薪合同。与此同时有好几份丰厚的合同在等着他，但他一一拒绝了。他需要温暖，温暖对于他来说是无价的。

2009年夏天，奥多姆的老乡罗恩·阿泰斯特来到湖人，自此，纽约街头特有的痞气和无畏，成为湖人的一种生猛力量。阿泰斯特给了湖人的勇气，奥多姆激活湖人的协作，在2010年总决赛第七场与凯尔特人最后的决战时，奥多姆与阿泰斯特联手挽救湖人逃离崩溃的边缘，与科比、加索尔一起，最终率领湖人光荣逆转，夺取抢七大战的胜利。击败宿敌，终场哨响起时，科比与第一个冲上来的奥多姆撞胸庆祝。

2010/2011赛季，奥多姆场均得到14.4分、8.7个篮板，加冕NBA最佳第六人。

但最佳第六人并没有挽救湖人的衰老，随着湖人惨败于半决赛，奥多姆成为湖人补强克里斯·保罗的交易筹码。虽然这笔大交易被联盟叫停，但奥多姆无法接受自己被摆上货架的事实，主动申请离队去了达拉斯小牛（如今的独行侠）。

奥多姆自此挥别了紫金岁月，但他无法忘记湖人。当他辗转到快船时，他还会脱口而出“我来自洛杉矶湖人”——你可以想象，他是何等留恋那7个赛季的湖人时光。

随后的两年里，奥多姆和负面新闻形影不离：酒驾、车祸、婚姻危机……2014年，奥多姆远赴西班牙加入巴斯克尼亚队，随后因背伤而解约。2014年4月，奥多姆加盟尼克斯仅仅3个月，就因情绪问题而被裁。至此，他的NBA之路彻底断绝。

2015年10月14日，他在一家名为“Love Ranch”的酒店中重度昏迷，肾脏与肺部出现了衰竭，被送往医院抢救。科勒·卡戴珊、科比整日整夜地守着他。

十多天之后，奥多姆脱离危险。希望重现振作的他积极寻觅篮球之路，2019年2月，奥多姆加盟BIG3联赛，虽然只是一个短暂的尝试，但对于这样一位充满了颠沛流离与悲伤宿命而“浪子”而言，篮球也许是最为温暖的慰藉。

生涯高光闪回 / 组织前锋

高光之耀：奥多姆堪称篮球界的奇才，他有着大前锋的身高和体重，却有着后卫一般的带球能力。2.08米的身高却能在球队承担控球的任务，奥多姆无疑是组织型大前锋的代表。

2009/2010赛季，奥多姆扮演替补老大的角色，代表湖人出战82场，场均得到10.8分、9.8个篮板、3.3次助攻。全能的奥多姆不仅可以扮演组织前锋，他也为科比提供了充足的火力支援，总决赛湖人经过七场大战挑落“绿衫军”，奥多姆功不可没。可以毫不夸张地说，奥多姆是后皮蓬时代最好的组织前锋。

档案

马库斯 · 斯马特 / Marcus Smart
出生地：美国得克萨斯州达拉斯
出生日期：1994 年 3 月 6 日
身高：193 米 / 体重：100 公斤
效力球队：凯尔特人
场上位置：控球后卫 / 球衣号码：36

荣耀

最佳新秀阵容二阵：2014/2015 赛季
2 届最佳防守阵容一阵：2018/2019 赛季、2019/2020 赛季
1 届最佳拼搏奖：2018/2019 赛季
1 届奥尔巴赫奖：2018/2019 赛季

马库斯 · 斯马特常规赛数据

赛季	球队	助攻	篮板	得分
2014/2015	凯尔特人	3.1	3.3	7.8
2015/2016	凯尔特人	3.0	4.1	9.1
2016/2017	凯尔特人	4.6	3.9	10.6
2017/2018	凯尔特人	4.8	3.5	10.2
2018/2019	凯尔特人	4.0	2.9	8.9
2019/2020	凯尔特人	4.9	3.8	12.9
2020/2021	凯尔特人	5.7	3.5	13.1
场均		4.2	3.6	10.2

马库斯 · 斯马特季后赛数据

赛季	球队	助攻	篮板	得分
2014/2015	凯尔特人	1.3	2.8	9.8
2015/2016	凯尔特人	3.0	4.5	12.0
2016/2017	凯尔特人	4.7	4.7	8.6
2017/2018	凯尔特人	5.3	3.7	9.8
2018/2019	凯尔特人	2.0	2.0	3.5
2019/2020	凯尔特人	4.6	5.2	14.5
2020/2021	凯尔特人	6.0	4.4	17.8
场均		4.5	4.4	11.3

7

绿衫之魂
马库斯·斯马特
MARCUS SMART

铁血、强悍、团队至上，凯尔特人是优雅风格的扼杀者，是死战不休、凶悍无畏的老牌豪强。如今将铁血精神完美传承的凯尔特人球员，既不是塔图姆，也不是布朗，而是马库斯·斯马特。

斯马特球风强硬，逼抢凶狠，经常以一己之力锁死对方的箭头人物，也会为了一个地板球把自己横着“扔”出去，激情但也不失冷静，造犯规能力在联盟数一数二。

斯马特是凯尔特人的不屈斗魂，他的怒吼与咆哮响彻 TD 北岸花园，鼓舞着“绿衫军”的斗志，驱动着球队，勇往直前。

如果你了解马库斯·斯马特的成长经历，你就能明白他为何如此拼命地打球。

1994 年 3 月 6 日，斯马特出生在达拉斯南部的兰开斯特，这是一个充斥着枪支、毒品和帮派斗争的地方。在斯马特的成长过程中，母亲卡梅莉娅扮演着重要的角色。这个坚强的女人被病魔缠身，靠着一个肾脏支撑着工作养活一家人。

哥哥托德是当地高中篮球的风云人物，原本是家里最有希望打 NBA 的男人，但后来被查出眼睛里长了肿瘤。斯马特亲眼看着哥哥被病魔夺去生命却无能为力，也目睹了另一个哥哥迈克尔吸食可卡因，成了街头帮派的一分子。

这样的经历让斯马特的性格变得狂躁易怒，他在多次卷入帮派纷争甚至差点被枪杀后，母亲卡梅莉娅决定举家搬迁至达拉斯的郊区。这次搬家改变了斯马特的人生轨迹，他渐渐开始把注意力放到了篮球场上，斯马特认为篮球能让他冷静下来。

经历过生活最残酷的考验后，斯马特懂得了在球场上只有强者才能生存。高中时期，斯马特率领马库斯高中取得了115胜6负的战绩，两次率队夺得州冠军。

斯马特在为俄克拉荷马州立大学效力的期间，就成为对手谈之色变的防守悍将。大一赛季，他场均可以贡献15.4分、5.8个篮板、4.2次助攻和3次抢断，场均抢断位列大12分区第一。虽然斯马特在大二没有成功完成夺冠的梦想，但他在与冈扎加大学比赛里创下历史，得到了23分、13个篮板、7次助攻和6次抢断的完美数据，成为NCAA锦标赛史上首位单场得到至少20分、10个篮板、5次助攻和5次抢断的球员。

2014年无疑是NBA历史上的选秀大年，威金斯、恩比德、约基奇都在这一年的新秀当中，然而斯马特却在首轮第6顺位被凯尔特人选中。

新秀赛季，斯马特做到无缝衔接。无论是首发出场还是替补待命，他都兢兢业业，毫无保留地展示自己强硬的球风。他在新秀赛季虽然场均仅得到7.8分、3.8个篮板、3.3次助攻，但他对于凯尔特人的作用远远大于数据体现。史蒂文斯教练对于斯马特赞赏有加："像他那个年纪的球员，没几个能像他那样帮助球队赢球，可能并不能从数据显示出来，大家都知道马库斯的价值。"

此后的两个赛季，斯马特一直稳步提升，逐渐成长为联盟顶级防守球员之一。

2017/2018赛季，斯马特俨然成为凯尔特人的精神领袖，他是球队的力量源泉与黏合剂，激发斗志、凝聚团队，让凯尔特人再次成为那支傲骨嶙峋的"绿衫军"。

2018年5月，凯尔特人的两大全明星球员欧文和海沃德双双因伤缺阵，斯马特与塔图姆、布朗等年轻球员引领着"绿衫军"掀起青春风暴，一路杀进东部决赛，仅仅败给开启"灭霸"模式的詹姆斯领衔的骑士，而他们与克里夫兰鏖战七场，颇为壮烈。

2018年7月，斯马特与凯尔特人达成4年5200万美元的续约协议。2018/2019赛季，斯马特一向被诟病的投篮大幅提升，无论是整体命中率（42.2%）还是三分命中率（36.4%）均创下职业生涯新高，场均1.8次抢断同样是新高，生涯首次入选最佳防守一阵。

2019/2020赛季，斯马特在攻防两端都有着亮眼的表现：常规赛对阵太阳，三分球22投11中，砍下37分，创造"绿衫军"单场三分命中数纪录，同时37分也创造斯马特个人得分新高。斯马特在该赛季场均得到13.5分、3.8个篮板、4.8次助攻、1.6次抢断，三分球命中率为34.8%，斯马特打出了自己加盟NBA以来的最佳数据。

东部半决赛凯尔特人对阵猛龙，斯马特场均砍下15.7分、6个篮板、5次助攻，正负值高达64+。第六场斯马特拿下凯尔特人近八年来首个季后赛三双，"抢七大战"贡献3次关键抢断和制胜封盖，这就是最佳防守一阵球员的价值所在。

2020/2021赛季，由于小腿伤病、新冠肺炎疫情等原因，斯马特仅仅出战48场，场均得到13分、3.5个篮板、5.7次助攻、1.5个抢断，三分球命中率为33.3%。虽然数据比前个赛季呈现小幅回落，但到了季后赛，斯马特依旧成为凯尔特人不屈的斗魂。

季后赛，缺少布朗的凯尔特人面对"三巨头"领衔的篮网，显得无力抵抗。而斯马

特无所畏惧，用精准的三分球以及混不吝的凶悍肉搏战，顽强地阻击着篮网，他也成为塔图姆身边最得力的副将。虽然凯尔特人被篮网轻松淘汰，但五战过后，斯马特场均砍下 17.8 分、4.4 个篮板、6 次助攻、1 次抢断，三分球命中率为 37.2%，表现可圈可点。

斯马特之于凯尔特人的价值，不止在防守端。在球队士气低落时，斯马特可以肆意怒吼，重燃队友的斗志；他也可以身先士卒，在攻防两端注入永不枯竭的能量源。

一入“绿军”阵，终生“绿军”魂！在波士顿的这些年，斯马特从防守尖兵成长为球队领袖。为什么凯尔特人球迷喜欢斯马特？或许我们可以从他这段话里找到答案：“你们之所以看到我在地板上扑球，制造进攻犯规，付出我的一切，是因为我明白，任何一天都有可能是我的最后一天。”

生涯高光闪回 / 射日之战

高光之耀：斯马特身材粗壮、彪悍勇猛，俨然是挥舞板斧的“黑旋风”，但他粗中有细，玩起三分球这样的技术活儿来，也精准异常，成为百步穿杨的“小李广”。
斯马特单场命中 11 记三分球，坐实了“肉装库里”的名头，但好胜心极强的斯马特更看重比赛结果：“如果可以，我愿意用那些纪录去交换一场胜利。”

2020 年 1 月 19 日，虽然凯尔特人在主场以 119 比 123 惜败于太阳，但斯马特表现非凡。他化身后羿，弯弓射日，25 投 13 中，得到 37 分、8 次助攻、4 次抢断。其中，三分球 22 投 11 中，不仅刷新个人新高，还打破凯尔特人队史纪录。

拉希德·华莱士常规赛数据

赛季	球队	篮板	盖帽	得分
1995/1996	子弹	4.7	0.8	10.1
1996/1997	开拓者	6.8	1.0	15.1
1997/1998	开拓者	6.2	1.1	14.6
1998/1999	开拓者	4.9	1.1	12.8
1999/2000	开拓者	7.0	1.3	16.4
2000/2001	开拓者	7.8	1.8	19.2
2001/2002	开拓者	8.2	1.3	19.3
2002/2003	开拓者	7.4	1.0	18.1
2003/2004	开拓者	6.6	1.6	17.0
2003/2004	老鹰	6.0	5.0	20.0
2003/2004	活塞	7.0	2.0	13.7
2004/2005	活塞	8.2	1.5	14.5
2005/2006	活塞	6.8	1.6	15.1
2006/2007	活塞	7.2	1.6	12.3
2007/2008	活塞	6.6	1.7	12.7
2008/2009	活塞	7.4	1.3	12.0
2009/2010	凯尔特人	4.1	0.9	9.0
2012/2013	尼克斯	4.0	0.7	7.0
场均		6.7	1.3	14.4

拉希德·华莱士季后赛数据

赛季	球队	篮板	盖帽	得分
1996/1997	开拓者	6.0	0.5	19.8
1997/1998	开拓者	4.8	0.5	14.5
1998/1999	开拓者	4.8	0.8	14.8
1999/2000	开拓者	6.4	1.3	17.9
2000/2001	开拓者	8.0	1.0	16.7
2001/2002	开拓者	12.3	0.7	25.3
2002/2003	开拓者	5.1	0.7	17.4
2003/2004	活塞	7.8	2.0	13.0
2004/2005	活塞	6.9	1.8	13.6
2005/2006	活塞	6.3	0.8	14.1
2006/2007	活塞	7.7	1.8	14.3
2007/2008	活塞	6.4	1.9	13.2
2008/2009	活塞	6.3	0.3	6.5
2009/2010	凯尔特人	3.0	0.6	6.1
场均		6.2	1.3	13.5

档案

拉希德·华莱士 / Rasheed Wallace
出生地：美国宾夕法尼亚州费城
出生日期：1974 年 9 月 17 日
身高：2.08 米 / 体重：104 公斤
效力球队：子弹、开拓者、老鹰、活塞、凯尔特人、尼克斯
场上位置：大前锋、中锋
球衣号码：30、36

荣耀

1 届总冠军：2004 年
4 届全明星：2000 年、2001 年、2006 年、2008 年
最佳新秀阵容二阵：1995/1996 赛季

6

怒吼天尊
拉希德·华莱士
RASHEED WALLACE

脾气火爆、桀骜不驯、肆意咆哮、喋喋不休，拉希德的垃圾话让裁判、对手甚至队友都难以忍受，他也超越罗德曼，不断刷新着单赛季技术犯规次数的纪录。就这样被命运放逐的刺头儿，却在底特律焕发新生，他与大本组成威震群雄的“双华莱士组合”，携手护佑活塞夺得总冠军。

此外，拉希德的转身直臂投篮堪称无解，而这位 2.08 米的大前锋还有一手精准三分球，令人不禁遐想，攻守俱佳的“怒吼天尊”如果驰骋如今这个时代，是何等的风光。

拉希德·华莱士是以臭脾气和垃圾话闻名于世的“怒吼天尊”。世纪之交的那几年，四大中锋已显老态，除了正值当打之年的“大鲨鱼”沙奎尔·奥尼尔，NBA 联盟也是适时应景地开始炒作当年风华正茂的四位大前锋来接班。

四大前锋分别为“石佛”“狼王”“怒吼天尊”以及克里斯·韦伯，相较于其他三位，“怒吼天尊”比较沉寂与暗淡。

拉希德·华莱士参加 1995 年的 NBA 选秀，在首轮第 4 顺位被华盛顿子弹选中。当时韦伯这种穿花绕步的大前锋风靡联盟，华莱士被华盛顿人看作韦伯式的球员。

拉希德在新秀赛季交出的 10 分和 5 个篮板的数据显然并不让人信服，于是在 1996 年，他被送到西部的波特兰开拓者，并开始在那里享受核心领袖的无限荣光。

两个赛季之后，韦伯也来到西部的萨克拉门托国王，从此拉希德与韦伯两位风格相近的顶级大前锋，在西部的舞台上演镜像对决。两个人对位经常火花四射，韦伯背身勾手、胯下运球突破、转身上篮无所不用其极，而拉希德也使尽浑身解数，翻身跳投、转身劈扣、

交叉步突破。两位内线长人展示出控卫级的娴熟技术，让球迷大饱眼福。当时，拉希德与韦伯有“大梦 PK 上将”巅峰对决的影子。

2000 年西部决赛抢七大战，进入第四节，开拓者一度领先 15 分。波特兰人胜利在望之际，却被“OK 组合”率领湖人强行逆转，末节打出 31 比 13 的比分。

开拓者巅峰折翼，作为核心的拉希德成为众矢之的。加上他肆意狂悖的个性，让波特兰管理层彻底寒了心。1999/2000 赛季，拉希德一共领到 38 次技术犯规，超越丹尼斯·罗德曼，创造新的 NBA 纪录，而“怒吼天尊”的封号也从那时不胫而走。

拉希德在比赛中往队友萨博尼斯脸上怒摔毛巾，在与勇士比赛里引发群殴，开拓者终于无法忍受这尊狂躁的“瘟神”，扶正了板凳席上的扎克·兰多夫。

2003 年，拉希德被送到亚特兰大老鹰，这位性格直率的草莽汉子显然不愿在弱旅中庸碌度日。亚特兰大人束手无策，只好在 2004 年 2 月将“天尊”送到底特律活塞。

在汽车城，那种铁血、蓝领的工人气质与拉希德无限契合，在底特律每个夜晚，“天尊”都为球迷奉献着精彩的演出。他拥有娴熟的进攻技巧以及出众的防守意识，并奉献着千奇百怪的吹罚“表情包”。底特律的球迷也渐渐喜欢上这位脾气怪异的大前锋。

拉希德·华莱士和本·华莱士联袂打造了强悍霸道的“双华莱士”防线，刚柔相济，彼此出色的防守形成互补，将奥本山宫殿的内线打造成令人望而生畏的“禁飞区”。

2004 年，活塞击败 F4 领衔的豪华湖人军团，捧得总冠军。拉希德成为较早拿到总冠军戒指的全能大前锋之一，让韦伯与加内特们羡慕不已。

2005/2006 赛季，拉希德场均依然能砍下 15 分、并送出 1.6 次封盖，并拥有近四成的三分命中率，但他的出色表现并不能挽回活塞下滑的颓势。

2007年1月，活塞签下克里斯·韦伯。拉希德与韦伯，两位才华横溢的大前锋终于联手，可是都已不是最好的年华。34岁的韦伯给活塞带来拉开的空间、巧妙的传球、精准的中距离以及对总冠军的渴望，可是欠缺坚韧的防守。

2007年季后赛，底特律“五虎”加上韦伯，阵容鼎盛的活塞杀入东部决赛，却倒在詹姆斯的骑士脚下。“小皇帝”在“天王山之战”最后时刻连续劈下25分，活塞梦碎，拉希德竟然成为替罪羊。正是因为“天尊”的不冷静、导致连续三场在第四节被罚下，才让骑士在活塞内线腹地为所欲为起来，这也成为比赛胜负的分水岭。

活塞离总冠军越来越远，而本·华莱士也远赴芝加哥公牛。虽然形单影只，但坚守底特律城的“天尊”依然兢兢业业。挡拆、策应、掩护、补防、协防、延阻、传球这些默默无闻的“蓝领”工作，他都做得尽职尽责。

2009年夏天，拉希德来到波士顿三巨头的身边，为了总冠军的他甘心做起替补，偶露峥嵘。2010年总决赛，拉希德老夫聊发少年狂，曾连续给湖人内线制造麻烦，让风华正茂的保罗·加索尔尴尬不已。但更多的时间里，“天尊”沉默得像一位看客。

2010年总决赛，凯尔特人兵败洛杉矶，“天尊”在赛后去裁判更衣室找克劳福德，很多人都认为“天尊”是想理论，但“天尊”是去说“再见”。

当“怒吼天尊”不再嘶吼、没有愤怒、波澜不惊，像一位混迹多年的老球痞时，说明他是时候离开了。2010年6月25日，拉希德宣布退役。

2012年10月，拉希德曾短暂复出，签约纽约尼克斯，但很快他就以“怒吼天尊”独有的方式告别NBA：替补出场仅85秒后就连吃两个技术犯规被罚出场，创造了NBA个人最快受罚离场纪录……

“怒吼天尊”真的离开了，从此NBA少了一个鲁莽憨直的性情中人，那也标志着一个时代的终结，那是一个激情澎湃、情感真切的黄金时代。

特别连接/ 技术犯规之王

现象解析：“怒吼天尊”拉希德·华莱士在NBA效力了16个赛季，共计领到了317次技术犯规，堪称是技术犯规之王。

翻开他的劣迹斑斑的履历你会发现拉希德技术犯规最多的三个赛季出现在1999/2000赛季、2000/2001赛季与2001/2002赛季，分别拿到38、41和27次技术犯规，同时2000/2001赛季的41个技术犯规也创造了NBA历史上单赛季的球员技术犯规之最。

拉希德几乎每个赛季都是联盟当季技术犯规次数最多的球员，不愧为NBA历史上的“技术犯规之王”。

档案

德里克·费舍尔 / Derek Fisher
出生地：美国阿肯色州小石城
出生日期：1974 年 8 月 9 日
身高：1.85 米 / 体重：95.3 公斤
效力球队：湖人、勇士、爵士、雷霆、小牛
场上位置：控球后卫
球衣号码：2、4、6

荣耀

5 届总冠军：2000 年—2002 年、2009 年、2010 年
1 届投篮之星大赛冠军：2004 年

德里克·费舍尔季后赛数据

赛季	球队	助攻	篮板	得分
1996/1997	湖人	1.0	0.5	1.3
1997/1998	湖人	3.8	2.0	6.0
1998/1999	湖人	4.9	3.7	9.8
1999/2000	湖人	2.0	1.1	4.7
2000/2001	湖人	3.0	3.8	13.4
2001/2002	湖人	2.7	3.2	10.2
2002/2003	湖人	1.8	3.0	12.8
2003/2004	湖人	2.2	2.6	7.5
2006/2007	爵士	2.6	1.6	9.5
2007/2008	湖人	2.5	2.2	10.2
2008/2009	湖人	2.2	2.0	8.0
2009/2010	湖人	2.8	2.5	10.3
2010/2011	湖人	3.6	2.7	8.2
2011/2012	雷霆	1.3	1.6	6.3
2012/2013	雷霆	0.7	1.6	8.7
2013/2014	雷霆	0.8	1.7	3.8
场均		2.3	2.2	8.3

德里克·费舍尔常规赛数据

赛季	球队	助攻	篮板	得分
1996/1997	湖人	1.5	1.2	3.9
1997/1998	湖人	4.1	2.4	5.8
1998/1999	湖人	3.9	1.8	5.9
1999/2000	湖人	2.8	1.9	6.3
2000/2001	湖人	4.4	3.0	11.5
2001/2002	湖人	2.6	2.1	11.2
2002/2003	湖人	3.6	2.9	10.5
2003/2004	湖人	2.3	1.9	7.1
2004/2005	勇士	4.1	2.9	11.9
2005/2006	勇士	4.3	2.5	13.3
2006/2007	爵士	3.3	1.9	10.1
2007/2008	湖人	2.9	2.1	11.7
2008/2009	湖人	3.2	2.3	9.9
2009/2010	湖人	2.5	2.1	7.5
2010/2011	湖人	2.7	1.9	6.8
2011/2012	湖人	3.3	2.1	5.9
2011/2012	雷霆	1.4	1.5	4.9
2012/2013	小牛	3.4	1.7	8.6
2012/2013	雷霆	0.7	0.9	4.1
2013/2014	雷霆	1.4	1.5	5.2
场均		3.0	2.0	8.3

6

♥

老鱼

德里克·费舍尔

DEREK FISHER

费舍尔就是洛杉矶湖人的幸运星。

他随湖人 7 进总决赛、5 夺总冠军，屡屡在关键时刻临危救主、曾经用 0.4 秒逆转乾坤，在整个职业生涯都闪烁着幸运光芒……

对于一个天赋平平且出身草根的角色球员而言，我们无法要求费舍尔像科比、艾弗森、麦迪那样成为教练战术板上的核心选择。但作为一名团队属性的球员，费舍尔却赢得了极致的荣誉和尊重。他有五枚总冠军戒指，近 40 年来，夺得总冠军次数比费舍尔多的球员只有乔丹、皮蓬、贾巴尔和罗伯特·霍里。

1974 年 8 月 9 日，德里克·费舍尔出生于阿肯色州的小石城，中学时期的费舍尔就是一个才华横溢的后卫，凭借天生的领袖气质，很快成为小石城的篮球新星，并赢得众多 NCAA 名校的关注。最终费舍尔被 UALR（阿肯色大学小石城分校）录取，而他选择这所学校的理由很简单——离家人更近。

从加盟 UALR 的第一天起，费舍尔就展示出超人一筹的沉稳干练。大学四年，费舍尔场均贡献 12.4 分、4.2 次助攻、4.4 个篮板，创造了 399 个罚球的校史最高纪录。

1996 年，费舍尔在首轮第 24 顺位被洛杉矶湖人选中，22 岁的他第一次离开小石城。从孩提时代到大学时代，他的一切记忆都绕不开这座小城。在挥别故里的瞬间，他不忘回头看看小石城的蓝天、白云和阿肯色和煦的阳光。

从偏远的小石城到奢华的洛杉矶，对于从未离开过家乡的费舍尔来说，如何适应大都会的生活并迅速融入顶级豪门，无疑是一个难题。1996 年，他和同样青涩而自信的科

比·布莱恩特建立了深厚的友谊。费舍尔年长“小飞侠”四岁，又经历过NCAA四年洗礼，两位“同级生”并肩经历了菜鸟赛季的青涩，并迅速融入了洛杉矶的生活。

1996年费舍尔进入湖人，彼时的紫金军团拥有沙奎尔·奥尼尔、埃迪·琼斯和范埃克塞尔，科比也只是一个毛头小伙。比起天赋异禀而又桀骜孤僻的科比，费舍尔与生俱来的沉稳与圆滑，让他更快地融入湖人大家庭。

费舍尔在第二赛季便在湖人阵中站得一席之地。“禅师”执教湖人后，由于费舍尔战术执行力出色，并有着一手稳定的中远投，很快成为“OK组合”身边最得力的助手之一。

三连冠时期，费舍尔场均有10分入账，对于“OK组合”身边的替补来说，无须求全责备。2004年，“湖人王朝”彻底土崩瓦解，费舍尔也被球队交易到勇士。

费舍尔在短暂漂泊勇士和爵士的三年里，场均达到生涯最高的13.3分。在巴朗·戴维斯受伤的两个赛季，他成为勇士最稳健的后场得分点。2006/2007赛季，费舍尔一路压阵，与德隆·威廉姆斯和卡洛斯·布泽尔领衔爵士一路杀入西部决赛。

2007年夏天，费舍尔重回湖人，自此幸运女神也追随眷顾。保罗·加索尔在2007/2008赛季中期加盟湖人，“紫金军团”重回夺冠行列，连续三年杀进总决赛，并两次夺得总冠军。其中，费舍尔做出了不可磨灭的贡献，2009年总决赛第二战的两记关键三分，2010年总决赛第三战的力挽狂澜……

费舍尔帮助球队豪取两连冠，并以球员工会主席的身份与联盟斡旋，赢下NBA史上第二艰难的一轮劳资谈判，费舍尔就此奠定了NBA球员工会“话事人”的身份。

德隆说在费舍尔身边打球会非常舒服，那是一种难以言说的安全感；科比永远不会忘记“老鱼”总决赛三分球狙杀魔术，末节力退凯尔特人的疯狂演出。哪怕是在生涯末年，凯文·杜兰特和威斯布鲁克的“双少日记”里也不忘写下带头大哥费舍尔的传奇一笔。

从湖人到勇士、爵士再回到湖人，最后来到雷霆，费舍尔所在的球队（除了勇士）都进入了分区决赛乃至总决赛。

费舍尔的五次总冠军戒指全部来自湖人，他经历了紫金两代王朝的兴衰，从“OK组合”到科比单核，费舍尔始终是最会执行菲尔·杰克逊战术意图的球员。

18 年职业生涯，费舍尔留下的经典不胜枚举，无论是两代湖人里的低调领袖，抑或是勇士、爵士和雷霆时期的带头大哥，费舍尔都代表了一种权威，一种信誉。

2014 年 6 月 1 日，雷霆与马刺的西部决赛第六战终场哨响，费舍尔与每一个队友和对手相拥，他不止一次地回头看这片球场，试图找回当年 0.4 秒绝杀对手的锋芒与霸气，找回与奥尼尔、科比和加索尔共同举起奥布莱恩奖杯的荣耀与峥嵘，找回每一次辗转金州、犹他、俄克拉荷马和洛杉矶的匆忙时光。

2014 年 6 月 10 日，刚刚从雷霆退役的费舍尔成为尼克斯的主教练。他带着 5 次总冠军的光环踏进麦迪逊广场花园，带着 NBA 季后赛总出场次数第一（259 场）和季后赛总胜场第一（161 场）的纪录开启一段全新的篮球人生。

生涯高光闪回 / 0.4 秒

高光之耀：专注、冷静、敏锐，超强的执行力，费舍尔就是潜伏在巨星身边伺机而动的狙击手。拥有一颗大心脏的“老鱼”，在赛场上无数次完美地执行了最后一击的终极任务。在“湖人王朝”的最近五个总冠军奖杯上，都映刻着费舍尔的赫赫战功。当然这里最为闪光的，就是那个不可思议的 0.4 秒绝杀。

2004 年 5 月 13 日晚，西部半决赛第五场，此前湖人与马刺 2 比 2 战平，此役为天王山之战！

两队胶着到最后，邓肯接球后强行将球推进！73 比 72，马刺领先，此刻离胜利差 0.4 秒。湖人发球，佩顿将球如利刃般射了出去，费舍尔接球后用推铅球式将球扔进篮筐。0.4 秒，圣安东尼奥轰然坍塌，湖人以 74 比 73 险胜马刺。

档案

贾马尔·克劳福德 / Jamal Crawford

出生地：美国华盛顿州西雅图

出生日期：1980 年 3 月 20 日

身高：1.96 米 / 体重：91 公斤

效力球队：公牛、尼克斯、勇士、老鹰、开拓者、快船、篮网

场上位置：得分后卫、控球后卫

球衣号码：1、11

荣耀

3 届最佳第六人：2009/2010 赛季、2013/2014 赛季、2015/2016 赛季

贾马尔·克劳福德常规赛数据

赛季	球队	篮板	助攻	得分
2000/2001	公牛	1.5	2.3	4.6
2001/2002	公牛	1.5	2.4	9.3
2002/2003	公牛	2.3	4.2	10.7
2003/2004	公牛	3.5	5.1	17.3
2004/2005	尼克斯	2.9	4.3	17.7
2005/2006	尼克斯	3.1	3.8	14.3
2006/2007	尼克斯	3.2	4.4	17.6
2007/2008	尼克斯	2.6	5.0	20.6
2008/2009	尼克斯	1.5	4.4	19.6
2008/2009	勇士	3.3	4.4	19.7
2009/2010	老鹰	2.5	3.0	18.0
2010/2011	老鹰	1.7	3.2	14.2
2011/2012	开拓者	2.0	3.2	14.0
2012/2013	快船	1.7	2.5	16.5
2013/2014	快船	2.3	3.2	18.6
2014/2015	快船	1.9	2.5	15.8
2015/2016	快船	1.8	2.3	14.2
2016/2017	快船	1.6	2.6	12.3
2017/2018	森林狼	1.2	2.3	10.3
2018/2019	太阳	1.3	3.6	7.9
场均		2.2	3.4	14.6

贾马尔·克劳福德季后赛数据

赛季	球队	篮板	助攻	得分
2009/2010	老鹰	2.7	2.7	16.3
2010/2011	老鹰	1.3	2.5	15.4
2012/2013	快船	2.0	1.7	10.8
2013/2014	快船	1.5	2.0	15.5
2014/2015	快船	2.1	1.9	12.7
2015/2016	快船	2.2	2.2	17.3
2016/2017	快船	1.3	1.9	12.6
2017/2018	森林狼	2.6	2.4	11.8
场均		1.9	2.2	14.3

6♣

克六

贾马尔·克劳福德

JAMAL CRAWFORD

他绝非建队基石，从未入选过全明星，也没有夺得过总冠军，但凭借熟极而流的运球技巧，神鬼莫测的突破变向以及匪夷所思的得分手段，成为 NBA 历史上独领风骚的最佳第六人。

20 载生涯，辗转九支球队。无论在哪里，他都能无缝对接，替补登场给予球队充足的火力支撑。他斩获 3 座最佳第六人奖杯，代表 4 支球队砍下 50+，此外，他还是“打四分之王”。

贾马尔·克劳福德，一个从街头篮球场“跳步”进 NBA 球馆的旋舞精灵。他随风起舞，暗影闪袭，一击致命。他就像平民版艾弗森与科比的结合体，他也是欧文之前进攻艺术家的代名词。

1980 年 3 月 20 日，贾马尔·克劳福德出生在西雅图。虽然他的父亲克莱德·克劳福德曾是俄勒冈大学的篮球明星控卫，但克劳福德自幼并没有接受篮球系统训练，直到八年级之前，他甚至都没参加过正式的篮球比赛。对于篮球，克劳福德只是玩玩，随心所欲地打球也成为他的天性。克劳福德刚一出道就成为西雅图街头篮球之星。

1998 年，克劳福德进入雷尼尔海滩高中校队，很快他就率队拿下华盛顿州冠军，并荣膺年度最佳高中生球员。克劳福德的篮球梦在西雅图萌发，他深爱这座城市，他的右臂上刺着“206”三个数字，这是西雅图当地的区号。

高中毕业后克劳福德吸引了全美大学的目光，最终这位“密歇根五虎”的粉丝选择了密歇根大学，大二时的他干脆直接宣布参加 NBA 选秀。

2000 年选秀夜，克劳福德在首轮第八顺位被克利夫兰骑士选中，选秀当天骑士将克劳福德交易至公牛，芝加哥成为他 NBA 之路的起点。

公牛当时处于重建期，作为新秀的克劳福德只能作壁上观。

2003/2004 赛季，克劳福德打出身价，场均贡献 17.3 分，单赛季共命中 165 记三分球，创造公牛队史新高。2004 年 4 月 12 日公牛对阵猛龙，他更是砍下惊人的 50 分。

时任尼克斯总经理“微笑刺客”伊赛亚·托马斯对克劳福德垂涎已久，于是克劳福德在 2004/2005 赛季穿上了尼克斯 11 号球衣，11 号正是“微笑刺客”的球衣号码。

那时的尼克斯内乱经久不息，在波诡云谲的局面下，克劳福德无法独善其身，有关他与斯蒂芬·马布里的不和传闻甚嚣尘上。2007 年 1 月 26 日，克劳福德留给尼克斯一场荡气回肠的 52 分得分表演后，渐渐迷失自己。

2008 年 11 月，克劳福德被交易到勇士，但金州内斗丝毫不逊于尼克斯。克劳福德与科里·马盖蒂因场上位置之争而公开斗嘴，主帅唐·尼尔森对克劳福德下达逐客令。

2009 年 6 月，克劳福德被交易到亚特兰大老鹰，彻底失去主力位置。克劳福德虽然未能首发，但在第六人的位置上表现极其出色。这是一次成功的转型，拥有超强单打能力的克劳福德能提供充沛的火力补充，一位历史级别的最佳第六人呼之欲出。2009/2010 赛季，克劳福德为老鹰出战 79 场，全部为替补，他场均得到 18 分，并 9 次完成“打四分”，荣膺了 NBA 该赛季的最佳第六人。

2010 年老鹰成功挺进季后赛，并一路杀到东部半决赛，克劳福德终于在效力 NBA 的第十个年头站上了季后赛的舞台。

出任第六人，球风偏独的克劳福德非常享受这个角色转变。领衔替补阵容，不会再有人对克劳福德开启单打模式大放厥词。

2011 年 12 月，克劳福德转战开拓者，这杆 32 岁的替补“老枪”依然能为球队场均提供 14 分的进攻火力。

2012 年 7 月，快船将克劳福德招至麾下。

2013/2014 赛季，克劳福德场均得到 18.6 分，他在全部 69 场比赛中有 45 场是替补出战，帮助快船打出了 57 胜 25 负的历史最佳战绩。该赛季结束，34 岁的克劳福德再次捧起最佳第六人奖杯。

2015/2016 赛季，36 岁的克劳福德场均得到 14.2 分，帮助快船取得 53 胜 29 负的不俗战绩，克劳福德也拿到了职业生涯的第三座最佳第六人奖杯，成为 NBA 历史上唯一三获此项荣耀的球员。

尽管当时的“空接之城”打得极具观赏性，终究还是难以在季后赛当中更进一步。2017 年季后赛首轮被爵士淘汰后，快船“空接之城”时代落幕。

2017 年夏天，克劳福德背起行囊远赴明尼苏达州，开启个人生涯第 17 个赛季。森林狼季后赛首轮就早早出局。克劳福德在场均 20.7 分钟的出场时间里，得到 10.3 分、2.3 次助攻，是菜鸟赛季之后的最差表现。

2017/2018 赛季结束后，克劳福德跳出了还剩 1 年价值 450 万美元的合同，1 年 240 万美元的老将底薪合同前往菲尼克斯太阳。在太阳的这个赛季里，38 岁的“克六”依然打出了不少经典战：对阵东部第一雄鹿，终场前 0.8 秒干拔跳投准绝杀；与尼克斯一战，送出生涯单场最高的 14 次助攻；命中职业生涯常规赛第 2200 个三分球，生涯替补总得分超越戴尔·库里的 11147 分，升至历史第二……

当然，最精彩的表现当属收官战打独行侠。那场比赛，布克意外受伤，克劳福德临危受命，全场 30 投 18 中，在 39 岁 20 天的高龄狂砍 51 分，超越乔丹成为 NBA 历史上砍下 50+ 得分最年长的球员，也是首位在四支不同的球队砍下 50+ 的球员。

没想到，这场 51 分表演竟成了克劳福德职业生涯的绝唱。2019 年休赛期，一直没有传来“克六”签约的消息。2020 年 3 月 10 日，克劳福德迎来 40 岁的生日，这位在联盟中征战了 20 年的老兵依然没有放弃，等待 NBA 球队的召唤。7 月，伤兵满营的布鲁克林篮网向克劳福德伸出橄榄枝。然而，他仅仅打了 6 分钟就伤退离场。

这短短的 6 分钟成为克劳福德向 NBA 的告别，当搅动风云的一代剑客悄然归隐，江湖中关于他的一切也渐渐成为传说……

克劳福德，一位非全明星球员，但他书写的神迹足以令大多数全明星汗颜。

他曾为四支球队单场砍下 50+（公牛 /50 分、尼克斯 /52 分、勇士 /50 分、太阳 /51 分）；三次荣膺最佳第六人；他是 NBA 替补上场总得分最高的球员；他完成 NBA 历史次数最多的打四分（60 次）；他总共投中 2220 记三分球，排名历史第八……

克劳福德用背后运球、变向过人，无差别的晃过所有防守者，却晃不掉时间与伤病的纠缠……他用最后一个超大幅度变向，晃过了 NBA 赛场，如泥牛入海，无迹可寻。唯有十佳球的吉光片羽，还依稀记述着他的闪光瞬间。

生涯高光闪回 / 52 分灭火

高光之耀：克劳福德面对韦德，独得 52 分并掌控全场，这让“闪电侠”铭记了一辈子。在克劳福德 40 岁生日之际，韦德对他送上祝福：“生日快乐名宿，直至今日，我还对你在我头上拿到 52 分耿耿于怀。”

2007 年 1 月 27 日，尼克斯主场迎战热火，克劳福德 30 投 20 中，三分球 10 投 8 中，狂砍职业生涯新高 52 分，率领尼克斯以 116 比 96 大胜韦德领衔的上届冠军热火。本场比赛克劳福德不仅得分“暴走”，还创下 16 投连续命中的惊艳表现。

档案

迈克・毕比 / Mike Bibby
出生地：美国新泽西州切里希尔
出生日期：1978 年 5 月 13 日
身高：1.88 米 / 体重：88.5 公斤
效力球队：国王、老鹰、灰熊、热火、奇才、尼克斯
场上位置：控球后卫
球衣号码：0、10

荣耀

最佳新秀阵容一阵：1998/1999 赛季

迈克・毕比常规赛数据

赛季	球队	助攻	篮板	得分
1998/1999	灰熊	6.5	2.7	13.2
1999/2000	灰熊	8.1	3.7	14.5
2000/2001	灰熊	8.4	3.7	15.9
2001/2002	国王	5.0	2.8	13.7
2002/2003	国王	5.2	2.7	15.9
2003/2004	国王	5.4	3.4	18.4
2004/2005	国王	6.8	4.2	19.6
2005/2006	国王	5.4	3.0	21.1
2006/2007	国王	4.7	3.2	17.1
2007/2008	国王	5.0	3.7	13.5
2007/2008	老鹰	6.5	3.2	14.1
2008/2009	老鹰	5.0	3.5	14.9
2009/2010	老鹰	3.9	2.4	9.1
2010/2011	老鹰	3.6	2.6	9.4
2010/2011	奇才	4.0	1.5	1.0
2010/2011	热火	2.5	2.2	7.3
2011/2012	尼克斯	2.1	1.5	2.6
场均		5.5	3.1	14.7

迈克・毕比季后赛数据

赛季	球队	助攻	篮板	得分
2001/2002	国王	5.0	3.8	20.3
2002/2003	国王	5.0	2.6	12.7
2003/2004	国王	7.0	4.2	20.0
2004/2005	国王	6.6	4.4	19.6
2005/2006	国王	5.2	3.8	16.7
2007/2008	老鹰	3.1	3.1	10.3
2008/2009	老鹰	4.2	3.3	13.2
2009/2010	老鹰	2.5	2.6	8.5
2010/2011	热火	1.2	1.9	3.7
2011/2012	尼克斯	2.6	4.2	5.4
场均		4.0	3.1	12.6

6

白魔鬼

迈克·毕比

MIKE BIBBY

亚利桑那大学以盛产控卫而闻名，毕比就是“亚氏控卫”的典型代表，强硬、冷血、有担当、高球商，进攻能力出色 。

毕比可能是这一类球员中的典型，职业生涯巅峰期遇上了最好的老师和最好的球队，打出了名震一时的团队战绩和进攻经典，于是声名在外。可他从没有真正赢得过任何彪炳史册的个人荣誉，也从没有接近过与同位置顶级球员争夺话事权的级别。

论团队，毕比所在的 21 世纪初的那个国王是划时代的，但论个人，毕比就像脱离了全真七子的丘处机。

怀念迈克·毕比，其实就是怀念曾经给球迷带来华丽往事的国王，他将生涯最好的7年时光留在了萨克拉门托，并有幸成为篮球历史上最富进攻创意的球队中的关键拼图。即便是毕比本人，也更愿意在回忆往昔时把更多的时间留给国王：“那绝对是一段无与伦比的回忆，我在萨克拉门托赢得了尊重，也交了很多朋友，那是我生涯最好的时段。”

往事随风，如今的毕比已经彻底告别了球员生涯，2012 年之后，他再也没有出现在 NBA 任何一支球队的大名单中。现在的毕比更多地把时间放在陪伴家人上，他有三个女儿，以及一个早就可以在单挑中打爆自己的儿子。“他（小毕比）完全就是克隆版的我，甚至比我还要出色，我相信他能取得比我更好的成就。”毕比谈到自己儿子时喜形于色，他说从儿子身上看到了年轻时的自己，那种勇敢和坚毅以及与年龄不相称的成熟。

毕比的儿子如果能够按照父辈的 NBA 轨迹前行，那毕比家族将创造一个历史——唯一爷孙三代都打过 NBA 的家族。迈克·毕比的父亲亨利·毕比是一个足够传奇但并不伟大的球员，他曾在 20 世纪 70 年代追随约翰·伍登教练拿到三个 NCAA 冠军，又在

1973 年随尼克斯拿下 NBA 总冠军。

1985 年，老毕比跟妻子离婚后游走天涯，撇下了 7 岁的毕比以及另外两个孩子。可以说，在毕比通往职业球员的最关键时期，无缘接受父亲的亲自调教，父亲留给他的只是一些篮球基因。1996 年，毕比进入亚利桑那大学，时任主帅奥尔森给出了一个在今天看来很高的评价：“和加入湖人的科比相比，毕比更有前途。”

一个冷静的杀手，一个有担当的领袖，这是奥尔森当时给毕比的定位，尽管彼时的毕比只是一个 18 岁的毛头小伙子，但他依然牢牢占据了亚利桑那大学的主力控卫位置，甚至将当时的学长贾森·特里挤到了板凳上。

1996/1997 赛季，亚利桑那大学成功从疯狂三月突围，杀到了决赛，并最终击败肯塔基赢得了历史唯一一次 NCAA 冠军。决赛中，毕比统率的亚利桑那突击队将肯塔基的防线撕成了碎片，在加时赛中，世人领略到“白魔鬼”的可怕。

亚利桑那大学以盛产控卫而闻名天下，毕比就是典型代表，强硬、冷血、有担当、高球商，进攻能力出色。除了毕比之外，史蒂夫·科尔、“小飞鼠”达蒙·斯塔德迈尔、贾森·特里以及“零号特工”吉尔伯特·阿里纳斯都是亚利桑那大学出产的著名控卫，而他们也基本都是进攻强于组织的另类一号位。

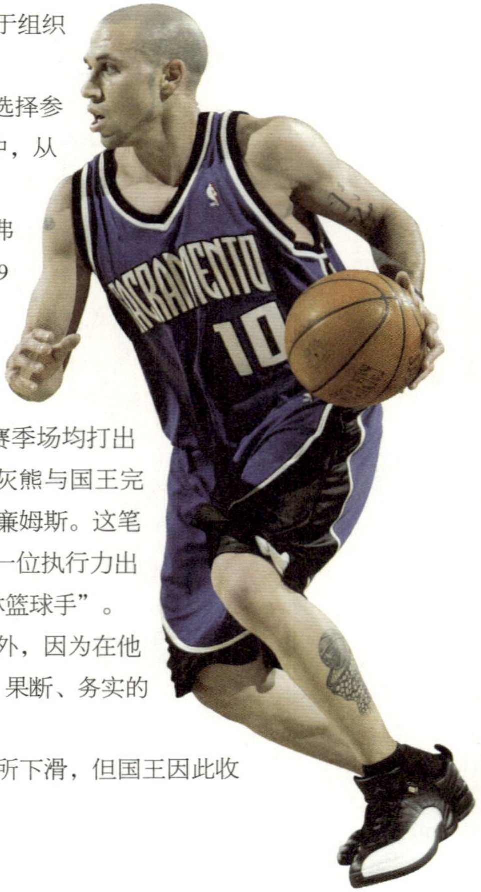

1998 年，就读大二的毕比已威名远播，他决定选择参加 NBA 选秀，并在首轮第二顺位被温哥华灰熊选中，从此开始了传奇而曲折的 NBA 职业生涯。

温哥华地处寒冷而偏僻的区位，曾让史蒂夫·弗朗西斯拒绝前往，但毕比没有那么娇气。1998/1999 赛季，毕比在灰熊迎来了 NBA 生涯的首个赛季，他场均贡献 13.2 分、6.5 次助攻，锋芒毕露。

毕比在温哥华灰熊效力的三年里，没有缺席一场比赛。2000/2001 赛季，毕比在其生涯的第三个赛季场均打出了 15.9 分、8.4 次助攻的不俗数据。2001 年夏天，灰熊与国王完成交易，用毕比换来同届的“白巧克力”贾森·威廉姆斯。这笔交易从今天来回看灰熊无疑是愚蠢的，因为他们用一位执行力出色的务实型准全明星控卫换来一位华而不实的“哈林篮球手”。

毕比的到来让国王主帅里克·阿德尔曼喜出望外，因为在他打造普林斯顿体系的过程中，始终在寻找一个高效、果断、务实的指挥官，毕比无疑是最佳人选。

尽管加盟国王的前两个赛季，毕比个人数据有所下滑，但国王因此收获了最好的化学反应。毕比干净利落的球风，与强调快速传导和无球走位的普利斯顿战术完美契合。毕比、克里斯·韦伯、弗拉德·迪瓦茨、佩贾·斯托贾科维奇们迎来了最辉煌的时期，国王也在 2001/2002 赛季抵达巅峰，创造出 62 胜 20 负的联盟第一战绩。

2002 年的西部决赛，是公认的史上最富争议的系列赛，但同时也是毕比走向个人巅峰的关键系列赛。“天王山之战”国王在最后时刻落后一分的绝境中，由毕比挺身而出，命中了那记封喉的绝杀，从而率先拿到了赛点。

遗憾的是，湖人最终连扳两场，扼杀了国王夺冠的希望，那是萨克拉门托最接近总冠军的一季。虽然折翼西巅，但毕比的强悍表现让国王球迷对未来充满信心。可惜接下来韦伯因伤病缠身而状态下滑，最终出走加盟 76 人。

韦伯离开后，成为领袖的毕比在 2004/2005、2005/2006 两个赛季，分别打出场均 19.6 分和 21.1 分的出色数据，俨然成为联盟顶级控卫。但彼时国王已没有巅峰态势，并没有取得耀眼的成绩。2007/2008 赛季，毕比因拇指伤势只为国王出战 13 场比赛，随后便被交易去了老鹰。效力国王七个赛季，毕比出战 476 场比赛，场均贡献 17.6 分、3.2 个篮板、5.4 次助攻，他总能让球队变得更好，关键时刻，他更敢于承担责任。

效力老鹰时期的毕比已经没有当年凌厉的威势，打了两个中规中矩的赛季后，他又被交易去了奇才，在代表首都球队打了两场比赛之后，他加盟了“三巨头”压阵的热火。

2011 年总决赛，毕比与佩贾老友重逢，但物是人非。毕比在板凳席上目睹了热火的惨败，但他祝福了好兄弟佩贾，因为他是那支国王阵中第一个获得总冠军的球员。

2011/2012 赛季，毕比在纽约尼克斯打完 39 场比赛，绝迹于 NBA 的江湖，34 岁的他就这样淡出了球迷视野，直至正式宣布退役。

也许，将来有一天，当我们再次在球场上看到毕比时，他已经换了一个名字，但唯一不变的是他关于冷血和坚韧的终极定义，以及对低调和务实的完美解读。

生涯高光闪回 / 对飙答案

高光之耀：在费城的瓦乔维亚中心球场，虽然面对旧主的韦伯砍下 17 分、13 个篮板的两双数据，但场上的风头全被毕比与艾弗森抢走，“白魔鬼”毕比与“答案”艾弗森上演一场飙分大战。

2006 年 1 月 25 日，国王客场挑战 76 人。此役，坐镇主场的艾弗森 31 投 16 中，罚球 8 罚全中，狂砍 41 分。但毕比不遑多让，他 25 投 17 中，三分球 9 投 4 中，罚球 6 投全中，砍下职业生涯最高的 44 分，还送出 3 个篮板、4 次助攻。在这场与艾弗森的飙分大战中，毕比笑到了最后，只可惜队友羸弱，国王最终以 103 比 109 惜败 76 人。

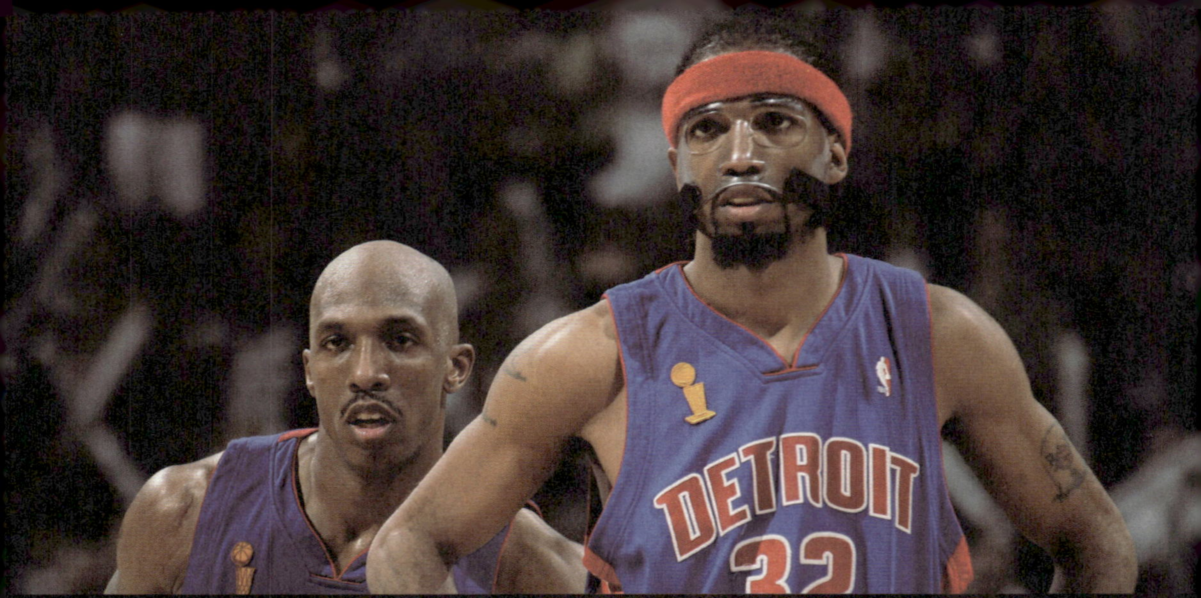
DETROIT
32

UTAH
ROCKETS
31

5-2

黑桃 5 安德烈·基里连科 / **红桃 5** 迈克·康利 / **梅花 5** 理查德·汉密尔顿 / **方片 5** 埃尔顿·布兰德

ANDREI KIRILENKO　MIKE CONLEY　RICHARD HAMILTON　ELTON BRAND

黑桃 4 拉沙德·刘易斯 / **红桃 4** 肖恩·巴蒂尔 / **梅花 4** 弗拉德·迪瓦茨 / **方片 4** 希度·特克格鲁

RASHARD LEWIS　SHANE BATTIER　VLADE DIVAC　HEDO TURKOGLU

黑桃 3 约什·史密斯 / **红桃 3** 托尼·库科奇 / **梅花 3** 迈克尔·里德 / **方片 3** 弗雷德·范弗里特

JOSH SMITH　TONI KUKOC　MICHAEL REDD　FRED VANVLEET

黑桃 2 鲁迪·盖伊 / **红桃 2** 凯尔·库兹马 / **梅花 2** 拉特里尔·斯普雷维尔 / **方片 2** J.R. 史密斯

RUDY GAY　KYLE KUZMA　LATRELL SPREWELL　J.R.SMITH

安德烈·基里连科常规赛数据

赛季	球队	篮板	助攻	得分
2001/2002	爵士	4.9	1.1	10.7
2002/2003	爵士	5.3	1.7	12.0
2003/2004	爵士	8.1	3.1	16.5
2004/2005	爵士	6.2	3.2	15.6
2005/2006	爵士	8.0	4.3	15.3
2006/2007	爵士	4.7	2.9	8.3
2007/2008	爵士	4.7	4.0	11.0
2008/2009	爵士	4.8	2.6	11.6
2009/2010	爵士	4.6	2.7	11.9
2010/2011	爵士	5.1	3.0	11.7
2012/2013	森林狼	5.7	2.8	12.4
2013/2014	篮网	3.2	1.6	5.0
2014/2015	篮网	1.1	0.1	0.4
场均		5.5	2.7	11.8

安德烈·基里连科季后赛数据

赛季	球队	篮板	助攻	得分
2001/2002	爵士	3.8	1.0	8.8
2002/2003	爵士	4.8	1.4	11.6
2006/2007	爵士	5.2	2.6	9.6
2007/2008	爵士	3.4	2.5	11.0
2008/2009	爵士	2.8	2.0	11.0
2009/2010	爵士	3.0	0.0	5.5
2013/2014	篮网	2.3	1.0	2.5
场均		3.9	1.9	8.7

档案

安德烈·基里连科 /Andrei Kirilenko
国籍：俄罗斯
出生地：伊热夫斯克
出生日期：1981 年 2 月 18 日
身高：2.06 米 / 体重：102 公斤
效力球队：爵士、森林狼、篮网
场上位置：小前锋 / 球衣号码：47

荣耀

1 届欧锦赛冠军：2007 年
1 届全明星：2004 年
1 届盖帽王：2004/2005 赛季
1 届最佳防守一阵：2005/2006 赛季

5♠

AK–47

安德烈·基里连科

ANDREI KIRILENKO

1948 年，在一个叫伊热夫斯克的小地方，米哈伊尔·季莫费耶维奇·卡拉什尼科夫制造出闻名世界的突击步枪——AK–47。而 33 年之后另一把“AK–47”在这里出生，那就是曾经身披爵士 47 号球衣的全能战将——安德烈·基里连科。

基里连科可能是最全能的球员，他一场可以拿到 5 分、5 个篮板、5 次助攻、5 次抢断以及 5 记盖帽，因此赢得“5x5 先生”的美誉。

即便如此全能，基里连科依然无法在飞速发展的 NBA 立足，他缺乏后卫的技巧和射术，再加上接连不断的伤病，即使他有着足以统治观众视觉的英武、冷峻和剽悍，也终究难免像一把老旧的 AK–47，被湮没在历史的硝烟里。

基里连科的老爸曾经是一名足球运动员，老妈也打过篮球，优秀运动基因的遗传加上后天努力，基里连科在进入 NBA 之前就在欧洲赛场取得了骄人的成就。

在 1995 年和 1996 年，基里连科代表圣彼得堡市分别得到了 14 岁和 16 岁以下年龄组篮球联赛全国冠军；1997 年加入圣彼得堡斯巴达克，以 15 岁的年龄成为俄罗斯超级联赛历史上上场最年轻的球员。

在结束 1997/1998 赛季之后，基里连科加入莫斯科中央陆军，并且带领球队获得 1998/1999 赛季和 1999/2000 赛季两次俄罗斯联赛冠军，1998/1999 赛季获得最快进步球员称号，1999/2000 获得联赛 MVP，还入选两届全明星阵容。

在国内联赛打出神奇的同时，基里连科也将自己的神奇延续到了欧洲和世界赛场。1999 年 11 月 25 日，基里连科参加欧洲篮球联赛全明星赛，并以 18 岁 9 个月零 7 天的年龄成为历史最年轻参赛者。这时候，俄罗斯和欧洲球场已不需基里连科去证明，他已经到了在世界最好的篮球圣殿——NBA 大展拳脚的时候了。

1999 年 6 月 30 日，基里连科又创下一项纪录——18 岁 4 个月零 12 天成为被 NBA 选中的欧洲最年轻球员，同时成为第一位在首轮（首轮第 24 顺位）就被选中的欧洲球员。但爵士队管理层考虑到基里连科的年龄和身体，于是决定让基里连科在欧洲再磨炼几年。两年后，这位已经名满欧洲的“篮球金童”离开冰天雪地的莫斯科，来到了同样寒冷无比的盐湖城，开始了自己的 NBA 之旅。

2001/2002 赛季，基里连科的新秀生涯一开始，就凭借在场上不停的奔跑、灵活的走位以及不知疲倦的为队友掩护，迅速成为球队的最佳第六人，赛季后半段更是一举成为球队的主力小前锋。2001 年 11 月 6 日，基里连科送给乔丹两次盖帽。2002 年 3 月 6 日，基里连科在下半场让科比连续 9 投未果，并全场送给奥尼尔 3 次大盖帽。

新秀赛季结束，基里连科以场均得到 10.7 分、4.9 个篮板、1.4 次抢断、1.9 次盖帽的数据入选最佳新人第一阵容。2003/2004 赛季，斯托克顿退役，卡尔·马龙为总冠军戒指远走洛杉矶，爵士面临重建难题。但基里连科毅然接过球队领袖的重任，带领爵士一干角色球员仍然取得 42 胜 40 负的战绩，赛季场均 16.5 分、8.1 个篮板、3.1 次助攻、1.9 次抢断、2.8 次盖帽的全面数据，并入选全明星赛替补阵容和最佳防守阵容二队。

2004/2005 赛季，两次严重的伤病毁掉了本该表现完美的基里连科，在当年的选秀中，爵士用包括六号签在内的三个首轮选秀权交易来“探花”德隆 · 威廉姆斯。2005/2006 赛季的基里连科继续受伤病困扰，好在复出后精彩依然。摆脱伤病困扰的大前锋卡洛斯 · 布泽尔也在下半赛季打出全明星水准，一支充满青年才俊的新爵士呼之欲出。

2006/2007 赛季，爵士时隔 9 年重新杀进了西部决赛。可这一年基里连科走下巅峰。爵士悄然告别了曾经的全能领袖，重新拾起“犹他双煞”的套路。这一年，我们看到的基里连科是郁郁不得志的心情、大幅跳水的数据、打铁无数的外围投篮以及在西部决赛斗志全无的表现，这把“AK-47”无法接受从核心到龙套的心理落差。

在 2007 年欧锦赛，判若两人的基里连科率领俄罗斯队爆冷夺得冠军并获得 MVP。2007/2008 赛季，基里连科作为首发小前锋出战 72 场，表现平平。2008/2009 赛季，基里连科作为替补小前锋出战 67 场，表现平平。之后的赛季，他依然没有找回巅峰的状态。

2011 年夏天 NBA 停摆，基里连科返回俄罗斯加盟莫斯科中央陆军，并在 2011/2012 赛季率领球队夺得欧洲篮球冠军联赛亚军，在决赛中负于奥林匹亚科斯。2012 年 7 月 26 日，明尼苏达森林狼和自由球员基里连科达成了签约意向，双方签订一份为期 2 年价值 2000 万美元的合同。基里连科在森林狼的表现依然可圈可点，在出战的 64 场比赛中场均可以贡献 12.4 分、5.7 个篮板、2.8 次助攻、1.5 次抢断的数据。

2013 年 7 月，基里连科和篮网达成协议。但在 2013/2014 赛季，基里连科由于背伤问题，只打了 45 场比赛，场均上场 19 分钟，得到 5.0 分、3.2 个篮板。自贾森・基德的帅位被莱昂内尔・霍林斯取代后，基里连科迅速在篮网失宠。

2014 年 12 月 11 日，布鲁克林篮网队与费城 76 人达成关于基里连科的交易。整个 2014/2015 赛季，一直到被交易，他一共出场 7 次，场均 5.1 分钟的出场时间内得到 0.4 分、1.1 个篮板和 0.1 次助攻，各项数据均为职业生涯最低。

被交易后基里连科拒绝前往 76 人报到，甚至因此被处罚。2015 年 2 月 22 日，76 人官方宣布，球队已经裁掉基里连科。至此，之前已经在国家队退役的基里连科，在 NBA 的旅途也走到了终点。

尽管如此，基里连科并没有成为一个符合 NBA 主流观念的篮球英雄，既不是美国本土的乔丹和科比，也不是来自异国的帕克和纳什。他结合了欧洲球员的聪慧、敏捷和美国球员的强悍、勇猛，是像蜘蛛侠一样跑跳如飞的全能前锋和协防机器。

生涯高光闪回 / 基里连科式的表演

高光之耀：对于这名如此全能的俄罗斯前锋，如果你需要一场比赛来完美地诠释他，那么我会将 2006 年 1 月 3 日，爵士对阵湖人那场比赛的录像交给你，然后默默地走开。

那场比赛，基里连科得到 14 分、8 个篮板、9 次助攻、6 次抢断、7 次盖帽，NBA 史上唯一的“5×6”表演。后来，这类表演通常都叫作基里连科式表演。也正是在那个赛季，他成为 NBA 史上唯一的一个外线盖帽王。

此前的 2003/2004 赛季，22 岁的基里连科在对阵火箭的比赛中，独揽 19 分、5 个篮板、7 次助攻、8 次抢断和 5 次盖帽，一举成为 NBA 历史上最年轻的“5x5”球员。七天之后，在对阵尼克斯的比赛中，基里连科再次完成了这一壮举，创造了两场“5×5”比赛间隔时间最短的纪录。

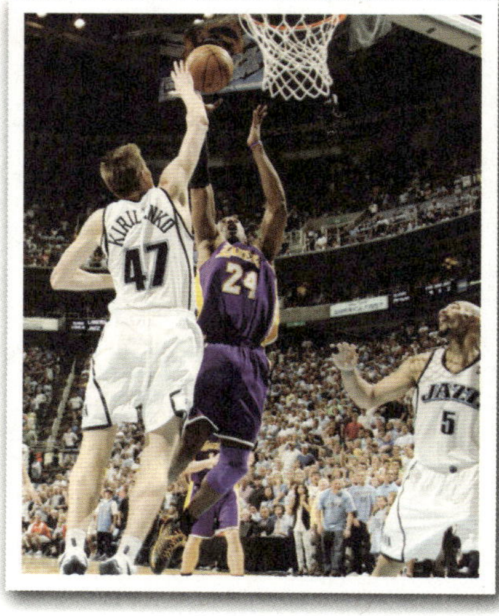

迈克·康利常规赛数据

赛季	球队	篮板	助攻	得分
2007/2008	灰熊	2.6	4.2	9.4
2008/2009	灰熊	3.4	4.3	10.9
2009/2010	灰熊	2.4	5.3	12.0
2010/2011	灰熊	3.0	6.5	13.7
2011/2012	灰熊	2.5	6.5	12.7
2012/2013	灰熊	2.8	6.1	14.6
2013/2014	灰熊	2.9	6.0	17.2
2014/2015	灰熊	3.0	5.4	15.8
2015/2016	灰熊	2.9	6.1	15.3
2016/2017	灰熊	3.5	6.3	20.5
2017/2018	灰熊	2.3	4.1	17.1
2018/2019	灰熊	3.4	6.4	21.1
2019/2020	爵士	3.2	4.4	14.4
2020/2021	爵士	3.5	6.0	16.2
场均		3.0	5.7	14.9

迈克·康利季后赛数据

赛季	球队	篮板	助攻	得分
2010/2011	灰熊	3.6	6.6	15.2
2011/2012	灰熊	3.3	7.1	14.1
2012/2013	灰熊	4.7	7.1	17.0
2013/2014	灰熊	4.6	7.9	15.9
2014/2015	灰熊	1.1	5.0	14.4
2016/2017	灰熊	3.3	7.0	24.7
2019/2020	爵士	2.8	5.2	19.8
2020/2021	爵士	3.5	7.7	15.3
场均		3.6	6.7	16.7

档案

迈克·康利 / Mike Conley

出生地：美国印第安纳州印第安纳波利斯

出生日期：1987 年 10 月 11 日

身高：1.85 米 / 体重：79 公斤

效力球队：灰熊、爵士

场上位置：控球后卫

球衣号码：11、10

荣耀

1 届全明星：2021 年

1 届最佳防守二阵：2012/2013 赛季

3 届体育道德风尚奖：2014 年、2016 年、2019 年

1 届最佳队友奖：2019 年

5

亿元先生
迈克·康利
MIKE CONLEY

朴实无华、却睿智无比，数据平平，却总能在场上英明决断。

以迈克·康利的天分来看，实在无法与当时史上最大的一笔顶薪合同（5年1.53亿美元）联系到一起。然而孟菲斯人为了留住康利不惜花费巨资，还是有一定道理。

康利也许注定无法打出符合那笔薪水的表现，但他灵活而狡黠，聪慧而精谨，是灰熊最重要的持球手和外围创造者。他就是教练眼中那种“不求最好，但求最适合”的控卫人选。

12年灰熊生涯，康利是球队的指挥官，也成为球队的象征。

1987年10月11日，迈克·康利出生在印第安纳州印第安纳波利斯，他的父亲，是美国大名鼎鼎的田径巨星——迈克·康利一世。

老康利成长在芝加哥，那是“微笑刺客”托马斯红遍伊利诺伊州的黄金岁月。1992年巴塞罗那奥运会，老康利赢下了三级跳远的金牌。然而，他一直都将篮球视为自己的“初恋”，没能在球场上大显身手的他，希望自己的儿子能够帮自己圆梦。

小康利12岁那年，在泰瑞豪特联赛上遇到一个高个儿男孩，名字叫格雷格·奥登。

康利和奥登进入北劳伦斯高中读书，两人继续刷新着各种连胜纪录，由于现象级的身体天赋与高光表现，康利和奥登联手赢下三个州冠军，带领北劳伦斯高中打出了103胜7负的恐怖战绩。2006年，两人一齐被俄亥俄州大学录取。整个大学期间，所有的NBA球探都将目光投在了格雷格·奥登身上。

2007年，奥登和康利宣布一起参加选秀，波特兰用状元签挑走了奥登，而康利最终在第4顺位上被带到了孟菲斯。康利的孟菲斯生涯，并非一帆风顺。菜鸟赛季，他要同达蒙·斯塔德迈尔和凯尔·洛瑞分享上场时间，前者是征战联盟十二载的“老油条”，后者是去年被球队选中的新星。“小飞鼠”斯塔德迈尔成了两位菜鸟的职业启蒙恩师，2007/2008 赛季开始后，达蒙开始在比赛中教导康利和洛瑞如何阅读比赛。也许是“小飞鼠”教导有方，很快他便被两位小弟挤出轮换阵容。

康利就是按照斯塔德迈尔的指示去做的，表现可圈可点，但在自己的新秀赛季，他因为右肩肌肉拉伤而休息了六个星期，这也影响了康利的状态 ，整个赛季，他场均仅得到 9.4 分和 4.2 次助攻，与第 4 顺位的期许相差甚远。

2008/2009 赛季，康利的出场时间开始增多，赛季中段，球队解雇了主教练马克·艾瓦罗尼，莱昂内尔·霍林斯成为新主帅。

霍林斯上任后的第一件事就是要求孟菲斯管理层捋清关于控卫的培养计划，他认为康利和洛瑞必须有一个是核心，最终他选择信任康利，2009 年初，洛瑞被交易到火箭。

2008/2009 赛季，康利的表现比菜鸟赛季略有提升，场均得分来到了 10.9 分，三分命中率高达 40.6%。2009/2010 赛季孟菲斯灰熊取得 40 胜，在主帅霍林斯的背后紧逼，康利各方面都得到了提高。他的得分手段日益增多，而且控制比赛的节奏更稳，他给得分位置更好的队友们分球，学会了分享球权。

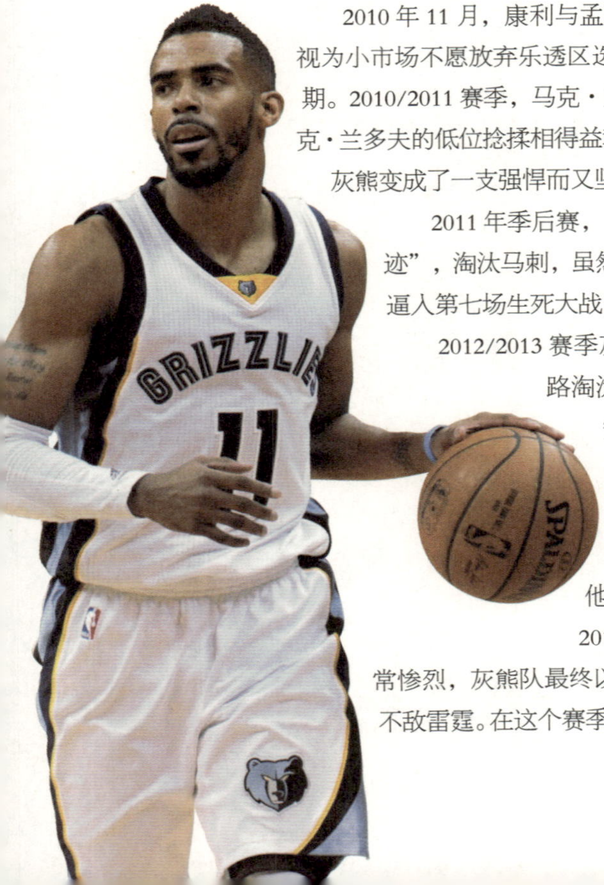

2010 年 11 月，康利与孟菲斯续签一份 5 年 4500 万美元的合同。被视为小市场不愿放弃乐透区选秀的权宜之计，康利没完成球队给他的预期。2010/2011 赛季，马克·加索尔开始爆发，小加索尔的传球策应和扎克·兰多夫的低位捻揉相得益彰，而康利坐镇中军，指挥调度并突施冷箭，灰熊变成了一支强悍而又坚韧的球队。

2011 年季后赛，“黑白双熊”与康利率领灰熊上演“黑八奇迹”，淘汰马刺，虽然半决赛中不敌雷霆，不过也把“杜威二少”逼入第七场生死大战。

2012/2013 赛季灰熊取得队史最佳的 56 胜，并在季后赛一路淘汰快船、雷霆，杀到西部决赛，最后兵败圣安东尼奥。2012/2013 赛季结束后，霍林斯没有收到续约合同，灰熊扶正助理教练戴夫·乔格尔。康利怀念培养自己的霍林斯教练，在新主帅乔格尔任的执教体系下，他依然坐稳了灰熊主力控卫的头把交椅。

2013/2014 赛季，西部联盟季后赛竞争局势异常惨烈，灰熊队最终以西部第七的身份惊险进入季后赛，且首轮不敌雷霆。在这个赛季，康利打出职业生涯最佳表现，场均 17.2 分、

6 次助攻、1.5 次抢断，投篮命中率为职业生涯新高的 45%。

随后的两个赛季，康利的表现一如既往的稳定，场均得分保持在 15 分以上，但 2015/2016 赛季，他因为伤病困扰出勤效率暴跌，最终只打了 56 场比赛。

2016 年，处在合同年的康利与灰熊续约谈判一直僵持不下。最终灰熊为了留住康利，开出了 NBA 有史以来的一笔最大合同（5 年 1.53 亿美元），轰动一时。

对此，《体育画报》专栏记者罗布·马哈尼撰文：“对于一个准巨星级别的球员而言，如果能处在正确的位置上也能获得大额的顶薪合同。康利足够聪明，即便是简单的篮球动作也能发挥它最大的价值。”

康利在中距离的进攻手段非常丰富，也能很好地掌控防守分寸，而且从不独占球权，也不会勉强出手。即便康利没有入选过全明星，但他与灰熊休戚与共了 12 年。

2019 年 6 月 19 日，康利被灰熊交易至爵士。就在刚刚结束的 2018/2019 赛季，康利场均得到生涯最高的 21.1 分，并送出 6.4 次助攻，但灰熊要重建，不得不抛出这位功臣。从孟菲斯去到盐湖城，冷峻稳健的康利和铁血高冷的爵士也算是很合拍。

效力灰熊的 12 个赛季，总得分 11733 分、总助攻 4509 次、总抢断 1161 次，均为队史第一。他的转身离去，也标志着那个铁血灰熊时代的终结。

孟菲斯人也承诺，将康利的 11 号灰熊球衣退役。

那几年铁血灰熊“能碾碎绝不击败”，在西部诸强都不愿意碰上的对手。内线的“黑白双熊”，小加索尔是防守核心，兰多夫的进攻利器，还有外线的防守大闸托尼·阿伦，以及梅奥、盖伊、普林斯……而康利一直都是这头铁血灰熊的大脑。

那时的灰熊和雷霆、马刺、勇士等西部顶级强队几乎都交过手。也许你能赢过他们，但终究会掉层皮。灰熊秉持着老式的阵地战，靠低速、防御，与对手绞杀肉搏。

生涯高光闪回 / 得分新高夜献绝杀

高光之耀：康利一直都是孟菲斯最稳定的掌舵者，但关键时刻，他也能疯狂得分，并化身为杀手来一剑封喉。

2014 年 12 月 14 日，灰熊主场迎战 76 人，灰熊全场比赛都处于劣势，在常规时间还有 2 分半钟的时候球队还落后 8 分。这时康利挺身而出，三分球 3 投全中，连砍 11 分。包括最后 4.6 秒的追平三分球，将比赛拖入加时。

加时赛还剩下 24 秒的时候，康利再次以一记三分球终结了比赛。在常规时间最后的 2 分半钟和加时赛中，康利独砍 17 分，其中三分球弹无虚发 4 投全中。他一人浇灭了 76 人拿下第三胜的希望。

同时，36 分也是康利职业生涯的新高。

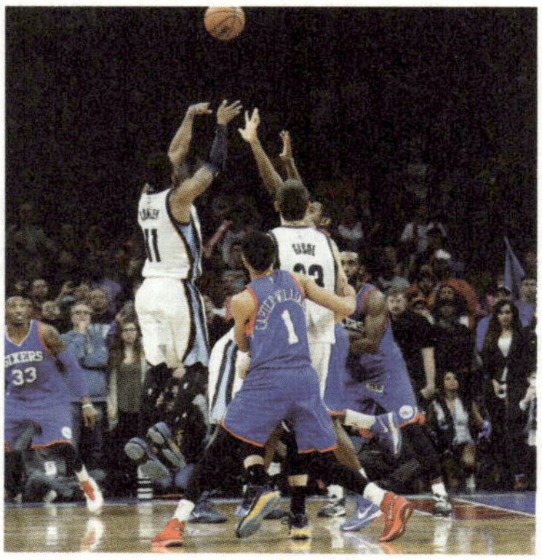

理查德·汉密尔顿常规赛数据

赛季	球队	篮板	助攻	得分
1999/2000	奇才	1.8	1.5	9.0
2000/2001	奇才	3.1	2.9	18.1
2001/2002	奇才	3.4	2.7	20.0
2002/2003	活塞	3.9	2.5	19.7
2003/2004	活塞	3.6	4.0	17.6
2004/2005	活塞	3.9	4.9	18.7
2005/2006	活塞	3.2	3.4	20.1
2006/2007	活塞	3.8	3.8	19.8
2007/2008	活塞	3.3	4.2	17.3
2008/2009	活塞	3.1	4.4	18.3
2009/2010	活塞	2.7	4.4	18.1
2010/2011	活塞	2.3	3.1	14.1
2011/2012	公牛	2.4	3.0	11.6
2012/2013	公牛	1.7	2.4	9.8
场均		3.1	3.4	17.1

理查德·汉密尔顿季后赛数据

赛季	球队	篮板	助攻	得分
2002/2003	活塞	3.9	2.6	22.5
2003/2004	活塞	4.6	4.2	21.5
2004/2005	活塞	4.3	4.3	20.0
2005/2006	活塞	2.9	2.7	20.4
2006/2007	活塞	4.3	3.8	18.8
2007/2008	活塞	4.2	3.9	21.6
2008/2009	活塞	2.8	5.0	13.3
2011/2012	公牛	3.2	3.0	13.0
2012/2013	公牛	0.8	1.3	6.5
场均		3.9	3.6	19.8

●档案

理查德 · 汉密尔顿 / Richard Hamilton
出生地：美国宾夕法尼亚州科茨维尔
出生日期：1978 年 2 月 14 日
身高：2.01 米 / 体重：87.5 公斤
效力球队：奇才、活塞、公牛
场上位置：得分后卫
球衣号码：32

●荣耀

1 届总冠军：2004 年
3 届全明星：2006 年—2008 年

5

面具侠 理查德·汉密尔顿

RICHARD HAMILTON

为了保护屡次受伤的脆弱鼻梁，理查德·汉密尔顿不得不戴上面具，即便是伤愈后他也不愿摘下，因为那样手感更佳。

正如周星驰的电影《破坏之王》里所说：“一个人蒙着脸会厉害一些。”汉密尔顿戴上面具，就像冷血追魂的无名杀手。

他消瘦、精悍，永不疲倦地奔跑，觅得空当后接球、机械般的中距离出手投篮，然后一箭中鹄。人们对于他的印象大致如此，当然还有那双藏在面具后边冷峻、神秘的眼神。

汉密尔顿是巅峰活塞的王牌得分手，也是科比所最不愿意防守的人，他能如灵狐般跑位，如永动机般飞奔。

提起理查德·汉密尔顿，我们大体可以先聊聊关于他的几件鲜为人知的事。

第一件事，汉密尔顿其实是位不错的得分手。早在 1998 年 NCAA 的“疯狂三月”里他曾经两场砍下 53 分。在他加入底特律活塞之前，在华盛顿奇才已经是一名场均 20 分的顶级得分手。不仅如此，在活塞五虎把骄傲的湖人拉下马的 2004 年，他是活塞季后赛的首席得分手，更是总决赛的第一得分手。

第二件事，汉密尔顿其实是位不错的防守者，只是他的瘦弱身材给他人造成了防守不利的错觉。汉密尔顿往往在肩负得分重任的同时，还要盯防对方的王牌得分手。2004 年东部总决赛，他对位雷吉·米勒，场均 24 分的同时，让米勒只得到 9 分。

汉密尔顿高中的时候篮球技艺就已经十分精湛，而且和 NBA 时期的他大有不同，那个时候，他的球风颇有几分“便士”哈达威的风骨，他可以在几个眼花缭乱的假动作后，迅速杀入篮下完成一次漂亮的双手灌篮。

汉密尔顿和科比早在高中时期就成了好友，起源是他们一起参加了一次 AUU 俱乐部举办的高中生全明星比赛，他们是室友，经常一起交流每一次比赛的心得。

汉密尔顿的整个大学生涯，都是以“超级得分手”定位的，在他效力康涅狄格大学的爱斯基摩犬队期间，总得分为 2036 分，位列校史第二。1999 年，他更是将“年度最佳球员”称号收入囊中。同年，他被华盛顿奇才在第 7 顺位摘走。

汉密尔顿在 NBA 的第二个赛季，成为当时战绩糟糕的奇才阵容中为数不多的亮点。他首发 42 场，场均能砍下 18.1 分，展露出无限的得分潜力。

接下来的 2001/2002 赛季，乔丹宣布复出，汉密尔顿迅速适应了辅佐的角色，2001 年的 12 月，他首度成为 NBA 的周最佳球员，那一周的四场比赛，他几乎全部砍下 30 分。从此一发不可收拾，从那时起汉密尔顿在 NBA 顶级得分手的榜单里占据一席之地。

2002/2003 赛季，转投活塞的汉密尔顿多次砍下高分，并最终以场均 19.7 分成为活塞的首席得分手。在季后赛首轮，当他对阵当时正冉冉升起的麦迪，表现不遑多让。虽然麦迪领衔魔术一度以 3 比 1 领先活塞，但很快底特律人就连扳三场，顺利晋级。

次轮，活塞以 4 比 2 击败艾弗森领衔的 76 人，与新泽西篮网会师东部决赛。缺少经验的活塞倒在了基德领衔的篮网之下，4 场比赛，汉密尔顿分别砍下 24 分、24 分、21 分和 20 分。休赛期，想要百尺竿头更进一步的活塞，迎来了 NBA 历史上最为铁血和霸道的主教练拉里·布朗，从此开始了东部霸主之旅。

现在回望 2003 年至 2008 年的活塞，连续六年杀入东部决赛，并能够在如日中天的湖人“F4”手里抢下总冠军戒指，老帅拉里·布朗的到来确实起到了至关重要的作用。在活塞，老帅把他模板式的“团队篮球”架构又复制了一遍：一个能抢篮板、能疯狂盖帽的中锋，一个像万金油一般润滑的大前锋，一个擅长防守的小前锋，一个永远能够跑出空位的得分后卫以及一个拥有大心脏能够一锤定音的组织后卫。

在活塞的八年里，汉密尔顿永远都是球场最不知疲倦的那个人，永远在跑位，永远在等待比卢普斯传递过来的皮球，然后顺利将皮球射入篮筐。虽然他的场均得分只有十七八分，但他确实是活塞最可怕的得分利器。

2004 年季后赛首轮，活塞对阵雄鹿，汉密尔顿在第四场砍下 27 分、6 次助攻。东部半决赛对阵篮网，第二场他砍下 28 分、5 次助攻、4 次抢断，第五场他送出 11 次助攻，第六场他更是在失去平衡的情况下射入关键跳投，保障了球队的胜利。

那一年，活塞总决赛的对手，正是史上阵容鼎盛的洛杉矶湖人——科比、奥尼尔、卡尔·马龙、加里·佩顿，湖人“F4”领衔的“紫金军团”账面上华丽无比。

前二场，汉密尔顿并未找到进攻状态，但在防守端却也给科比制造了不少的麻烦。回到底特律，汉密尔顿终于在进攻端彻底爆发，砍下 31 分，活塞率先拿到赛点。接下来的比赛，则按照老布朗的剧本开始了：第四场第五场，底特律众志成城，以总比分 4 比 1，

击败阵容豪华的湖人夺得总冠军，汉密尔顿也进入职业生涯的巅峰。

2011/2012 赛季，汉密尔顿与公牛签了两年 1000 万美元的合同，转战芝加哥，自此，他告别了效力 9 年的活塞。虽然此后汉密尔顿偶露峥嵘，但他已不是当年活塞的“面具侠”。2012/2013 赛季，他场均得到 9.8 分，命中率为 42.9%，这是他自新秀赛季以来第一次场均得分低于两位数。此后他告别了芝加哥，辗转飘零后，郁郁不得志的汉密尔顿在 2015 年 2 月 27 日，正式宣布退役，自此结束了长达 14 年的 NBA 生涯 。

如果汉密尔顿效力于如今这个时代，他的出手距离扩到三分线，绝对会是这个时代最好的 3D 球员之一。他绝不止一个“无球跑位、接球就投”的空位投手，盯人防守与持球进攻也颇有造诣，他对取得总冠军的活塞非常重要，就如同勇士的克莱·汤普森。

虽然，他的职业生涯在离开底特律之后就急转直下，几乎在他芝加哥的生涯里似乎乏善可陈。但是，在他巅峰的岁月里，沉着冷静的判断、冷血射入的关键投篮，就几乎成了他的代名词，这就是他——理查德·汉密尔顿，一个古朴的后卫，一个冷血的射手。

生涯高光闪回 / 得分新高夜献绝杀

高光之耀：汉密尔顿是一个大心脏球员，早在 1998 年的美国大学篮球联赛，他就命中一记压哨球，凭借此球，康涅狄格州击败了华盛顿州进入了八强。毫无疑问，汉密尔顿的面具背后隐藏着一个杀手的灵魂。

2005 年 11 月 5 日，凯尔特人和活塞比赛的最后 0.8 秒，布朗特中投中的，凯尔特人以 81 比 80 取得领先，所有的人都以为“绿衫军团”要赢了。但活塞没有放弃，暂停后，普林斯将球传给了三分线附近的汉密尔顿，汉密尔顿接球后果断出手，球进哨响，活塞凭借汉密尔顿这个奇迹般的压哨球以 82 比 81 反败为胜。

档案

埃尔顿·布兰德 / Elton Brand
出生地：美国纽约州科特兰
出生日期：1979 年 3 月 11 日
身高：2.06 米 / 体重：115 公斤
效力球队：公牛、快船、76 人、小牛、老鹰
场上位置：大前锋
球衣号码：7、42

荣耀

最佳新秀：1999/2000 赛季
最佳新秀阵容一阵：1999/2000 赛季
1 届最佳阵容二阵：2005/2006 赛季
2 届全明星：2002 年、2006 年

埃尔顿·布兰德常规赛数据

赛季	球队	篮板	盖帽	得分
1999/2000	公牛	10.0	1.6	20.1
2000/2001	公牛	10.1	1.6	20.1
2001/2002	快船	11.6	2.0	18.2
2002/2003	快船	11.3	2.5	18.5
2003/2004	快船	10.3	2.2	20.0
2004/2005	快船	9.5	2.1	20.0
2005/2006	快船	10.0	2.5	24.7
2006/2007	快船	9.3	2.2	20.5
2007/2008	快船	8.0	1.9	17.6
2008/2009	76人	8.8	1.6	13.8
2009/2010	76人	6.1	1.1	13.1
2010/2011	76人	8.3	1.3	15.0
2011/2012	76人	7.2	1.6	11.0
2012/2013	小牛	6.0	1.3	7.2
2013/2014	老鹰	4.9	1.2	5.7
2014/2015	老鹰	2.8	0.7	2.7
2015/2016	76人	3.7	0.5	4.1
场均		8.5	1.7	15.9

埃尔顿·布兰德季后赛数据

赛季	球队	篮板	盖帽	得分
2005/2006	快船	10.3	2.6	25.4
2010/2011	76人	8.4	1.2	15.6
2011/2012	76人	4.8	1.5	8.6
2013/2014	老鹰	3.3	0.9	1.1
2014/2015	老鹰	0.3	0.0	0.3
场均		6.3	1.6	12.6

5

船长

埃尔顿·布兰德

ELTON BRAND

对于一位资深的球迷来说，每次提到“船长”，第一想到的不是克里斯·保罗，而是埃尔顿·布兰德。

作为快船的初代“掌舵者”，布兰德球风朴实无华、性格温和内敛，看似平淡无奇，却拥有非凡的才华和过人的天赋。

布兰德身高只有2.06米，却拥有2.26米的超长臂展以及恐怖的弹跳力，加上扎实细腻的投篮技巧，这让他成为矮壮型大前锋的杰出代表。

他是一位“车轱辘汉子”，长着一副“篮板蓝领”的模样，但事实上，如果你看到布兰德巅峰那几年的表现，就会眼前一亮，大声感慨道：“这明明就是一个难得的超级巨星。”

1979年，埃尔顿·布兰德在美国纽约州科特兰呱呱坠地。童年时代的布兰德性格温和，但是酷爱篮球。到了高中，他的篮球天赋便显露出来。他先后两次带领球队夺得纽约州高中联赛冠军，并当选纽约州篮球先生。

1997年，在高中联赛上大放异彩的布兰德被杜克大学招致麾下，成为杜克体系中的箭头人物。在他效力杜克的两年里，场均能拿下16.2分、8.9个篮板，要知道在杜克攻守均衡的阵容体系下，这样的表现已经殊为不易，布兰德在当时展示出非常出色的团队意识以及低位跳投技术，这也是他后来驰骋NBA赛场所赖以生存的绝技。

布兰德在杜克大学的第二年，数据更加漂亮：17.7分、9.8个篮板，笑傲当时美国大学生篮坛。那一年，他顺理成章地当选NCAA年度最佳球员，并入选全美大学生最佳阵容第一队，同时将约翰·伍登奖和奈史密斯奖两项篮球大奖收入囊中。

布兰德在杜克的出彩表现，让NBA球探都为之痴狂，1999年，布兰德宣布参加

NBA 选秀，公牛用状元签将他带到芝加哥，从此拉开布兰德“超级大前锋”的序幕。

1999/2000 赛季，布兰德进入 NBA 的第一个赛季，完美地诠释了内线低位的各种脚步和进攻技巧。在他的新秀赛季就场均砍下 20.1 分、10 个篮板、1.6 次盖帽。在 2000 年的全明星新秀赛上，布兰德更是狂揽 16 分、21 个篮板，成为新秀赛上的 MVP。那个赛季结束，他和史蒂夫・弗朗西斯共同举起最佳新秀的奖杯。

接下来的赛季，布兰德虽然依旧保持得分 20 分以上、篮板数 10 以上的数据，但对他抱有超高期望的芝加哥公牛还是失望了。他们原本希望布兰德成为奥拉朱旺、加内特、邓肯那样的划时代内线巨星，但事实上，布兰德受到身高不足等先天身体条件的限定，始终无法跻身顶级内线的行列。

缺乏耐心的芝加哥人在 2001 年将布兰德交易到洛杉矶快船，换来防守悍将泰森・钱德勒和日后很难被人记住的布莱恩・斯金纳。而布兰德却从此成为快船的头号球星，也是克里斯・保罗之前的上一任“船长”。

尽管布兰德在内线拥有恐怖的杀伤力，但彼时快船阵容孱弱、战绩依旧稀烂，即便如此，布兰德还是凭借自身实力出现在 2002 年的 NBA 全明星阵容之中。2003 年夏天，布兰德成为受限制自由球员，当热火为布兰德双手奉上 6 年 8200 万美元的合同时，一向以小气著称的快船老板斯特林竟然匹配了那份报价合同。

布兰德留守快船，也意味着将自己的巅峰岁月全部浪费在这条阵容糜烂、交易不断的“破船”。2005/2006 赛季，“外星人”萨姆・卡塞尔空降洛杉矶，带来了无数种进攻配合的可能性，也将布兰德的优势发挥到了极致。他们配合无间，无论是挡拆之后的顺下，还是低位的喂球，都让布兰德的战力瞬息爆发。那个赛季，布兰德打出了超级巨星的水准，甚至成为 MVP 的热门人选。

2005/2006赛季，布兰德以52.7%的命中率场均拿下24.7分、10个篮板和2.5次盖帽，率领快船打出47胜35负的战绩，最终排名西部第六名进入季后赛。

在2006年季后赛中，快船首轮击败掘金，西部半决赛又与太阳鏖战7场才惜败。虽然不敌如日中天的菲尼克斯太阳，但布兰德在那轮七场大战中展现出顶级大前锋的统治力，场均豪取30.9分、10.4个篮板、4.3次助攻、3.1次盖帽。

然而巅峰之后即是断崖。接下来2006/2007赛季，布兰德在一次训练中不慎受伤，导致左脚跟腱断裂，从而缺席了这个赛季的大部分比赛。赛季结束后，布兰德已经被斯特林的小气厌烦至极，即便是巴伦·戴维斯加盟丝毫扭转不了他的心意，

2008年7月，布兰德与费城签订5年8200万美元的合同，加盟76人，从此告别了长达七年的“船长”生涯。从2001年到2008年，布兰德在快船效力的七年，正是他职业生涯的巅峰七年。在那段时间里，低位流畅的进攻脚步、高位精准的投篮技术以及教科书般的后仰跳投，都被他淋漓尽致地展现，他也诠释了以外矮壮型技术流大前锋的终极形态。他的巅峰岁月，也到此为止了。

2008年12月17日，布兰德代表76人对阵雄鹿时，肩膀脱臼，从而缺席了53场比赛。伤愈归来时又不受新教练埃迪·乔丹的待见，战术地位降低、上场时间缩短的他，只交出场均13.1分、6.1个篮板的答卷。之后的赛季，他奋起余勇，也只能砍下15分、8.3个篮板，76人眼见签约失败，布兰德再无重返巅峰的可能，在2012年夏天将他特赦。

之后，他漂泊在达拉斯和亚特兰大，俨然已是一副垂垂老矣的样子。2016年年初，他重回76人，也不过是发挥余热，2016年10月21日，布兰德宣布了退役，因为此时此刻的他，已经无法再像当年一样高高跃起，将篮球狠狠地揽入怀中了。与其在板凳席上挥舞毛巾为队友呐喊，还不如保留“船长”的最后一丝尊严，体面的离去。

这是“船长”埃尔顿·布兰德的故事，他的生涯足够让我们铭记！

生涯高光闪回 / 征服斯台普斯

高光之耀：布兰德此役展现出精湛的中投技艺，在三秒区外14投11中。当他以一记扣篮加上中投终结比赛时，斯台普斯中心响起“MVP”的欢呼声，这也是在科比巅峰那几年，这里罕见地为另一位洛杉矶球星的“MVP”级表演而喝彩。

2005年12月6日，快船在主场迎来热火。“大鲨鱼”奥尼尔缺阵，布兰德面对莫宁和哈斯勒姆的内线组合，予取予求，全场23投16中，拿下37分、12个篮板和6次盖帽。在一度落后12分的逆境下，成功率领快船发起反击，最终以99比89完成逆转。

档案

拉沙德·刘易斯 / Rashard Lewis
出生地：美国派恩维尔
出生日期：1979 年 8 月 8 日
身高：2.08 米 / 体重：104 公斤
效力球队：超音速、魔术、奇才、热火
场上位置：小前锋
球衣号码：7、9

荣耀

1 届总冠军：2013 年
2 届全明星：2005 年、2009 年

拉沙德·刘易斯常规赛数据

赛季	球队	篮板	助攻	得分
1998/1999	超音速	1.3	0.2	2.4
1999/2000	超音速	4.1	0.9	8.2
2000/2001	超音速	6.9	1.6	14.8
2001/2002	超音速	7.0	1.7	16.8
2002/2003	超音速	6.5	1.7	18.1
2003/2004	超音速	6.5	2.2	17.8
2004/2005	超音速	5.5	1.3	20.5
2005/2006	超音速	5.0	2.3	20.1
2006/2007	超音速	6.6	2.4	22.4
2007/2008	魔术	5.4	2.4	18.2
2008/2009	魔术	5.7	2.6	17.7
2009/2010	魔术	4.4	1.5	14.1
2010/2011	魔术	4.2	1.2	12.2
2010/2011	奇才	5.8	2.0	11.4
2011/2012	奇才	3.9	1.0	7.8
2012/2013	热火	2.2	0.5	5.2
2013/2014	热火	1.8	1.0	4.5
场均		5.2	1.7	14.9

拉沙德·刘易斯季后赛数据

赛季	球队	篮板	助攻	得分
1999/2000	超音速	6.2	0.6	15.4
2001/2002	超音速	3.7	0.7	12.7
2004/2005	超音速	5.4	1.6	16.9
2007/2008	魔术	7.2	3.4	19.5
2008/2009	魔术	6.4	2.9	19.0
2009/2010	魔术	5.6	2.3	12.9
2012/2013	热火	0.6	0.4	1.5
2013/2014	热火	2.1	0.3	5.3
场均		4.7	1.8	12.8

4 ♠

The Young Fella

拉沙德·刘易斯

RASHARD LEWIS

从金钱角度而言，拉沙德·刘易斯无疑是人生赢家，因为他拿到了远超个人天分的亿元合同。然而这位“亿元先生”又被这份合同所累，不断在盛名难副的窘境下，迷失自己。

低调斯文、沉静如水、兢兢业业，刘易斯堪称二当家的典范。

作为一名高个子锋线球员，刘易斯能驾驭小前锋和大前锋两个位置，他的三分球能力很强，尤其是底角三分球，堪称对手的噩梦。

然而他的身体素质并不出色，持球进攻能力并不强。进攻依赖体系，偏重外线投射的属性，让他始终游离在一线巨星的序列之外。

1979 年 8 月 8 日，拉沙德·刘易斯出生于美国的路易斯安那州派恩维尔。父母希望爱子成为一名橄榄球运动员，所以用橄榄球名宿艾哈迈德·拉沙德的姓氏为儿子命名。但刘易斯身材纤细瘦长，玩不了高强度的橄榄球，所以选择了篮球。

后来刘易斯全家搬到得克萨斯州，刘易斯进入阿里夫·艾尔斯克高中打球。得州的篮球风格强悍冷酷，刘易斯球风偏软，但独特而不凡，那时他还不满 19 岁，身材瘦削单薄，轻盈如风的跑动配上一手精准的三分球，足以在残酷的得州球场上占据一席之地。

在高中最后一年，刘易斯场均 28 分、12 个篮板。随后在全美各项高中明星赛上大放异彩。刘易斯希望自己高中毕业后能留在休斯敦火箭打球。但在 1998 年，高中生还不那么普遍，他们在新秀市场上的口碑，并不受青睐。最终在 1998 年的选秀大会上，刘易斯首轮第 32 顺位被西雅图超音速（雷霆前身）选中。

一如那个年代 NBA 的绝大多数高中生球员，刘易斯的新秀赛季成绩单几乎空白，处子秀出场 4 分钟得到 4 分，整个新秀赛季场均仅得 2.4 分。

刘易斯在第二个赛季的场均提升到8分。也有了几许亮色：2000年3月12日超音速对阵猛龙，他得到28分、11个篮板。2000年4月7日对阵火箭，他得到22分、10个篮板。2000年4月18日对阵国王，他得到22分、13个篮板。

作为身高2.08米"高射炮台"，刘易斯从2000/2001赛季起渐渐在NBA树立起自己的名号，当他在2007年夏天结束超音速九年历程时，他已经从一个二轮高中生新秀成长为一个场均能得到14.8分、6.9个篮板的全明星摇摆前锋。出色的无球跑动、犀利的底线突破、各个角度精准的三分投射以及掩护后占据身高优势的错位单打，这些都是他的有效杀伤性武器。

2002年，雷·阿伦来到西雅图，与刘易斯组成令人闻之色变的"超音速双枪"。两位联盟顶级的射手珠联璧合，轮番投射，率领超音速终于在2004/2005赛季杀出了一片新天地，这支西雅图的球队首次在后佩顿时代杀入西部半决赛。

2006/2007赛季，刘易斯在合同年交出场均22.4分、6.6个篮板的闪亮成绩单，这让奥兰多魔术心甘情愿地为他奉上一份6年1.18亿美元的超级合同。这份合同改变了刘易斯的人生。他生命中有了一个略显尴尬的绰号——"亿元先生"。

这是NBA史上的第十份亿元合同，相比起前面奥尼尔、加内特、科比这些伟大的名字，刘易斯难免有些自惭形秽。这份惊世骇俗的亿元合同把刘易斯直接带到了舞台中央，刘易斯在之后的NBA生涯里，再也没有打出接近过合同年的表现。

2008/2009赛季，刘易斯一度有机会打破"亿元先生"的枷锁，因为魔术有了适合刘易斯发挥的阵容：一头"魔兽"德怀特·霍华德替他挡下所有力量和速度型对手，将他瘦和慢两大弱点完全掩盖；一个俯瞰全局的大号指挥官希度·特克格鲁随时为他输送炮弹，刘易斯只需要潜行、等待，然后弯弓射击。

2009年季后赛，魔术以4比2逆转淘汰76人，以4比3死战击败上届冠军凯尔特人。到了东部决赛，刘易斯和特克格鲁一起迎来职业生涯最愉快的时光——因为对面的克利夫兰骑士的外围球员，相对于他们而言，实在是太矮了。这个系列赛也成了他们两人的刺杀游戏。

第一场，刘易斯在空隙中轻松砍下22分，包括最后的14.7秒终结比赛的致命三分球。第四场，刘易斯在第四节射落10分，最后4.1秒接过希度·特克格鲁的传递，又是一记让克利夫兰心沉大海的三分球。魔术取得大比分3比1领先，最后以4比2顺利淘汰克

利夫兰骑士，让詹姆斯那记惊世绝杀成为背景。

然而魔术没能将逆袭进行到底，总决赛五场比赛哨声响起，湖人在科比的跳跃挥拳后捧起总冠军金杯。刘易斯这位刺客遂失去了东部决赛时的从容与精准。他在第二场砍下 34 分，第三场拿到 21 分、5 个篮板、5 次助攻，并带魔术拿到队史总决赛第一场胜利之后，随即隐身并一沉到底，再无亮色。

这是刘易斯在巅峰期最接近成功的时刻。2009/2010 赛季，挥舞着魔术棒营造海市蜃楼的特克格鲁出走多伦多，刘易斯场均得分跌到魔术时期的最低值。2010 年东部决赛魔术面对凯尔特人的复仇，刘易斯对阵强悍的加内特，他内线疲软的属性暴露无遗，进攻端无所适从，防守端更是被前者用弹不虚发的转身跳投彻底羞辱。他的悲惨遭遇是对魔术管理层决策的最佳嘲讽，换言之，他的迪斯尼生涯走到了尽头。

2010 年末，刘易斯被交易到奇才，数据再度缩水，膝部伤病让他几乎一蹶不振。2012 年奇才将他送去黄蜂，后者干脆用 1380 万美元对他进行买断。至此，他终于以一种尴尬的方式结束了那份改变他整个人生轨迹的亿元合同。

2012/2013 赛季，刘易斯被上届冠军热火招至麾下，成为一名合格的替补射手，投出 38.9% 的三分命中率，幸运地拿下自己生涯的唯一一枚总冠军戒指。

2014 年 7 月，随着热火卫冕失败，刘易斯离开迈阿密去到达拉斯小牛，仅仅过了一周，他就不得不进行膝盖手术，小牛因此终止了这份合同。刘易斯就这样结束了自己长达 15 年的 NBA 生涯。作为一代高个射手的代表，刘易斯退出 NBA 的方式有些黯然。

2017 年 6 月，在 NBA 退役后的刘易斯在 BIG3 联赛发挥余热，当选 BIG3 联赛首个赛季的常规赛 MVP 以及得分王。

从籍籍无名的二轮秀选手成长为全明星，刘易斯绝对是 1998 年选秀大会上最为励志的逆袭典范，如果不看那份亿元合同，他还是一位不错的准一流球星。

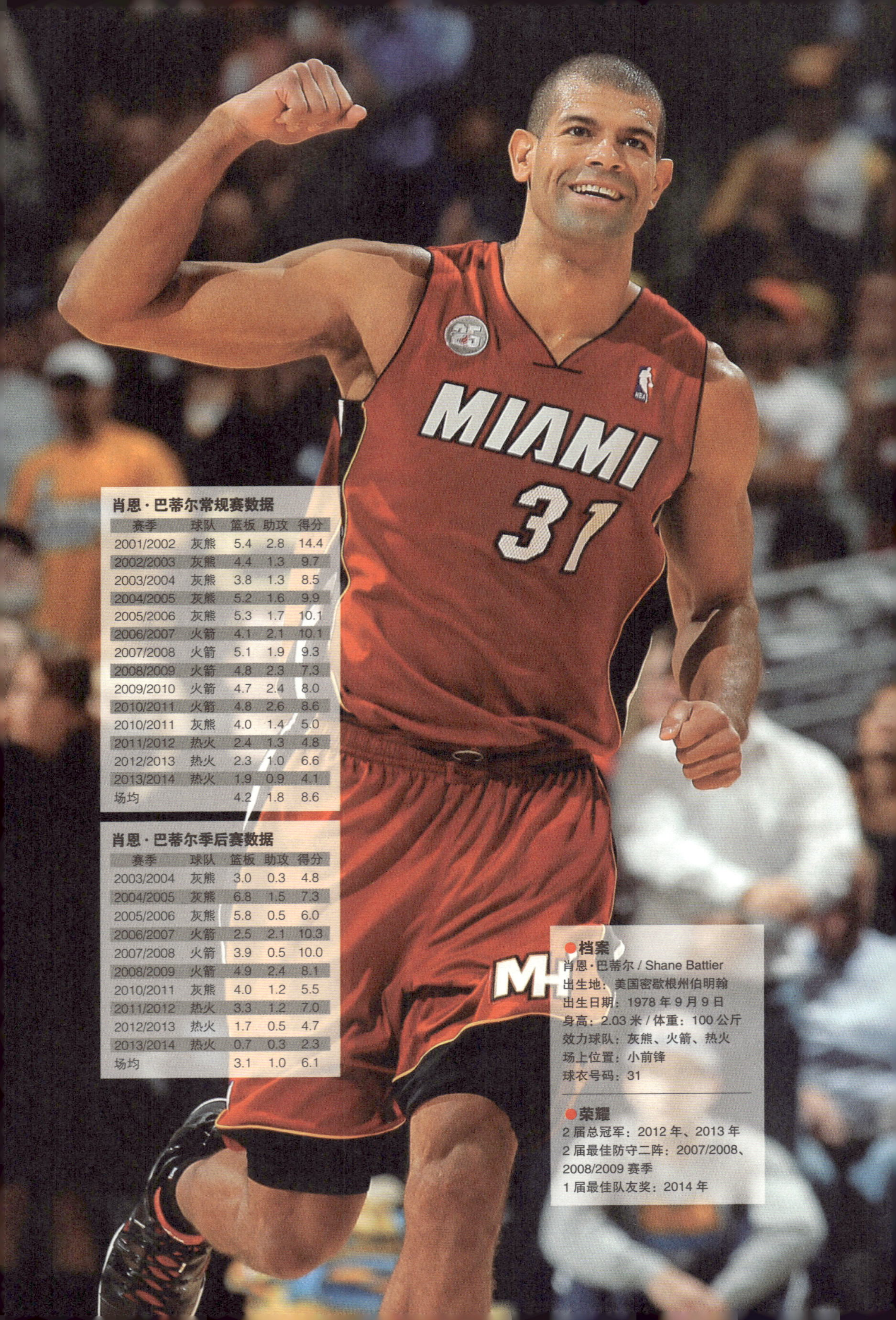

肖恩·巴蒂尔常规赛数据

赛季	球队	篮板	助攻	得分
2001/2002	灰熊	5.4	2.8	14.4
2002/2003	灰熊	4.4	1.3	9.7
2003/2004	灰熊	3.8	1.3	8.5
2004/2005	灰熊	5.2	1.6	9.9
2005/2006	灰熊	5.3	1.7	10.1
2006/2007	火箭	4.1	2.1	10.1
2007/2008	火箭	5.1	1.9	9.3
2008/2009	火箭	4.8	2.3	7.3
2009/2010	火箭	4.7	2.4	8.0
2010/2011	火箭	4.8	2.6	8.6
2010/2011	灰熊	4.0	1.4	5.0
2011/2012	热火	2.4	1.3	4.8
2012/2013	热火	2.3	1.0	6.6
2013/2014	热火	1.9	0.9	4.1
场均		4.2	1.8	8.6

肖恩·巴蒂尔季后赛数据

赛季	球队	篮板	助攻	得分
2003/2004	灰熊	3.0	0.3	4.8
2004/2005	灰熊	6.8	1.5	7.3
2005/2006	灰熊	5.8	0.5	6.0
2006/2007	火箭	2.5	2.1	10.3
2007/2008	火箭	3.9	0.5	10.0
2008/2009	火箭	4.9	2.4	8.1
2010/2011	灰熊	4.0	1.2	5.5
2011/2012	热火	3.3	1.2	7.0
2012/2013	热火	1.7	0.5	4.7
2013/2014	热火	0.7	0.3	2.3
场均		3.1	1.0	6.1

档案

肖恩·巴蒂尔 / Shane Battier
出生地：美国密歇根州伯明翰
出生日期：1978 年 9 月 9 日
身高：2.03 米 / 体重：100 公斤
效力球队：灰熊、火箭、热火
场上位置：小前锋
球衣号码：31

荣耀

2 届总冠军：2012 年、2013 年
2 届最佳防守二阵：2007/2008、2008/2009 赛季
1 届最佳队友奖：2014 年

4
♥

蝙蝠侠

肖恩·巴蒂尔

SHANE BATTIER

他是“姚麦”“詹韦”身边的“蝙蝠侠”。
他是非数据型全明星、绅士级别防守者。
他是风度翩翩的谦谦君子，像笑容温煦的白领精英，也可能成为万民爱戴的总统先生。但在球场上，他是科比最不愿看到的人。
他在总决赛抢七大战中射入六记三分球。
他在西部半决赛血流满面、死战不休。
他天赋不高，却成为每位教练最爱的球员。
他速度不快，却成为每位得分高手都难以攻克的坚盾。
他是 3D 球员的极致模板、团队篮球的最佳一环。
他出身杜克、辅佐俊杰、两冠功成、轨迹完美。
这就是肖恩·巴蒂尔，一位角色球员的成功典范。

1997 年到 2001 年，肖恩·巴蒂尔在杜克大学的四年间就名满天下。他率队夺得 NCAA 冠军，荣膺全国最佳球员、最佳防守队员以及奈·史密斯奖，并在四强赛上半场落后马里兰大学 22 分的逆境下，率领杜克上演 NCAA 史上最伟大的翻盘。

2001 年，巴蒂尔被孟菲斯灰熊用第六顺位摘下。首个赛季，巴蒂尔表现可谓惊艳，场均拿下 14.4 分、5.4 个篮板、2.8 次助攻、1.5 次抢断和 1.0 次盖帽，要知道能够在 NBA 历史上完成这样数据的新秀，除了巴蒂尔之外，就只有三人，他们分别是“海军上将”大卫·罗宾逊、“真理”保罗·皮尔斯和罗恩·哈珀，不论巴蒂尔未来能够成长成这三人的任何一位，孟菲斯灰熊的崛起就不再是奢望。

然而巴蒂尔的超级巨星表现就此戛然而止，之后几个赛季他的数据反倒有所回落，如果不是他在球场上兢兢业业的比赛态度和出色的防守能力，几乎就成了那个时代“新秀即巅峰”的反面典范了。巴蒂尔高开低走，究其原因，是杜克出品。

杜克出品的体系磨灭了灵性和创造性，让巴蒂尔在球场上所有的动作都自然而然地形成了一种“规律”，在进攻端永远等待合理的出球及出手机会，能够无球跑位，绝不落位单打。如果一定要单打，就一定要把球合理地送到球队顶尖球星的手里。

这样“不想出头”的打法固然合理，却也扼杀了巴蒂尔成为超级巨星的一切可能。但好在杜克古板的教科书体系也留给巴蒂尔一笔丰厚的财产，出色的团队意识、无差错的走位、效率极高的空位出手，以及高超的防守技巧。而这些，也正是巴蒂尔成为很多球队梦寐以求的“冠军拼图”的原因，也是他在联盟多年的立身之本。

或许，这么说比较恰当，杜克决定了他在联盟的下线，但他过分执着杜克的篮球理念，也扼杀了他在联盟发展的上限。

2006 年，火箭用鲁迪・盖伊和斯威夫特把巴蒂尔交易到了休斯敦。从此巴蒂尔备受中国球迷瞩目的篮球生涯拉开了帷幕。首个赛季，巴蒂尔交出场均 10.1 分、4.1 个篮板、2.1 次助攻的数据，作为“姚麦组合”的辅助球员，表现已经可圈可点。

那几年他一直都是“姚麦”身边最可靠的帮手，更是火箭队最棒的防守尖兵。那几年，凭借着高超的防守技艺，巴蒂尔赢得了无数中国球迷的喜爱，除了他对科比“遮眼防守”的经典之作，巴蒂尔更是一个制造“带球撞人”进攻犯规的高手。

2008 年和 2009 年连续两年，巴蒂尔一直是 NBA 最佳防守队员的热门。2009/2010 赛季，“姚麦时期”最为辉煌的阶段，巴蒂尔在“姚麦”不断缺阵的日子，带领一票角色球员鏖战到底。那时的火箭接连创造 22 连胜、突破季后赛首轮、甚至杀入西部半决赛的佳绩。作为“姚麦”身边的“蝙蝠侠”，巴蒂尔也展现出铁血的风骨。2009 年，他曾眉骨开花、血溅西部半决赛，依然与湖人死战不休，成为 NBA 铮铮铁汉的代表。

姚明因伤归隐，麦迪转战他乡，火箭意欲重建。2011 年 2 月 25 日，巴蒂尔被送回老东家孟菲斯。2011 年季后赛，扎克・兰多夫打出强悍进攻，率领灰熊所向披靡。巴蒂尔作为孟菲斯侧翼的防守坚盾挡住了马刺的得分利箭。

在孟菲斯疯狂的呐喊声中，灰熊竟然将西部头名马刺击溃，从而一举创造了“黑八奇迹”。

季后赛首战，巴蒂尔射入关键三分球，帮助灰熊以 101 比 98 击败马刺，拔得头筹。

2011 年 12 月，巴蒂尔加盟迈阿密热火。他在防守端贡献巨大。另外，巴蒂尔定点的三分球也是热火攻坚时刻的一个利器，2012 年总决赛第五场，他三分球五投全中，帮助热火以总比分 4 比 1 击败雷霆，夺得总冠军。

2012/2013 赛季，巴蒂尔的三分球成为热火倚重的常规武器。在那一波荡气回肠的 27 连胜期间，巴蒂尔的三分球命中率高达 45%，而这也让他成为 NBA 历史唯一参与两次 22+ 连胜（火箭 22 连胜、热火 27 连胜）的球员。

2013 年总决赛马刺与热火的“抢七”大战，巴蒂尔表现神勇，全场三分球 8 投 6 中，成为这一轮史诗级总决赛的制胜奇兵，也实现了自己第二次的总冠军梦想。

2014 年 6 月 16 日，巴蒂尔功成身退，手握两枚总冠军戒指的“蝙蝠侠”足以笑看过往。

回顾其职业生涯，拥有“杜克出品、防守尖兵”标签的巴蒂尔，可谓是人生赢家，但未免有些遗憾，如果他不是一直那么按部就班，也许能成为一位在进攻端才华绽放的超级球星？现在看来，这个答案恐怕也只是如果。

这就是肖恩·巴蒂尔的故事：杜克出品、品质卓越而又功能专一的“蝙蝠侠”。

巴蒂尔独门绝技 / 遮眼防守

绝技之耀：依靠防守端的努力与技巧，巴蒂尔成为球队当仁不让的防守尖兵。“遮眼防守”作为他的绝学有两大特点：一是只遮眼、不碰脸，避免犯规；二是这招似乎专门用于防守科比……

巴蒂尔独创的“遮眼防守”优雅而又省力，堪称联盟一绝。此技顾名思义就是在防守中遮挡投篮者视线，巴蒂尔靠着灵敏的脚步及长臂，将手贴在进攻者眼前，遮挡视线，令其投篮失准。

巴蒂尔之所以能有限地限制科比，不仅因为“遮眼防守”，还因为他深谙“黑曼巴”的进攻之道：科比在左侧突破效率略低，科比接球后投篮比运球后投篮更准，科比从底线突进将无法阻挡。

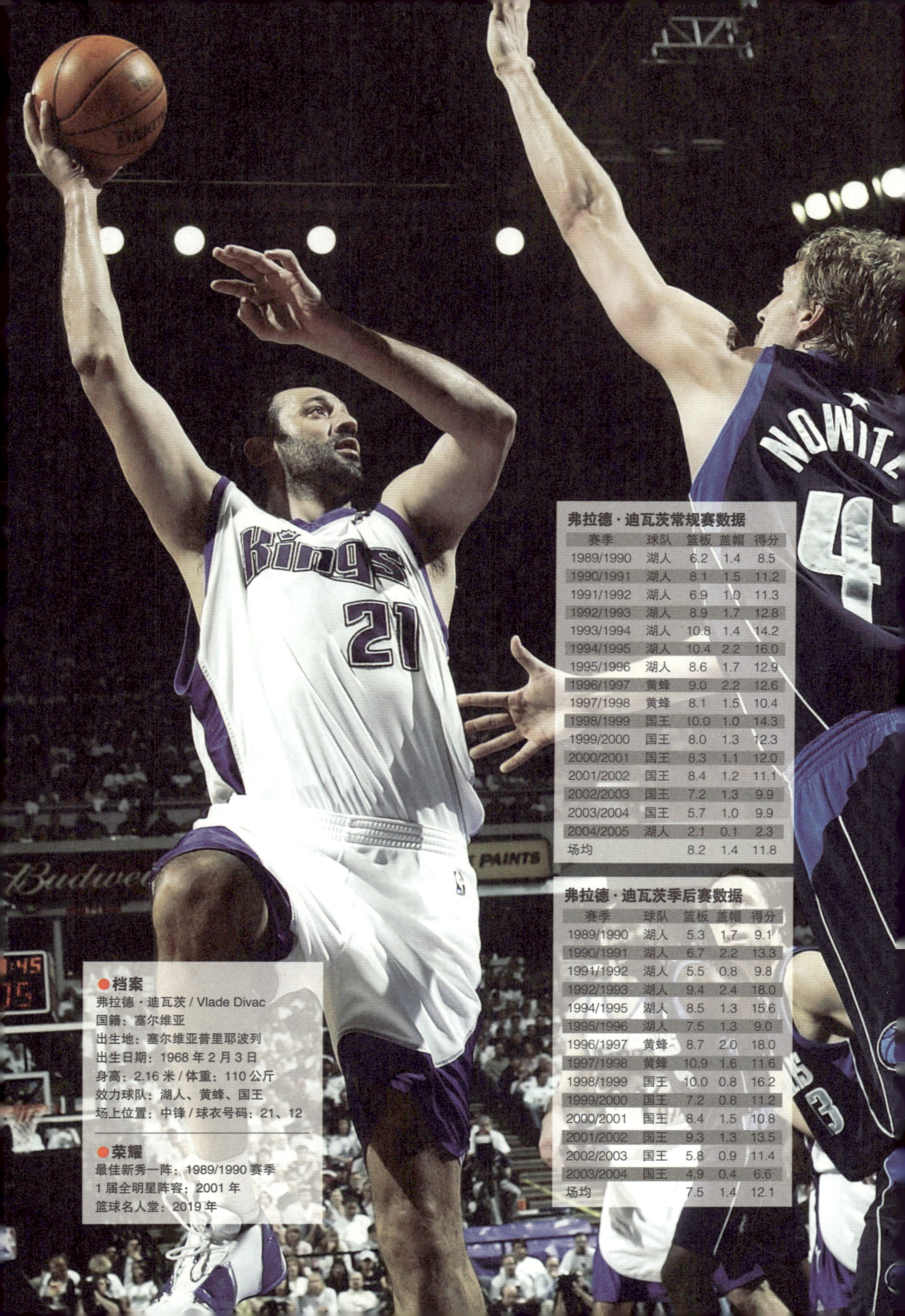

档案

弗拉德·迪瓦茨 / Vlade Divac
国籍：塞尔维亚
出生地：塞尔维亚普里耶波列
出生日期：1968 年 2 月 3 日
身高：2.16 米 / 体重：110 公斤
效力球队：湖人、黄蜂、国王
场上位置：中锋 / 球衣号码：21、12

荣耀

最佳新秀一阵：1989/1990 赛季
1 届全明星阵容：2001 年
篮球名人堂：2019 年

弗拉德·迪瓦茨常规赛数据

赛季	球队	篮板	盖帽	得分
1989/1990	湖人	6.2	1.4	8.5
1990/1991	湖人	8.1	1.5	11.2
1991/1992	湖人	6.9	1.0	11.3
1992/1993	湖人	8.9	1.7	12.8
1993/1994	湖人	10.8	1.4	14.2
1994/1995	湖人	10.4	2.2	16.0
1995/1996	湖人	8.6	1.7	12.9
1996/1997	黄蜂	9.0	2.2	12.6
1997/1998	黄蜂	8.1	1.5	10.4
1998/1999	国王	10.0	1.0	14.3
1999/2000	国王	8.0	1.3	12.3
2000/2001	国王	8.3	1.1	12.0
2001/2002	国王	8.4	1.2	11.1
2002/2003	国王	7.2	1.3	9.9
2003/2004	国王	5.7	1.0	9.9
2004/2005	湖人	2.1	0.1	2.3
场均		8.2	1.4	11.8

弗拉德·迪瓦茨季后赛数据

赛季	球队	篮板	盖帽	得分
1989/1990	湖人	5.3	1.7	9.1
1990/1991	湖人	6.7	2.2	13.3
1991/1992	湖人	5.5	0.8	9.8
1992/1993	湖人	9.4	2.4	18.0
1994/1995	湖人	8.5	1.3	15.6
1995/1996	湖人	7.5	1.3	9.0
1996/1997	黄蜂	8.7	2.0	18.0
1997/1998	黄蜂	10.9	1.6	11.6
1998/1999	国王	10.0	0.8	16.2
1999/2000	国王	7.2	0.8	11.2
2000/2001	国王	8.4	1.5	10.8
2001/2002	国王	9.3	1.3	13.5
2002/2003	国王	5.8	0.9	11.4
2003/2004	国王	4.9	0.4	6.6
场均		7.5	1.4	12.1

4♣

大胡子

弗拉德·迪瓦茨

VLADE DIVAC

留着大胡子的迪瓦茨总是一副老派绅士的派头。

他表情木讷却精于算计，他算无遗策却圆月清风。他依靠出神入化的策应和传球，帮助国王成为 21 世纪初 NBA 最华丽的球队。

他的市侩与狡黠、精明与谋划，令他成为独树一帜的智能型中锋。

他深谙各种假摔、小动作和垃圾话，并善于巧妙避开自己不擅长的篮下搏杀，在禁区内外用头脑来嬉耍对手，因此爱他、恨他的人立场分明。

他和普林斯顿体系的相遇，是风云际会的美妙传奇。他因此也列身于比尔·沃顿、萨博尼斯之侧，成为历史上最会传球的中锋之一。

他也成就了萨克拉门托国王的行云流水般进攻盛况。

1989 年，弗拉德·迪瓦茨被洛杉矶湖人在首轮第 26 顺位选中，他没有赶上倾国倾城的“SHOW TIME”时代。在他被选中那个夏天，恰逢（湖人在总决赛被活塞横扫，“天勾”贾巴尔退役）“紫金王朝”的末期。

1991 年，迪瓦茨和“魔术师”约翰逊、沃西和斯科特一起进入到总决赛，但却成了“飞人”乔丹加冕的背景板。然后，那一代的湖人彻底风流云散。他，一个来自南斯拉夫的欧洲中锋，忽然间就成了在湖人禁区扛起过渡时代的巨人。

迪瓦茨在湖人的第二年，就成为首发中锋。在湖人的前四个赛季，他的比赛就是这样一种模式：每晚用自己狡猾的意识和技巧蹭到两位数的分数，然后再摘下七八个篮板。他的聪慧和技巧让人赞叹，但在怪兽丛生的 NBA，他没有什么独立生存的能力。你不能指望他像湖人的前辈贾巴尔、张伯伦那样，鹤立鸡群般统治禁区。

到了 1993/1994 赛季，他终于能拿到场均“两双”的数据，场均 14.2 分、10.8 个篮板；

然后在下一个赛季，得分涨到 16 分，依然场均“两双”，但与此同时，湖人每况愈下，直奔乐透而去，“魔术师”约翰逊匆匆复出，然后又再度退役。

1996 年，迪瓦茨用另外一种方式留名青史：湖人用他交换夏洛特黄蜂选中的 13 号新秀科比・布莱恩特。多年以后来看，“紫金军团”做了无比划算的交易，但从当年而言，迪瓦茨贵为正值当打之年场均两双的主力湖人中锋，而科比只是 17 岁的高中生新秀，这笔交易令人觉得不可思议。

1998 年，30 岁的迪瓦茨签约萨克拉门托国王。在里克・阿德尔曼的执教下，这位欧洲技术流中锋开启了一段美好的高光之旅。迪瓦茨和克里斯・韦伯的内线组合，开始上演 NBA 史上屈指可数的大个子传球戏码。

表情木讷的迪瓦茨却精于算计，他的策应和传球，帮助国王成为 21 世纪初 NBA 最流畅灵动的球队。迪瓦茨在国王效力的 6 个赛季里，留下各种教科书般的精妙传球。他和普林斯顿体系的相遇，是风云际会的美妙传奇。因为这段华丽绽放，也让迪瓦茨跻身于比尔・沃顿、萨博尼斯之侧，成为历史上最会传球的中锋之一。

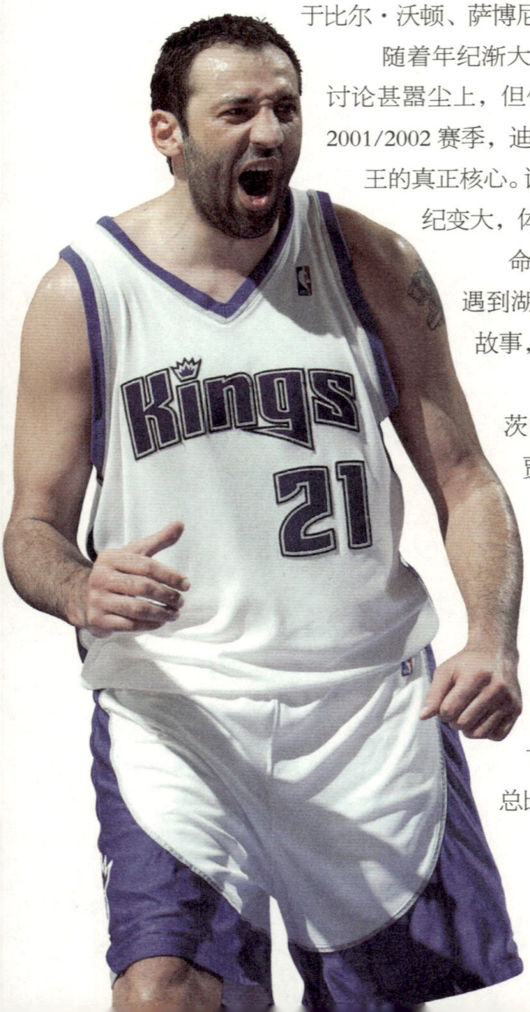

随着年纪渐大、体重增长、速度渐慢，关于迪瓦茨笨重迟钝的讨论甚嚣尘上，但他年复一年担负起内线枢纽，在韦伯大量缺阵的 2001/2002 赛季，迪瓦茨用助攻盘活全局，证明着他才是那支 61 胜国王的真正核心。谈及体重与年龄的增长，迪瓦茨只是淡淡地说：“年纪变大，体重变重，是因为脑袋里蕴藏的知识越来越多。”

命运就是这么奇妙而残酷，巅峰期的国王连续三年遇到湖人，然后连续三年被碾压，这其中最悲壮绮丽的故事，当然要数 2002 年。

2002 年韦伯因为膝伤只打了 54 场比赛。但迪瓦茨的传球，催醒了 25 岁的塞尔维亚同胞佩贾・斯托贾科维奇，他的远射融汇水银泻地的普林斯顿体系，加上后卫迈克・毕比的妖异演出，让国王在常规赛豪取 61 胜的战绩，那是国王的巅峰岁月。

2002 年西部决赛，国王对阵湖人第二场，迪瓦茨绕前防“大鲨鱼”奥尼尔，展现了他那奥斯卡影帝级的表演——坐倒。奥尼尔半场被吹第三次进攻犯规。连续犯规使得“大鲨鱼”小心翼翼，下半场他只得了 12 分。国王以 96 比 90 赢下第二场，总比分是 1 比 1 平。

赛后，湖人球迷——大导演斯皮尔伯格诚挚地邀请迪瓦茨在自己下一部新片中担任角色，“我简直被他完美演绎的整个摔倒过程震惊了，我不认为有任何一个好莱坞动作明星能做到他那样惟妙惟肖。”斯皮尔伯格如是说，但迪瓦茨谢绝了。

历史上大多数华丽优美的进攻球队易夭折，萨克拉门托国王也不例外。

在迪瓦茨犯满离场后，在“抢七大战”的加时赛，国王主场输给湖人。2002 年之后韦伯老去，萨克拉门托的紫色花朵渐次凋零。迪瓦茨同样开始老去。那支镌刻在一代人回忆里的国王，开始裂变、暗斗。最终，佩贾上位，韦伯出走，迪瓦茨被交易。

2004 年，迪瓦茨在职业生涯的末期，再回到了人生的起点——湖人。当时的“紫金军团”的命运也与他初次遇到时一样，一个王朝的黄昏。“OK 组合”分道扬镳，“四大天王”折戟沉沙，洛杉矶开始了新一轮重建，围绕着当初那个用他换来的少年。

几乎无赛可打的迪瓦茨在 2005 年 7 月 15 日宣布退役，他那 16 年的 NBA 生涯就此戛然而止。迪瓦茨成为取得 13000 分、9000 个篮板、3000 次助攻和 1500 次盖帽的四位球员之一，另三位分别为贾巴尔、奥拉朱旺和加内特。

虽然迪瓦茨的大部分职业生涯都在 NBA 度过，但他作为 20 世纪 80 年代末首批赴 NBA 淘金的欧洲拓荒者，也入选了欧洲冠军联赛 50 大杰出贡献者。

2009 年 3 月 31 日，萨克拉门托国王为迪瓦茨举行了 21 号球衣退役仪式。2019 年 4 月 6 日，迪瓦茨入选奈・史密斯篮球名人纪念堂。

在家乡，迪瓦茨像英雄一样被人民所热爱，这不仅仅是因为他为南斯拉夫和塞尔维亚队打球时做出的杰出贡献以及他在 NBA 的出色履历，更主要的是因为他在慈善事业上的专注投入。每年迪瓦茨基金会都会给数百名无家可归的难民建立家园。

迪瓦茨已经超越了体育范畴，篮球只是他伟大人生的一部分，他不但是一个球场上的绅士舞者，还是塞尔维亚的无双国士。他永远属于自己的国家和人民。

生涯高光闪回 / 萨克拉门托五虎

高光之耀：千禧年过后，国王聚拢了那时 NBA 所有聪明的艺术家——长啸低吟的诗人、泼墨挥毫的画家、激情澎湃的指挥家、制造天籁的魔鬼小提琴手，他们就是名扬天下的“萨克拉门托五虎”。

控球后卫“白魔鬼”迈克・毕比，刚到国王的他接下“白巧克力”的组织进攻大旗，而其远投能力强太多了；得分后卫克里斯蒂，一名攻守兼备的典型 3D 球员；小前锋佩贾，一位能媲美雷・阿伦和克莱・汤普森的三分射手；而中锋迪瓦茨成为五虎组合能打出行云流水的进攻的关键所在，他的篮板球和高位策应能力非常出众。

“五虎”联袂首发，在 2001/2002 赛季常规赛中，率队豪取联盟最佳 61 胜的战绩，并杀入西部决赛。他们不是时代的王者，却开创了最华丽的进攻浪潮，国王虽未加冕，但他的史诗依旧光照后世。

希度·特克格鲁常规赛数据

赛季	球队	篮板	助攻	得分
2000/2001	国王	2.8	0.9	5.3
2001/2002	国王	4.5	2.0	10.1
2002/2003	国王	2.8	1.3	6.7
2003/2004	马刺	4.5	1.9	9.2
2004/2005	魔术	3.5	2.3	14.0
2005/2006	魔术	4.3	2.8	14.9
2006/2007	魔术	4.0	3.2	13.3
2007/2008	魔术	5.7	5.0	19.5
2008/2009	魔术	5.3	4.9	16.8
2009/2010	猛龙	4.6	4.1	11.3
2010/2011	太阳	4.0	2.3	9.5
2010/2011	魔术	4.6	5.1	11.4
2011/2012	魔术	3.8	4.4	10.9
2012/2013	魔术	2.4	2.1	2.9
2013/2014	快船	2.3	0.9	3.0
2014/2015	快船	1.6	0.6	3.7
场均		4.0	2.8	11.1

希度·特克格鲁季后赛数据

赛季	球队	篮板	助攻	得分
2000/2001	国王	3.5	1.4	7.5
2001/2002	国王	5.2	1.4	8.6
2002/2003	国王	2.9	1.4	5.3
2003/2004	马刺	4.5	1.5	7.7
2006/2007	魔术	3.3	3.5	13.8
2007/2008	魔术	6.4	5.5	17.5
2008/2009	魔术	4.5	4.8	15.8
2010/2011	魔术	3.2	3.7	9.2
2011/2012	魔术	2.8	2.4	8.4
2013/2014	快船	1.0	0.2	3.2
2014/2015	快船	0.6	0.4	0.9
场均		3.8	2.6	9.7

●档案

希度·特克格鲁/Hedo Turkoglu
国籍：土耳其
出生地：土耳其伊斯坦布尔
出生日期：1979 年 3 月 19 日
身高：2.08 米 / 体重：100 公斤
效力球队：国王、魔术、快船
场上位置：小前锋
球衣号码：5、15、26

●荣耀

1 届进步最快球员：2007/2008 赛季
1 届世锦赛亚军：2010 年

4

土耳其魔术师
希度·特克格鲁
HEDO TURKOGLU

他是魔术的指挥官，统御巅峰“魔兽”与华丽射手群征服东海岸。

他是“大心脏”的关键杀手，拖着慢三步的独特节奏来终结对方。

他还是一度比肩詹姆斯的组织型控球小前锋，2.08 米的身高，让他高屋建瓴、俯瞰全局，指挥、调度、传球，无一不精。

他是奥兰多魔术的真正大脑，一位来自土耳其的篮球魔术师。

特克格鲁，秉承了欧洲球员的狡黠与聪明，他思路清晰、走位风骚，而作为领袖与杀手，他都堪称欧洲球员的典范。

伊斯坦布尔，也就是罗马时代的君士坦丁堡，世界上唯一一座横跨欧亚的城市，这个地方在欧洲史上意义非凡。1979 年 3 月 19 日，希度·特克格鲁在这里出生。

对于土耳其人来说，特克格鲁就是他们的迈克尔·乔丹。1999 年，全 NBA 都知道了这位多才多艺的土耳其“篮球王子”。

2000 年夏天，21 岁的特克格鲁在首轮第 16 顺位被萨克拉门托国王选中，这支球队正在克里斯·韦伯、弗拉德·迪瓦茨、迈克·毕比、佩贾·斯托贾科维奇的领衔下，上演圆月风清、华丽曼妙的紫色时光。

在国王内部，特克格鲁是人见人爱的“菜鸟”小弟，备受各位大哥的照顾。韦伯借给他跑车，迪瓦茨为他提供住处，“神射手”斯托贾科维奇则指导他球场上的一切。

2001/2002 赛季，国王的繁华达到了顶峰：佩贾朝联盟最顶尖射手演进；毕比逐渐幻化成妖异的狙击手。特克格鲁也在韦伯受伤之余拣够了上场时间，场均得到 10.1 分、4.5 个篮板、2.0 次助攻。2003 年休赛期，特克格鲁被送到马刺。在马刺唯一一个赛季里，他场均贡献 9.2 分以及职业生涯最高的 42% 的三分命中率。

2004 年夏天，魔术以一纸 6 年 3900 万美金的合同将特克格鲁带到奥兰多，让他终于能随意挥洒过人的才华。拥有世界上最大迪士尼乐园的奥兰多是座如梦似幻的城市，这里的球队曾经孕育出清秀灵动的“便士”、优雅全能的希尔、逸气高扬的麦迪。魔术能够孕育出如此众多惊才绝艳的摇摆天才，魔术也算以此名扬天下。随着希尔离队，特克格鲁以先发的身份打遍了除了中锋以外的四个位置，其飘忽莫测的位置和全面纯熟的身手，让每个与其对位的对手都叫苦不迭。

特克格鲁在高中时期主打控卫，这些经历磨炼了他的运球、策划和传球的能力。身材高大的他出现在 1 号位时，对于其他任何对位者而言，都是一个巨大的错位。

固执而激情的魔术主教练斯坦·范甘迪为特克格鲁设计了许多侧翼战术，让他做球队的指挥官，特克格鲁成为一名控球小前锋。他比对手高出半头，视界遍及整个半场，无论是传球给霍华德，还是传球给四围埋伏的投手，或者自己单打，他都游刃有余。

2007/2008 赛季，特克格鲁首发打满 82 场，场均得到 19.5 分、5.7 个篮板和 5.0 次助攻，荣膺进步最快球员奖，此外他还拥有一个恐怖的称号“绝杀王”。

2008/2009 赛季，特克格鲁场均贡献 16.8 分、5.3 个篮板、4.9 次助攻。2009 年季后赛，这位“土耳其杀手”开始抵达顶峰。对阵费城 76 人的第四场，特克格鲁一记三分球绝杀对手；东部半决赛第三场，他依靠聪明的卡位和臂长防得保罗·皮尔斯 15 投仅 6 中，自己则 12 投 8 中，得到 24 分。

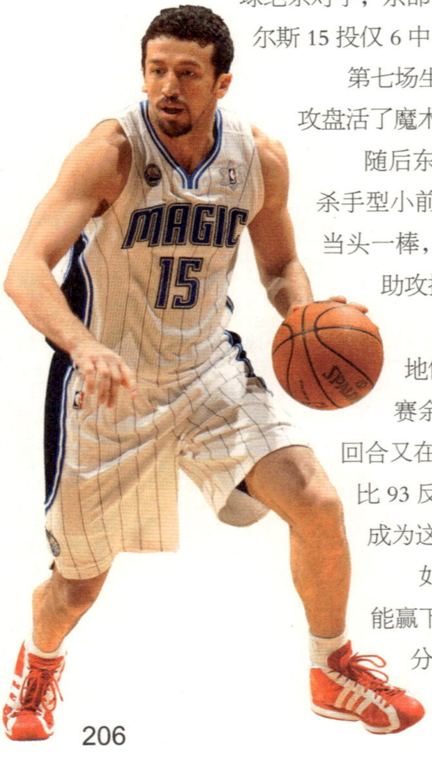

第七场生死战，特克格鲁 12 投 9 中，得到 25 分，并用 12 次助攻盘活了魔术的射手群，率队击败“三巨头”领衔的凯尔特人。

随后东部决赛对阵勒布朗·詹姆斯的骑士，特克格鲁树立了杀手型小前锋的标杆。第一场他就给此前季后赛 8 胜 0 负的骑士当头一棒，得到 15 分、14 次助攻，最后时刻一记中投命中，再助攻拉沙德·刘易斯一记底角三分球锁定胜局。

整个系列赛，身高 2.08 米的特克格鲁可以随心所欲地传球、投篮。第二场，特克格鲁几乎再次绝杀骑士：比赛余 49 秒，他先是用一记三分球将分数打到 93 平，下一回合又在帕夫洛维奇头顶命中一记中投，魔术在最后 1 秒以 95 比 93 反超骑士。特克格鲁露出了一个诡异的笑容，而这一幕成为这个赛季魔术的形象定格。

如果不是詹姆斯最后时刻逆天改命的三分球，魔术就可能赢下两场后摧枯拉朽。即便詹姆斯在东部决赛场均砍下 38 分、8 个篮板、8 次助攻的豪华数据，单核骑士也抵挡不住特克格鲁与“魔兽”德怀特·霍华德领衔的魔术。

2009年总决赛，魔术不敌巅峰湖人。年过30的特克格鲁虽然依旧深不可测，但薪金微薄。正处于生涯巅峰的他决定谋求一份大合同，因为30岁是白人球员的分界线。

2009年夏天，特克格鲁加盟猛龙，虽然千万年薪到手，但他再也没有达到此前在魔术2009年的那个高度。

特克格鲁辗转猛龙、太阳，然后又回到魔术。经历一年半的环游后，再次回到奥兰多，一切已经杳如黄鹤，昔日的往事已是童话。

2012年夏天，霍华德转去湖人，昔日那支海蓝色的“杀手球队”正式瓦解。

2013年2月14日，特克格鲁的兴奋剂测试结果呈阳性，违反了反兴奋剂条款，NBA联盟对他进行了20场停赛停薪的处罚。虽然特克格鲁不是主动使用禁药，但这场停赛风波似乎磨平了这位土耳其人的所有棱角。

2014年1月4日，魔术裁掉特克格鲁。随着体能和健康情况的下滑，他的整个竞技状态全都跌落到最低谷。和奥多姆一样，他们这样高个子的摇摆前锋，俗称“不三不四”。他们年轻时打谁都是错位，可当他们老去之后，谁打他们也都是错位。

彼时的特克格鲁跟不上小前锋的速度、顶不住大前锋的冲击，在现代篮球的节奏中，这几乎是一种原罪。他仅有的价值，就是那一手精湛但却开始起伏的射术，这些显然弥补不了他在防守端的黑洞，愈发狭窄的球路以及下滑的身体，让特克格鲁沦为鸡肋。

2014年9月，快船用一纸底薪合同收留了特克格鲁，在短暂的回光返照之后，他再度步履蹒跚。那位曾经令东海岸震颤的“摇摆杀手”，再也迈不动摇摆的步伐。于是，他自己也知道，告别的时刻到了。

2015年11月13日，特克格鲁宣布退役，这位土耳其“篮球王子”在NBA的远征也称不上完美，但毫无疑问，在土耳其的篮球史上，他就像一位开国帝王般被后裔铭记。

生涯高光闪回 / 绝杀76人

高光之耀：特克格鲁可以说是魔术队最准的外线投手，场均拥有近40%的三分命中率。虽然年过三十，但他依旧发挥着“定海神针”的作用。他的“大心脏”越在关键时刻就越发突显。

2009年4月27日，东部首轮季后赛第四战魔术客场挑战76人。之前三战，76人以大比分2比1领先，因而此役对魔术来说至关重要。

终场前14.8秒，双方战成81平。关键时刻，特克格鲁挺身而出。终场前1.1秒，右他在翼飙中一记三分准绝杀，随着伊戈达拉三分球不中，魔术以84比82险胜76人。

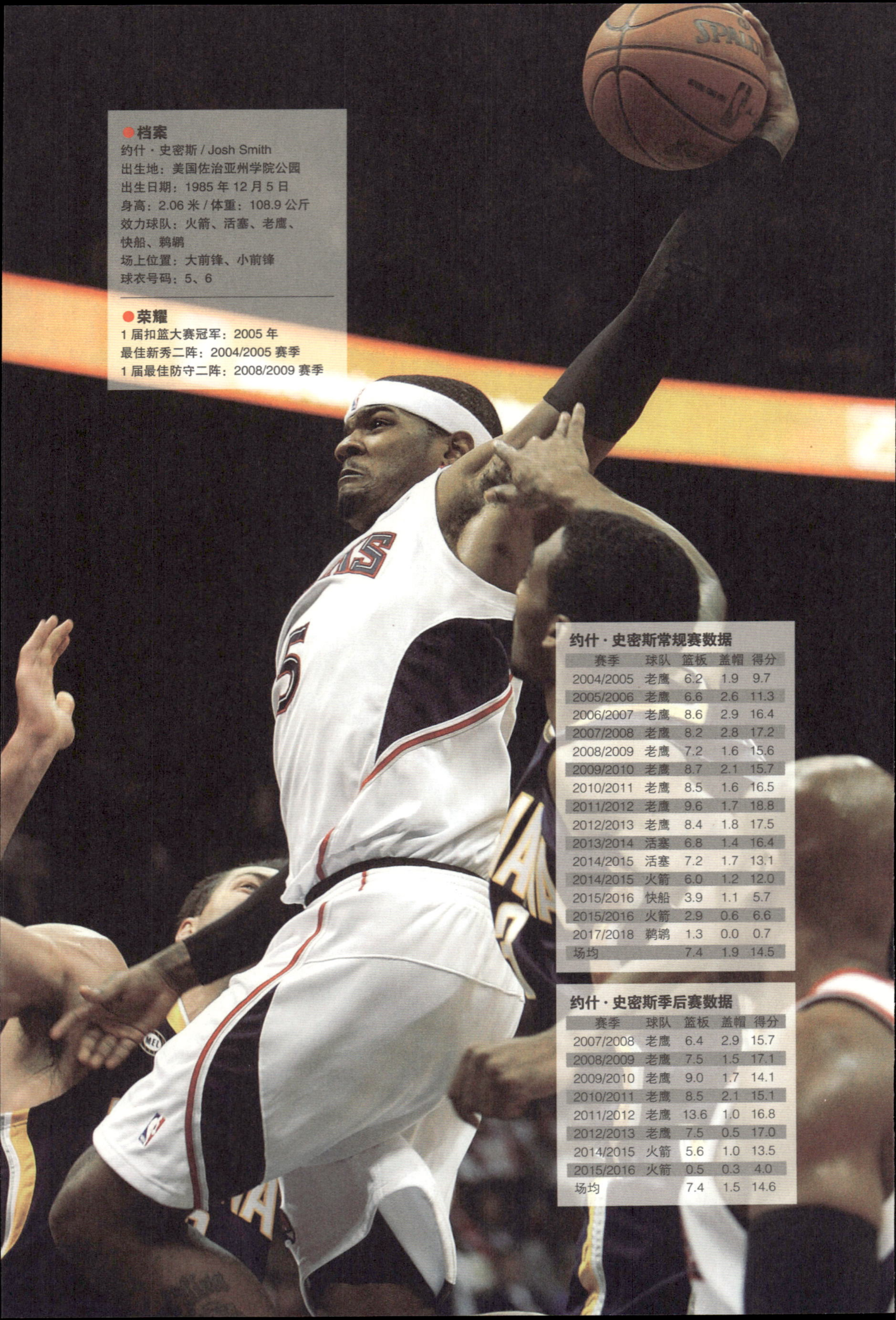

档案

约什·史密斯 / Josh Smith

出生地：美国佐治亚州学院公园

出生日期：1985 年 12 月 5 日

身高：2.06 米 / 体重：108.9 公斤

效力球队：火箭、活塞、老鹰、快船、鹈鹕

场上位置：大前锋、小前锋

球衣号码：5、6

荣耀

1 届扣篮大赛冠军：2005 年

最佳新秀二阵：2004/2005 赛季

1 届最佳防守二阵：2008/2009 赛季

约什·史密斯常规赛数据

赛季	球队	篮板	盖帽	得分
2004/2005	老鹰	6.2	1.9	9.7
2005/2006	老鹰	6.6	2.6	11.3
2006/2007	老鹰	8.6	2.9	16.4
2007/2008	老鹰	8.2	2.8	17.2
2008/2009	老鹰	7.2	1.6	15.6
2009/2010	老鹰	8.7	2.1	15.7
2010/2011	老鹰	8.5	1.6	16.5
2011/2012	老鹰	9.6	1.7	18.8
2012/2013	老鹰	8.4	1.8	17.5
2013/2014	活塞	6.8	1.4	16.4
2014/2015	活塞	7.2	1.7	13.1
2014/2015	火箭	6.0	1.2	12.0
2015/2016	快船	3.9	1.1	5.7
2015/2016	火箭	2.9	0.6	6.6
2017/2018	鹈鹕	1.3	0.0	0.7
场均		7.4	1.9	14.5

约什·史密斯季后赛数据

赛季	球队	篮板	盖帽	得分
2007/2008	老鹰	6.4	2.9	15.7
2008/2009	老鹰	7.5	1.5	17.1
2009/2010	老鹰	9.0	1.7	14.1
2010/2011	老鹰	8.5	2.1	15.1
2011/2012	老鹰	13.6	1.0	16.8
2012/2013	老鹰	7.5	0.5	17.0
2014/2015	火箭	5.6	1.0	13.5
2015/2016	火箭	0.5	0.3	4.0
场均		7.4	1.5	14.6

3

鹰王
约什·史密斯
JOSH SMITH

从新秀赛季起约什就显示出 21 世纪球员的特质：2.06 米的身高可以摇摆多个位置，野兽般的运动能力，迅疾的机动性，这似乎在描述另外一个詹姆斯。然而与“皇帝”不同，史密斯似乎缺乏与生俱来的领袖气质以及技术支撑，也没有把天赋兑换为胜利。

约什的灌篮有时霸道刚猛、有时飘逸空灵。无论是大风车、战斧式，还是空中接力、隔人暴扣，他都信手拈来。约什经常以大鹏展翅的身姿翱翔天空，完美地展现“鹰王”的特质。

约什·史密斯在高中篮球界已成为让人闻之色变的“超级怪物”，场均打出 21 分、12 个篮板、4 次助攻、6 次盖帽的惊人数据。

2004 年，约什在首轮第 17 顺位被亚特兰大老鹰选中，当时那是一支混乱不堪的球队，艾尔·哈灵顿是球队头号得分手，泰伦·卢和托尼·德尔克掌控着球权，年轻的史密斯无处发泄旺盛的精力，他只能用劲爆扣篮在全明星大赛上自我介绍。

直到 2008 年约什才第一次尝到季后赛的滋味，与凯尔特人的七场大战中，他场均 15.7 分、6.4 个篮板、2.9 次盖帽，彼时人们将他视为亚特兰大的新星。然而在老鹰，史密斯始终无法改善进攻半径，离开三秒区他的命中率惨不忍睹，更要命的是他总是喜欢在中远距离与篮筐较劲，媒体嘲讽菲利普斯中心的篮筐稳居维修率榜首。

2009/2010 赛季，约什曾短暂克制住远投的欲望，整季只投了 7 记三分球，然而一年之后他又重回旧路，他始终是那个让老鹰球迷跳脚的蹩脚射手。与此同时，老鹰的成绩裹足不前，连续止步于第二轮，这也让亚特兰大对史密斯产生了怀疑。

2011/2012 赛季，约什达到职业生涯的巅峰，场均 18.8 分、9.6 个篮板，21.2 的 PER 值在大前锋中位列第 8，排在保罗·加索尔、加内特和波什之前，然而他还是无缘全明星。

赛季结束后，老鹰发生了翻天覆地的变化。丹尼·费里走马上任，这位新总裁送走了乔·约翰逊和马文·威廉姆斯，对约什仍有期待，期待的前提是约什能扬长避短，然而约什对中远投的迷恋一点一点消磨掉管理层的耐心。

2013 年 1 月，约什为老鹰效力 8 年后，最终与球队分道扬镳。

离开亚特兰大，约什与活塞签下一份 4 年 5600 万美元的合同，“汽车城”幻想着由格雷格·门罗、安德列·德拉蒙德与约什组成“巨无霸”前场组合。然而活塞最明显的短板就是在进攻中无法拉开空间，2012/2013 赛季他们的三分球命中率仅有 35.6%。

底特律活塞正在变成底特律老鹰，约什似将成为泰坦尼克级铁匠，活塞主帅奇克斯把约什扔在板凳上时，矛盾终于爆发。2014 年 12 月，活塞宣布裁掉约什。

火箭用一年 207 万美元的底薪将约什招至麾下。甘于平凡后的“鹰王”焕发出新的能量，他在轮换时段专注于组织和防守，其过人的天赋完全发挥出来。

对火箭而言，最坏的结果也不过是浪费 200 万美元的薪水，然而约什却成为休斯敦的惊喜。主帅麦克海尔如此评价约什：“一个能帮我们赢球的球员，兼具得分、传球、篮板和防守的技能。”

对史密斯而言，与童年好友德怀特·霍华德一起打球，还有机会冲击总冠军，修复曾经破碎的职业形象，没有比火箭更好的选择了。

范甘迪认为火箭队内分明的等级帮助约什认清了自己的职责：“现在他又回到类似老鹰的角色中，火箭可以利用他的防守、篮板、传球和全能属性。他不需要承担进攻的重任，这样更好地利用了他的能力。”

约什没有辜负火箭对他的信任，首轮对阵小牛他就复制了当年与霍华德“双龙戏珠”的戏码，频频为“魔兽”送出空中接力。“难以置信。”哈登说，“以前在 AAU 打球的时候，他俩就经常上演空接好戏。他们仿佛回到了过去，这是一种非常奇妙的感觉。”

2015 年西部半决赛，火箭对阵快船，约什跻身先发，表现抢眼，甚至在第六场成为休斯敦的“救世主”。第六场，火箭在客场以 119 比 107 击败快船，避免被淘汰的命运。

整个第四节约什 5 投 4 中，砍下 14 分，其中三分球 4 投 3 中，要知道他职业生涯三分球命中率只有 28.5%，没人会预见约什在关键时刻能有这样精准的远投表现。

与亚特兰大时期相比，约什的身体已不在巅峰，然而在火箭他终于明白如何做一个出色的团队球员，就此而言，休斯敦见证的是一个全新的约什。

约什在火箭的时间并不长，2015 年 7 月，他加盟洛杉矶快船。之后约什又颠沛流离，辗转 NBA、CBA 以及以色列联赛，虽然偶露峥嵘，却难以再现昔日“鹰王”风采。2017 年 11 月，新奥尔良鹈鹕裁掉约什，这位昔日飞天猛将自此离开了球迷的视线。

约什拥有超强的身体素质，2.06 米的身高加上 1.02 米的垂直弹跳，让他能轻松地封盖、肆意地扣篮。而生涯仅有 26.5% 的三分命中率，不足以让他在如今的 NBA 立足。

一代“鹰王”就此收羽归巢，留下扣篮美如画的燃情诗篇。

生涯高光闪回 / 丹佛扣篮王

高光之耀：当约什穿上多米尼克·威尔金斯留下的 21 号战袍，并完成一记满分的风车灌篮之后，让全世界记住了这个身体劲爆的“弹簧男”。

2005 年 2 月 20 日，丹佛百事中心，NBA 全明星周末压轴大戏扣篮大赛落下帷幕。老鹰新秀约什·史密斯一鸣惊人，决赛中以满分 100 分的成绩力压斯塔德迈尔夺冠。

预赛的两扣，约什分别得到 45 分和 50 分，携手总得分 95 分的小斯进入决赛。决赛中，约什换上了老鹰传奇球星“人类电影精华”威尔金斯的原老鹰球衣，模仿威尔金斯当年的动作，完成大风车扣篮，场边的威尔金斯起立致意。随后约什又完成转体 360 度大风车，以满分的成绩问鼎扣篮王。

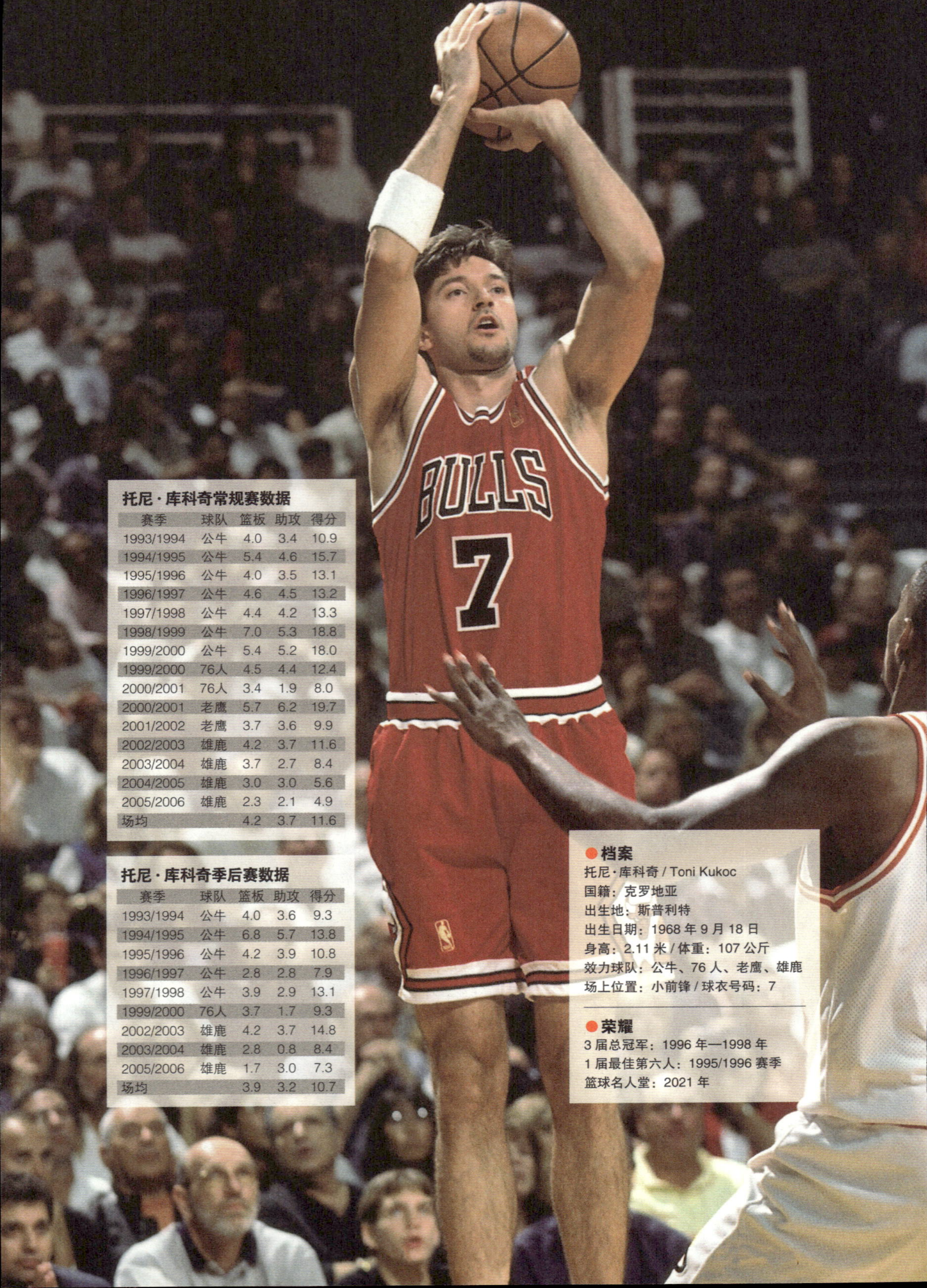

托尼·库科奇常规赛数据

赛季	球队	篮板	助攻	得分
1993/1994	公牛	4.0	3.4	10.9
1994/1995	公牛	5.4	4.6	15.7
1995/1996	公牛	4.0	3.5	13.1
1996/1997	公牛	4.6	4.5	13.2
1997/1998	公牛	4.4	4.2	13.3
1998/1999	公牛	7.0	5.3	18.8
1999/2000	公牛	5.4	5.2	18.0
1999/2000	76人	4.5	4.4	12.4
2000/2001	76人	3.4	1.9	8.0
2000/2001	老鹰	5.7	6.2	19.7
2001/2002	老鹰	3.7	3.6	9.9
2002/2003	雄鹿	4.2	3.7	11.6
2003/2004	雄鹿	3.7	2.7	8.4
2004/2005	雄鹿	3.0	3.0	5.6
2005/2006	雄鹿	2.3	2.1	4.9
场均		4.2	3.7	11.6

托尼·库科奇季后赛数据

赛季	球队	篮板	助攻	得分
1993/1994	公牛	4.0	3.6	9.3
1994/1995	公牛	6.8	5.7	13.8
1995/1996	公牛	4.2	3.9	10.8
1996/1997	公牛	2.8	2.8	7.9
1997/1998	公牛	3.9	2.9	13.1
1999/2000	76人	3.7	1.7	9.3
2002/2003	雄鹿	4.2	3.7	14.8
2003/2004	雄鹿	2.8	0.8	8.4
2005/2006	雄鹿	1.7	3.0	7.3
场均		3.9	3.2	10.7

档案

托尼·库科奇 / Toni Kukoc
国籍：克罗地亚
出生地：斯普利特
出生日期：1968 年 9 月 18 日
身高：2.11 米 / 体重：107 公斤
效力球队：公牛、76 人、老鹰、雄鹿
场上位置：小前锋 / 球衣号码：7

荣耀

3 届总冠军：1996 年—1998 年
1 届最佳第六人：1995/1996 赛季
篮球名人堂：2021 年

3♥

欧洲乔丹

托尼·库科奇

TONI KUKOC

随着公牛卫冕第二个三连冠，库科奇也以无所不能的万金油风格成为 NBA 史上最伟大的球队的重要拼图，甚至和哈弗里切克、吉诺比利一起，成为最佳第六人的代名词。

身材高大、英俊儒雅，库科奇是一位内敛沉静但却球技卓越的美男子。他有着接近中锋的身高，却熟悉所有的后卫技巧。美国人似乎可以从他身上联想到“魔术师”约翰逊，但“魔术师”的投篮从来也不曾如他这般柔顺精致。

美国篮球队在 1988 年汉城奥运会折戟，于是，由迈克尔·乔丹、“魔术师”约翰逊、拉里·伯德领衔的“梦之队”出征 1992 年巴塞罗那奥运会。面对这种“宇宙队”，世界从未想过抵抗，唯有崇拜。但谁也想不到，最后的决赛面对克罗地亚，“梦之队”只赢了 32 分（那届奥运会中分差最少的一次）。克罗地亚还曾一度以 25 比 23 领先，更是让人心生幻觉。如你所知，这一战最耀眼的克罗地亚球员是伟大的德拉岑·彼得洛维奇，他和乔丹针锋相对的单挑已是奥运史上的经典。但克罗地亚之所以能和“梦之队”相掐抗，是因为他们除了彼得洛维奇之外，还有一个叫托尼·库科奇的人。

“梦之队”藏龙卧虎，但却没有一个人能出去和库科奇对位。让斯科特·皮彭盯他，斯科特在底线大胆地远射；当大卫·罗宾逊过来协防时，他又一记单手甩传；换乔丹来，库科奇又在弧顶放出一记远投，然后他又在已经跳不起来的伯德头顶完成一记补扣。

库科奇一个人基本上把“梦之队”的球员戏弄了个遍。最终，这一战他游戏风尘般拿下 16 分、9 次助攻。乔丹留下了一句意味深长的话：“真希望能在芝加哥看到库科奇。”

就是这句话，铺陈出了后来的“公牛王朝”以及之后漫长的兴衰悲喜。

事实上，芝加哥公牛早在 1990 年就在第 29 顺位选中了库科奇，只是他一直没去 NBA 打球罢了。在那个年代，一个外籍球员被 NBA 看中，并不普遍。库科奇之所以能让 NBA 降尊纡贵，当然是靠实力说话的。关于这一点，有他的履历为证。

1968 年，库科奇出生于当时还属于南斯拉夫的克罗地亚。1982 年，14 岁的他已经是南斯拉夫少年组乒乓球冠军，当年夏天他开始打篮球。

1987 年世界青年锦标赛决赛，南斯拉夫青年队对美国青年队，19 岁，且只有 5 年球领的托尼·库科奇在三分线外 12 次出手 11 次命中。

1988 年，他作为南斯拉夫队一员拿到奥运银牌。

1990 年他 22 岁时，已经是欧洲年度最佳球员。此后两年，在意大利贝纳通，他完成了欧洲年度最佳球员三连庄。

1993 年 7 月，25 岁的库科奇进入 NBA 时。正赶上乔丹第一次退役。公牛原计划慢慢培养和塑造库科奇，但乔丹的退役却让他成了公牛最大的希望。

1993/1994 赛季，库科奇的第一个 NBA 赛季：出战 75 场常规赛，8 次首发，场均得到 10.9 分、4.0 个篮板、3.4 次助攻，并参加了全明星新秀赛。

1994 年东部半决赛第三场最后时刻，一向善于出奇制胜的“禅师”毅然将最后一投交给库科奇，后者不负众望投中三分，公牛以 104 比 102 让尼克斯瞬间死亡。

1994/1995 赛季末期，乔丹归来。库科奇场均得到 15.7 分、5.4 个篮板以及 4.6 次助攻，圆满结束了他的 NBA 生涯第二个赛季。

1995/1996 赛季，篮板王和防守天才丹尼斯·罗德曼到来，乔丹则用一个夏天的苦练重新找回了称雄天下的竞技状态，再加上一个随时能从板凳上站起来，投身于前锋或得分后卫角色的库科奇，于是公牛横扫联盟，打出神话般的 72 胜 10 负。

库科奇场均贡献 13.1 分、4.0 个篮板、3.5 次助攻，作为替补，他在队内得分第三，并以超过 40% 的三分命中率成为公牛的外围“高射炮塔”。

1996/1997 赛季，公牛七年里第五次拿下总冠军，但对托尼·库科奇而言，却不是特别好的年份。1996 年 12 月，他左踝受伤。1997 年 2 月，他右脚受伤。3 月 27 日，他被扔上伤病名单。4 月 10 日，再次的右脚伤直接影响了他季后赛的发挥。

1997/1998 赛季，由于皮彭受伤，库科奇临危受命，担任首发小前锋，整个赛季他 52 次首发。1998 总决赛第六场，乔丹的世纪一投成就了公牛第二次三连冠。

王朝的华彩乐章结束了，接下来是烟花落尽后的寂寞和纠葛。1998/1999 赛季，随着乔丹的退役、皮彭远走休斯敦，库科奇成为公牛的领袖。他场均得到 18.8 分、7.0 个篮板与 5.3 次助攻。然而，公牛的战绩乏善可陈。

被赋予了无限重任的库科奇率领的破败公牛，在殷红如血、光华夺目的“六冠王朝”映照下，显得凄凉而无奈。1999/2000 赛季，乔丹 37 岁生日前一天，库科奇脱下了红色的 7 号球衣，远走费城 76 人。至此，“公牛王朝”所有成员悉数离开。

之后的六年，库科奇辗转费城、亚特兰大和密尔沃基，他最美好的时光都给了那支不朽的芝加哥公牛，但却只能担任第六人的角色。他是“公牛王朝”不可或缺的一部分，他也因为“公牛王朝”而被人熟知，正因为如此，世界无缘在他最巅峰的年龄看到他全部的才华。以他出道时的惊才绝艳，这不能不说是一个有趣的遐想：如果一开始就担当核心，他会成为诺维茨基那种级别的球员吗？而这个问题，永远不可能有答案了。

2006 年，38 岁的库科奇场均滑落到 4.9 分、2.3 个篮板，但许多球队依然垂涎他的多才多艺，想和他签约。库科奇回应道：“或许我还能打上 10 分钟、15 分钟，但现在，篮球已经不是我最爱，我现在更喜欢打高尔夫。”

生涯高光闪回 / 绝杀尼克斯

高光之耀：在库科奇的 NBA 生涯中，不乏闪光的表演。在乔丹、皮蓬的身边，这位国际球员在有限的出场时间与出手次数下，场均可以得到 17.2 分、5.8 个篮板、5.2 次助攻。他把自己的巅峰奉献给了芝加哥，是公牛三连冠的绝对功臣之一。

1994 年 5 月 13 日，东部半决赛的第三场，公牛面对宿敌尼克斯，比赛还剩 1.8 秒，双方 102 平，公牛握有球权。当全世界都认为皮蓬将执行最后一投时，菲尔·杰克逊却为库科奇布置了一个绝杀战术，皮蓬大为恼火并拒绝上场。最终库科奇不负众望，手起刀落，绝杀成功，将尼克斯斩落马下。

迈克尔·里德常规赛数据

赛季	球队	篮板	助攻	得分
2000/2001	雄鹿	0.7	0.2	2.2
2001/2002	雄鹿	3.3	1.4	11.4
2002/2003	雄鹿	4.5	1.4	15.1
2003/2004	雄鹿	5.0	2.3	21.7
2004/2005	雄鹿	4.2	2.3	23.0
2005/2006	雄鹿	4.3	2.9	25.4
2006/2007	雄鹿	3.7	2.3	26.7
2007/2008	雄鹿	4.3	3.4	22.7
2008/2009	雄鹿	3.2	2.7	21.2
2009/2010	雄鹿	3.0	2.2	11.9
2010/2011	雄鹿	0.8	1.2	4.4
2011/2012	太阳	1.5	0.6	8.2
场均		3.8	2.1	19.0

迈克尔·里德季后赛数据

赛季	球队	篮板	助攻	得分
2002/2003	雄鹿	3.5	1.8	9.7
2003/2004	雄鹿	5.0	2.6	18.0
2004/2005	雄鹿	5.4	1.6	27.2
场均		4.6	2.0	17.8

●档案

迈克尔·里德 / Michael Redd
出生地：美国俄亥俄州哥伦布
出生日期：1979 年 8 月 24 日
身高：1.98 米 / 体重：97.6 公斤
效力球队：雄鹿、太阳
位置：得分后卫
球衣号码：22

●荣耀

1 届全明星：2004 年
1 届奥会金牌：2008 年

3 ♣

金左手
迈克尔·里德
MICHAEL REDD

蛮不讲理的干拔三分球，无比顺畅细腻的接球投篮，
以假乱真的晃动后撤步，还有形如鬼魅的穿插突破。

里德的球风和技术与如今炙手可热的斯蒂芬·库里大有神似之处。可以说，里德是库里这种射手型得分后卫的上古版，只是他没有库里那么优质的大局观和匪夷所思的传球创造力。

这位腼腆、沉静的二轮秀曾经单场独得 57 分、单节命中 8 记三分球，依靠出色的左手三分投射技术，在那个群星璀璨的零零年代的 NBA 中拼下一席之地。

提起迈克尔·里德，首先要说起易建联加盟 NBA 密尔沃基雄鹿的第一个赛季，里德作为那支小球市球队的老大，被很多中国球迷所熟悉。

记得那个时候，里德和他的后场搭档莫·威廉姆斯，被称为“里必投”和“莫不传”的组合。随着“里必投”的叫法愈演愈烈，更多的人都会对里德产生一种“烂投”的印象，但实际上的里德并非如此。

作为 2000 年（一个选秀小年）的二轮秀，里德的“平凡”显而易见。

他跑不快，跳不高，身体协调性不佳，甚至连后来让所有对手闻风丧胆的投篮绝技，在当时也只是球探报告里面的“远程投射极差”。要知道，在大学的赛场上，里德的投篮真心不是一般的烂，三分命中率常年徘徊在 20% 上下，唯一可以让他与别人有些区别的，反而是他那看起来“步履蹒跚”却总能切入得分的突破技巧。靠着这个技巧，里德在 2000 年被雄鹿（第二轮第 14 顺位）带到了密尔沃基，这一待就是 11 年。

2000/2001 赛季，里德在密尔沃基的第一个赛季，出场寥寥，更多的时候他都是站

在板凳末端挥舞着毛巾呐喊助威，等比赛之后他独自挥汗如雨地加练投篮。

那个赛季，他总共出场六场比赛，一共只得到可怜巴巴的 13 分。

2002 年 2 月 20 日对阵休斯敦火箭，拥有三个“火枪手”的雄鹿毫不手软，前三节就领先了 23 分，第四节早早成了垃圾时间。乔治·卡尔终于想起了里德。

里德披挂上阵，没有多长时间，他就手起刀落——三分命中。此后，里德大受鼓舞，不断出手三分。休斯敦人彻底蒙了，一个陌生的名字在第四节极致闪耀：迈克尔·里德，单节独得 29 分，单节命中 8 记三分球。

这个赛季里德的迅速成长，让密尔沃基人心花怒放，休赛期，他们送走了和管理层矛盾频出的雷·阿伦，扶正了更年轻的里德——一位用三分燃烧赛场的神射手。

接下来的赛季，里德投桃报李，场均砍下 15 分，三分球命中率高达 43.8%。再下来的 2003/2004 赛季，里德更是一路狂飙，场均得到 21.7 分、5.0 个篮板、2.3 次助攻，首次入选全明星，并在赛季末入选最佳阵容三阵。

2004/2005 赛季，里德愈发成熟，本来左手投篮就已经让对手很难防守，他又将出手速度提升了将近一倍，这让他的投射更加致命。该赛季里德场均砍下 23 分，但缺少帮手的他，却依旧无法率领雄鹿进军季后赛。

赛季末，里德公开声明——渴望胜利。雄鹿为了挽留这位当家球星，送上一纸 6 年的合约。几经思索之后，里德选择了忠诚，把自己所有的篮球光阴都留给密尔沃基。

2005/2006 赛季，里德迎来了自己的生涯巅峰，常规赛场均砍下 25.6 分、4.3 个篮板、2.9 次助攻数据。2006 年季后赛雄鹿对阵东部第一的活塞，里德彻底地释放火力！

前两场在奥本山，活塞无悬念赢球。第三场回到密尔沃基，里德 21 投 14 中，三分球 5 投 4 中，砍下 40 分，率领雄鹿以 124 分的得分狂胜活塞 20 分，创造了（以防守著称的）活塞 1991 年以来最高的季后赛失分纪录。

最终，雄鹿队被活塞队以 4 比 1 淘汰出局，里德却面对活塞场均贡献 27.2 分，投篮命中率 52.4%、三分球 46.7%、罚球 89.1%，成为季后赛一颗闪耀而短暂的流星。

接下来的那年，里德更是将投射得分演绎得淋漓尽致，2008 年 11 月 16 日，他就在对阵犹他爵士的比赛中，砍下 57 分！这个赛季他更是场均砍下 21.2 分，重新诠释了投射手在球场上的砍分威力。

2009 年 1 月 17 日，里德率领雄鹿客场挑战国王。里德第一节就手感火辣，前三次出手全部命中，包括一次暴扣和一次三分，首节就带领球队建立了 19 分的优势，最终以 129 比 122 击败对手，里德三分球 9 投 6 中，砍下 44 分，帮助球队重返东部前八。

但所有的好运似乎戛然而止了，上帝对于一个二轮秀的垂青到此为止。里德和阿里纳斯这般二轮秀球星，能够凭借自身的努力创出一片天地，却终究无法称王称帝。

2009 年 1 月 25 日，在雄鹿对阵国王的比赛中，里德膝盖韧带撕裂，赛季结束。2010 年 1 月 11 日，复出后的里德在与湖人的比赛中，再度受伤，左膝韧带撕裂，再度赛季结束。这一伤，里德基本告别赛场。

之后的几年，里德从密尔沃基流落到菲尼克斯，本来身体素质就一般的他在遭遇大伤之后，早已不复当年之勇。2013 年 11 月 7 日，回到密尔沃基雄鹿的里德，在这个梦开始的地方宣布退役。一位从二轮秀崛起的“左撇子神投手”，就此绝迹江湖。

生涯高光闪回 / 单场 57 分

高光之耀：里德的几个巅峰赛季都在雄鹿度过，作为一名出色的得分手，里德在密尔沃基的 11 年共得到 11554 分，位列队史第四。其中单场独得 57 分更是创下雄鹿单场最高得分纪录。

2006 年 11 月 12 日，雄鹿主场以 111 比 113 惜败爵士，但里德创纪录的 57 分让这场失利别有韵味。连爵士主帅斯隆赛后也感慨：“里德让我想起了乔丹。”

里德的表现令人毛骨悚然。他全场 32 投 18 中，三分球 12 投 6 中，罚球 17 罚 15 中，下半场得到 39 分，全场砍下队史新高的 57 分，打破了贾巴尔在 1971 年 12 月 10 日对阵凯尔特人的比赛中创下的 55 分的雄鹿队史单场得分纪录。

档案

弗雷德·范弗里特 / Fred VanVleet
出生地：美国伊利诺伊州罗克福德
出生日期：1994 年 2 月 25 日
身高：1.83 米 / 体重：88 公斤
效力球队：猛龙
场上位置：控球后卫
球衣号码：23

荣耀

1 届总冠军：2019 年

弗雷德·范弗里特常规赛数据

赛季	球队	篮板	助攻	得分
2016/2017	猛龙	1.1	0.9	2.9
2017/2018	猛龙	2.4	3.2	8.6
2018/2019	猛龙	2.6	4.8	11.0
2019/2020	猛龙	3.8	6.6	17.6
2020/2021	猛龙	4.2	6.3	19.6
场均		2.9	4.5	12.1

弗雷德·范弗里特季后赛数据

赛季	球队	篮板	助攻	得分
2016/2017	猛龙	0.1	0.6	2.0
2017/2018	猛龙	1.7	2.2	6.8
2018/2019	猛龙	1.7	2.6	8.0
2019/2020	猛龙	4.4	6.9	19.6
场均		2.1	3.2	9.6

3

范乔丹

弗雷德·范弗里特

FRED VANVLEET

关于范弗里特，我最想说的一句话就是，“生而为人，如果不曾卑微到尘埃里，又岂会知道来之不易？”

在 NBA 这个世界顶级的篮球赛事上，绝大多数时刻都是天才与天才的征战杀伐，而落选秀大多只能是“饮水机管理员”。

范弗里特是被称为“乔丹”的球员，却只有艾弗森的身高，这并不妨碍他的自信与果决。有时候他就像球场上的拿破仑，龙行虎步、气宇不凡。有时候他弯弓搭箭、百步穿杨，足以狙击一切对手。

小小的躯体中有着一颗大大的心脏，范弗里特是通过不懈努力成为“准亿元先生”的落选秀，也是草根球员成功逆袭的典范。

1994 年 2 月 25 日，弗雷德·范弗里特出生于美国伊利诺伊州罗克福德。他 5 岁时，父亲就因毒品交易而惨遭杀害，母亲一个人挑起了整个家庭的重担。范弗里特有三个兄弟，单身母亲带着四个孩子，生活的艰难可想而知。

也正是那个时候，范弗里特养成了坚强意志。从小就倔强无比的他，从不向生活低头。哪怕黑人生活区里充斥着暴力、抢劫、枪杀等元素，小范弗里特也坚持着自己的梦想——用篮球争取着整个家庭改变的契机。

2012 年，范弗里特在高中联赛上表现出色，被威奇塔州立大学招致麾下。范弗里特在大学的第二个赛季，场均能得到 11.6 分、3.9 个篮板和 5.4 次助攻的全面数据。

范弗里特在威奇塔大学的四年间，帮助球队三次夺得密苏里联盟的冠军和三次常规赛冠军，并获得了两次联盟的年度最佳球员，三次入选联盟一阵和最佳防守阵容。

在大学联赛中练满等级的范弗里特决定试水 NBA，然而迎接他的是残酷的现实。

2016 年选秀大会，范弗里特受限于 1.83 米的身高以及寻常的天赋，不出意外地落选了。球探们喜欢尚未打磨的璞玉、天赋溢出的怪物，范弗里特显然并不是。

在选秀大会无人问津的范弗里特等到猛龙的机会，最终经历夏季联赛的考验后，范弗里特交出三分命中率 54.5% 的优异成绩单，夙愿得偿，披上了紫红色的猛龙球衣。

2016/2017 赛季，刚到多伦多的范弗里特发现处境微妙：多伦多的后场不缺好手，除了主力控卫洛瑞之外，还有约瑟夫和赖特两大好手坐镇。拥挤的阵容让范弗里特上场表现的时间寥寥无几。最终整个赛季，他场均仅仅贡献出 2.9 分的惨淡数据。

赛季中期，范弗里特甚至一度被下放到NBA发展联盟，彼时的他，差一点就心灰意冷，幸好遇见了自己的伯乐——尼克·纳斯教练。

2017/2018 赛季，纳斯成为猛龙的助理教练，在恩师的推荐下，范弗里特重回猛龙，场均达到 8.6 分、2.4 个篮板、3.2 次助攻，成为球队重要的轮换球员。

2018/2019 赛季，纳斯正式成为猛龙主教练，范弗里特也“水涨船高”。赛季结束时，他已经交出场均 11.0 分、2.6 个篮板、4.8 次助攻的全面数据，并帮助猛龙杀入季后赛。

2019 年季后赛的征程充满魔幻与离奇，范弗里特前 15 场的表现堪称灾难，总共仅有 60 分入账。梦游一般的表现，糟糕的出手选择以及沉迷于单打独斗的做派，加上他身披 23 号球衣，一时间“范乔丹”的名号不胫而走，充满了戏谑的意味。

不过，好在科怀·伦纳德开挂暴走，率领猛龙有惊无险地跨过 76 人、魔术，与密尔沃基雄鹿会师东部决赛。

2019 年 5 月 22 日东部决赛前四场，喜得爱子的范弗里特如梦方醒，找回火热的手感，投篮 6 投 5 中，贡献 13 分、6 次助攻。接下来的“天王山之战”范弗里特三分球 9 投 7 中，攻下 21 分。第六场他三分球 5 投 4 中，砍下 14 分，效率惊人的他，真正化身“范乔丹”。

最终猛龙以 4 比 2 淘汰雄鹿，杀入总决赛。据统计，自范弗里特儿子出生后，他三分球 17 投 14 中，而此前 14 场比赛里，范弗里特三分球 35 投仅 5 中。对此，范弗里特道：“这一切要归功于我儿子的诞生，他让我有了更大的动力。”

2019 年总决赛，面对上届总冠军勇士，猛龙秉持着“乾坤未定，你我皆是黑马”的准则，打出超高水准。日渐稳健的范弗里特成为猛龙抗衡勇士的重要奇兵。第六场关键战，范弗里特拿下 22 分，第四节他命中三记关键三分球，率队一举反超比分，

最终猛龙以114比110力克对手，以总比分4比2掀翻曾经不可一世的“勇士王朝”，夺得2019年总冠军。这一战，充满着史诗级的惨烈与悲壮，勇士王朝就此覆灭，克莱也大伤。库里、伦纳德们神仙打架，而在最关键的时刻，范弗里特成为决定胜负的“定盘星”。

成为夺冠功臣，对于范弗里特的嘲笑声才戛然而止。一位落选秀、差点被NBA抛弃的边缘人，竟然在三年之后，捧起奥布莱恩杯，而这座猛龙队史第一冠，他功不可没。

2019年休赛期，伦纳德远走洛杉矶，失去王牌的多伦多猛龙卫冕希望渺茫。接下来的2019/2020赛季，范弗里特接手了伦纳德离开的部分球权真空，表现愈发出色。

2019/2020赛季因为疫情原因经历停摆、复赛，范弗里特依然出战了54场，场均贡献17.6分、3.8个篮板和6.6次助攻，同时还能送出1.9次抢断。2020年季后赛首轮，猛龙以总比分4比0横扫篮网，半决赛又与凯尔特人鏖战七场，范弗里特场均得到19.6分、4.4个篮板、6.9次助攻，表现可圈可点。

2020年11月22日，范弗里特和猛龙达成一纸4年8500万美元的合同，这是多伦多人对他的努力回馈的最好褒奖。

2020/2021赛季，范弗里特出战52场，场均砍下19.6分、4.2个篮板、6.3次助攻。虽然他也曾创造单场砍下54分的壮举，但球队伤兵满营，他也无力回天。猛龙最终战绩仅为27胜45负，排名东部第12名，无缘季后赛，没有再现前两个赛季的辉煌。

虽然猛龙遭遇淘汰，但这位1.83米的小个子目光中充满着坚毅与不甘，一位身披乔丹23号的落选秀，总是在困境中奋进，在卑微中崛起，然后创造奇迹……

生涯高光闪回 / 单场54分

高光之耀：进入联盟5年，范弗里特完成了从NBA落选秀到总冠军奇兵的华丽逆袭，他用球场上的表现证明了自己配得上“范乔丹”这个绰号以及身上穿的23号球衣。

2021年2月3日，猛龙客场以123比108战胜魔术。此役，范弗里特演绎了超神一战：全场23投17中，三分球14投11中，砍下54分，打破了由德罗赞保持的猛龙队史单场得分纪录。由此同时，他也超越摩西·马龙的53分，成为NBA历史上落选秀最高得分。

即便是经历高光一战，范弗里特依然谦虚：“非常特别的夜晚。这不是冠军，只是一场出色的比赛。我很享受这几个小时，然后为下一场做准备。”

档案

鲁迪·盖伊 / Rudy Gay

出生地：美国马里兰州巴尔的摩

出生日期：1986 年 8 月 17 日

身高：2.03 米 / 体重：104 公斤

效力球队：国王、马刺

场上位置：小前锋

球衣号码：8、22

荣耀

1 届世锦赛冠军：2014 年

1 届男篮世界杯冠军：2010 年

最佳新秀一阵：2006/2007 赛季

鲁迪·盖伊常规赛数据

赛季	球队	篮板	助攻	得分
2006/2007	灰熊	4.5	1.3	10.8
2007/2008	灰熊	6.2	2.0	20.1
2008/2009	灰熊	5.5	1.7	18.9
2009/2010	灰熊	5.9	1.9	19.6
2010/2011	灰熊	6.2	2.8	19.8
2011/2012	灰熊	6.4	2.3	19.0
2012/2013	灰熊	5.9	2.6	17.2
2012/2013	猛龙	6.4	2.8	19.5
2013/2014	猛龙	7.4	2.2	19.4
2013/2014	国王	5.5	3.1	20.1
2014/2015	国王	5.9	3.7	21.1
2015/2016	国王	6.5	1.7	17.2
2016/2017	国王	6.3	2.8	18.7
2017/2018	马刺	5.1	1.3	11.5
2018/2019	马刺	6.8	2.6	13.7
2019/2020	马刺	5.4	1.7	10.8
2020/2021	马刺	4.8	1.4	11.4
场均		5.8	2.1	16.8

鲁迪·盖伊季后赛数据

赛季	球队	篮板	助攻	得分
2011/2012	灰熊	6.6	1.4	19.0
2017/2018	马刺	5.6	2.2	12.2
2018/2019	马刺	7.1	1.7	11.1
场均		6.5	1.7	14.3

2♠

小麦迪

鲁迪·盖伊

RUDY GAY

身高 2.03 米的盖伊拥有完美的小前锋模板身材。

他身高臂长，弹跳惊人，步幅超大，有一种“麦迪”的既视感。

无论是轻盈飘逸的滑翔爆扣，还是华丽繁复的急停跳投，盖伊都能信手拈来。如果不是伤病，他原本可以成为叱咤联盟的顶级小前锋。然而作为游弋在侧翼的天才得分手，盖伊很少冲击篮下。另外防守与助攻也是其软肋，加上频繁的伤病，盖伊终究没有在巅峰时期兑现其卓越的天赋，徒留风中的一声慨叹。

1986 年 8 月 17 日，鲁迪·盖伊出生在巴尔的摩一个普通的平民家庭。与纽约、芝加哥、西雅图等篮球氛围浓郁的大城市相比，巴尔的摩的环境乏善可陈。1973 年，随着子弹队搬至华盛顿，这座城市再也没能拥有属于自己的职业球队。此外，尽管巴尔的摩是马里兰州的第一大城市，但它们市内并没有名牌大学。总而言之，盖伊的成长环境中，既没有职业化的经典元素，也没有学院派的传统遗风。

14 岁那年，盖伊入选 AUU 球队塞西尔·科克，在教练安东尼·刘易斯的调教下，他开始慢慢崭露头角。高二那年，他转学到大主教斯伯丁高中继续打球。高四那年，盖伊场均 21.2 分、9.3 个篮板、3.7 次盖帽的数据引发了全美关注，他入选麦当劳全明星赛和《Prada（游行）》杂志评选的全美第一阵容。2004 届全美高中生排名中，盖伊排名小前锋位置第二，仅次于该年直升 NBA 的约什·史密斯。

高中毕业的盖伊收到了众多篮球名校的邀请，其中家乡球队马里兰大学对他兴趣浓厚，但最终，盖伊还是选择了刚刚夺冠的康涅狄格大学。

康涅狄格大学是一所以培育射手著称的篮球名校，雷·阿伦、汉密尔顿和本·戈登都是该校出产的名射手。大一赛季，盖伊的表现赢得了众多球探的关注和认可，他与乔治城大学的杰夫·格林分享了2005年大东部联盟最佳新人奖。

2005/2006赛季，盖伊率领康涅狄格大学取得30胜3负的出色战绩，他场均贡献15.2分、6.4个篮板、2.1次助攻和1.6次盖帽。尽管没能问鼎冠军，但盖伊还是入选大东部赛区最佳阵容第一队。

2006年，盖伊在首轮第八顺位被火箭选中，彼时火箭正处在“姚麦组合”的黄金时期，他们没有足够的时间和精力用来调教盖伊，只能将这位属于未来的天才送走，从灰熊换来即插即用的务实战将——肖恩·巴蒂尔。

2006/2007赛季开始后，由于保罗·加索尔在世锦赛中受伤，灰熊主力前锋位置出现空缺，盖伊成功抓住这个机会，并以场均19.4分、4.8个篮板当选2006年11月西部最佳新秀。整个赛季，盖伊场均贡献10.8分、4.5个篮板，成功入围最佳新秀阵容。

经历过新秀赛季的磨合，盖伊在2007/2008赛季迎来爆发，场均得分暴涨到20.1分，投篮命中率也提升到46.1%。2008年2月，保罗·加索尔加盟洛杉矶。这意味着鲁迪·盖伊将成为孟菲斯灰熊的新领袖。

盖伊坐稳灰熊一哥的位子，但难承其重。在连续两个22胜60负的赛季之后，2008/2009赛季，盖伊的带队成绩也仅仅比前两年多赢了两场。他渴望胜利，然而重建期的灰熊需要培养新人，马克·加索尔、迈克·康利和O.J.梅奥等青年才俊已然蓄势待发，他们预示着一个美好的未来，但现在意味着依旧没有转机。

2009/2010赛季，扎克·兰多夫加盟，并凭借出色的表现入围全明星阵容。整个赛季，灰熊的表现都比过往三年有了明显改观，盖伊仍然不断提升着自己的中远距离投射。赛季结束，他们收获40胜42负的成绩，位列西部第十。

2010年7月9日，灰熊与盖伊正式签订5年价值8230万美元的合同，他们坚定地以其为核心建队的方针。事实上，在新赛季到来之前，灰熊已经看上去无限接近季后赛，他们的阵容配置日趋完善，小加索尔和康利成长迅速，兰多夫正值巅峰，盖伊似乎看到了一个非凡赛季的降临。但不幸的是，肩伤让他错过了创造历史的时刻。

2011年是灰熊载入史册的一年，他们最终取得了46胜36负的战绩，以西部第八杀进阔别五年的季后赛。然而，盖伊在2月份与76人比赛中肩部受伤，并再也没能回到比赛中，3月份接受手术后，他的2011赛季彻底报销。缺少了盖伊的灰熊，非但没有一蹶不振，反而在首轮以4比2爆冷淘汰马刺，缔造“黑八神话”。

盖伊职业生涯的首次季后赛，以0出场结束，他在场下见证了队友们创造历史的欢欣时刻，也无奈地吞下无法出战的悲惨命运。也许，霉运就是从那一刻开始缠上盖伊。

2011/2012缩水赛季，康复归来的盖伊只缺战1场比赛，灰熊取得西部第四的佳绩。

他们却在季后赛首轮惨遭快船逆转，以 3 比 4 饮恨出局。与此同时，随着小加索尔和康利的成长，盖伊在队中的地位受到挑战，他开始陷入各种交易流言之中。

2013 年 1 月，盖伊被交易到猛龙，一年后，他又被交易到国王。从猛龙的短暂停留到国王的一落千丈，赢球似乎成为一件奢侈的享受。

2016/2017 赛季的前六场比赛，盖伊场均贡献 22.5 分、5.3 个篮板，投篮命中率 50.5%，三分命中率 46.7%。当全世界都期待这位联盟顶级小前锋的诞生时，盖伊却在 2017 年 1 月因左跟腱撕裂而赛季结束，从此告别准巨星的序列。

2017 年 7 月，盖伊与马刺签订了两年 1723 万美元的合约，从此开始了一段黑白岁月。2019 年 7 月，马刺与盖伊再度完成两年 3200 万美元的续约合同。

在德玛尔·德罗赞和拉马库斯·阿尔德里奇的身边，盖伊充分开发了接球投篮的技能，场均能得到 10+5 的数据，职业生涯三分命中数也突破了 1000 个。虽然他不再出任首发，但作为一名替补，他依然能够为马刺提供足够的火力与能量。

从天赋异禀的“小麦迪”，到如今稳健成熟的老将，盖伊经历无数伤病与挫折，但依旧保持着一颗对于篮球的赤子之心。

生涯高光闪回 / 41 分灭火

高光之耀：盖伊非常有得分天赋，他运动力出色，能在攻防转换中能轻易得分，此外他出手点高，跳投几乎无法封盖。但问题是，盖伊将这些优势转化为实战的场次并不多，其中他独得 41 分，率领灰熊大胜热火的比赛绝对算一场。

2009 年 12 月 14 日，当时还效力于灰熊的盖伊随队客场挑战热火，开场后盖伊状态大勇，首节就有 14 分入账。在第三节，三分球 3 投全中，盖伊单节再取 15 分，灰熊以 93 比 67 领先 26 分进入最后一节。第四节打了不到一半，盖伊就提前下场休息。最终灰熊以 118 比 90 大胜热火，盖伊全场 28 投 15 中，轰下职业生涯最高的 41 分。

凯尔·库兹马常规赛数据

赛季	球队	篮板	助攻	得分
2017/2018	湖人	6.2	1.8	16.1
2018/2019	湖人	5.5	2.5	18.7
2019/2020	湖人	4.5	1.3	12.8
2020/2021	湖人	6.1	1.9	12.9
场均		5.6	1.9	15.2

凯尔·库兹马季后赛数据

赛季	球队	篮板	助攻	得分
2019/2020	湖人	3.1	0.8	10.0
2020/2021	湖人	3.8	1.2	6.3
场均		3.3	0.9	9.1

档案

凯尔·库兹马 / Kyle Kuzma
出生地：美国密歇根州伯顿
出生日期：1995 年 7 月 24 日
身高：2.08 米 / 体重：100.2 公斤
效力球队：湖人、奇才
球衣号码：0、33
场上位置：大前锋

荣耀

1 届总冠军：2020 年
最佳新秀阵容一阵：2017/2018 赛季
全明星新秀挑战赛 MVP：2019 年

2

少侠

凯尔·库兹马

KYLE KUZMA

当“颜值即正义”成为这个时代的普世价值，那些拥有俊朗面孔的人，似乎总能轻而易举地收割关注，并成为聚光灯下的宠儿。凯尔·库兹马，大概就是这样的存在。尤其是置身洛杉矶湖人这样一支超级豪门球队，一旦你阳光俊逸且身手不凡，随之而来的就将是潮水般的欢呼与宠爱，以及自动加持的偶像光环。

乔丹、科比、艾弗森们在用美轮美奂的个人技巧们征服亿万球迷的同时，他们飘逸的身形、俊秀的面庞也是粉丝们津津乐道的关键。换句话说，没有人会拒绝一个“又帅又能打”的好球员。

幸运的是，凯尔·库兹马就是此类球员的代表。

1995 年 7 月 24 日，凯尔·库兹马出生于密歇根州伯顿市一个普通的单亲家庭，他的妈妈凯莉·库兹马在学生时代曾是一位出色的田径运动员，两次获得州铅球比赛冠军。

凯莉·库兹马为了给儿子创造最好的成长环境，含辛茹苦地打两份工。童年时代的库兹马的生活非常拮据，继父拉里·史密斯成为他的篮球启蒙导师。

高中时代，库兹马就是校队的主力成员，他出色的身体天赋，让他很快受到了球队主教练的青睐，在高三那年，库兹马就在地区联赛中场均贡献 17.9 分、14.4 个篮板、3.8 次助攻和 3.4 次盖帽，全能的身手让他声名鹊起。很快，耐克旗下青少年篮球训练营主教练史帕拉西奥注意到了他，并第一时间发出了试训邀请。

这份来之不易的赏识，让库兹马全家颇为兴奋，而年少的凯尔也无比珍惜这个机会，他的训练异常刻苦，俨然就是年少版的科比。球技突飞猛进的库兹马，在高中毕业之际，收到了康涅狄格、艾奥瓦州立和田纳西等名校的邀请，但他最终选择了犹他大学，作为

自己篮球梦想的下一站。

进入犹他大学之后，库兹马在大二赛季成为首发之后，才展现出非凡的实力。他场均得到 10.8 分、5.7 个篮板、1.4 次助攻，投篮命中率高达惊人的 52.2%。

在大三赛季，库兹马场均更是达到 16.4 分、9.3 个篮板、2.4 次助攻，让他成功入选太平洋区十二校联盟最佳阵容。此时他的目标非常明确——进入 NBA。

2017 年 NBA 选秀大会，库兹马没有富尔茨、鲍尔、塔图姆和福克斯那般引人瞩目，最终湖人在首轮第 27 位选中了他（险些跌出首轮）。

能够被 NBA 最辉煌的紫金豪门选中，让库兹马倍感骄傲。尽管当时媒体和球迷的目光更多的是投给了“榜眼”朗佐·鲍尔，但库兹马才是让人“大开眼界”的球员。

2018/2019 赛季，库兹马在自己的新秀赛季场均得到 16.1 分、6.3 个篮板、1.8 次助攻，成功入选最佳新秀阵容。此外，库兹马还是湖人队史上第三位在新秀赛季得分超过 1000 分、有效命中率超过 50% 的球员。而他的竞争者鲍尔，场均只有 10.2 分。

2018/2019 赛季，库兹马的表现更上一层楼，场均得分来到 18.7 分，在詹姆斯加盟球队后，他是队内的第二得分点。在 2019 年全明星新秀挑战赛上，库兹马狂砍 35 分、6 个篮板、2 次助攻，摘走了全明星新秀赛 MVP。

2019 年夏天，湖人与鹈鹕围绕安东尼·戴维斯进行了交易，“湖人四少”中英格拉姆、鲍尔、哈特都成了“浓眉”交易的筹码，唯有库兹马最终被留在湖人。球队老板珍妮·巴斯坚信库兹马一定是湖人冠军的拼图，会打出最好的表现。

库兹马以无球为主，擅长跑位，非常适合留在詹姆斯身边，只是三分球命中率亟待提高。除了得分能力不俗之外，库兹马的强韧防守也坚固了湖人的防线。作为昔日“湖人四少”唯一的独苗，库兹马成为紫金中兴的一股生猛的有生力量。

2019/2020 赛季，库兹马辅佐“詹眉组合”成功登顶，帮助湖人赢回了阔别 10 年之久的奥布莱恩杯。从“魔术师”约翰逊、詹姆斯·沃西到费舍尔、科比，再到如今的库兹马，冠军年代的紫金阵中从来不乏“湖人的孩子”。

回首夺冠的这个赛季，库兹马默默付出，他接受替补的角色，来保证球队围绕“詹眉组合”进行最有效的运转。在 2020 年 8 月 11 日，湖人战胜掘金的关键排位战中，他压哨三分绝杀对手，力挽狂澜。最终，库兹马跟随湖人赢得了队史第 17 座总冠军奖杯，追平凯尔特人，并列 NBA 历史第一。

2020/2021 赛季，库兹马依然是湖人阵中稳定的板凳得分点。他场均得到 12.9 分、6.1 个篮板，在常规赛曾有独砍 30 分随湖人大胜国王的闪亮表现，但为数不多。

湖人在 2020/2021 赛季的卫冕征程上一路伤病不断。2021 年季后赛首轮，安东尼·戴维斯因为腹股沟拉伤而被迫休战，“詹眉组合”只有詹姆斯奋力苦战，湖人最终以 2 比 4 不敌太阳，作为上届冠军，湖人不得不在首轮出局，这个结果令人难以接受。

正值当打之年的库兹马本应成为湖人稳定的火力输出点，但他在季后赛场均仅得 6.3 分、3.8 个篮板、1.2 次助攻，三分球命中率更是惨不忍睹，成为球迷们口诛笔伐的对象。

阳光帅气的面容加上飘逸潇洒的身手，以及根红苗正“湖人的孩子”……这些因素叠加在一起，决定了库兹马有望成为“紫金璞玉”，然而，别离还是来到了。

2021 年 7 月 30 日，库兹马与波普、哈勒尔一起打包被湖人交易至奇才，成为“紫金军团”引进威少的筹码。离别之际，库兹马发表长文追忆湖人时光，感恩自己在科比、詹姆斯那些传奇巨星身上汲取了无穷能量，并想把这种精神带到华盛顿奇才。

一日紫金，终生湖人。无论身在何方，库兹马始终都是“湖人的孩子”。

生涯高光闪回 / 三节 41 分

高光之耀：湖人前三节领先太多，库兹马在第四节并未上场，否则很可能砍下 50+。此战恰逢科比宣布退役的第 1000 天，作为科比的接班人之一，库兹马用 41 分这样的“曼巴数据”，来致敬科比。

2019 年 1 月 10 日，湖人主场以 113 比 110 险胜活塞。此役库兹马手感爆棚，上半场就砍下 19 分，第三节更是火力全开，单节豪取 22 分。三节战罢，库兹马 24 投 16 中、三分球 10 投 5 中，砍下个人得分新高的 41 分。

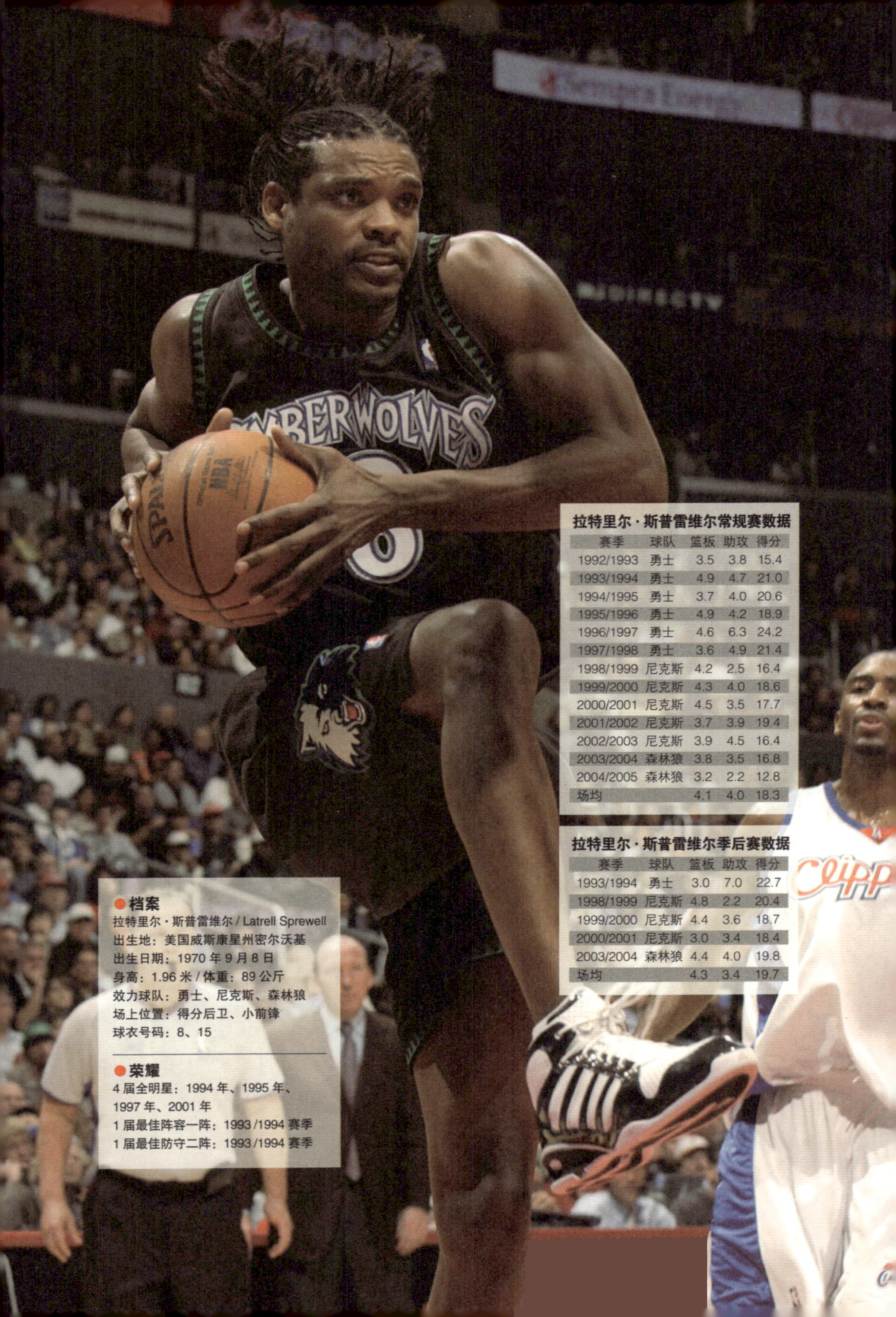

拉特里尔·斯普雷维尔常规赛数据

赛季	球队	篮板	助攻	得分
1992/1993	勇士	3.5	3.8	15.4
1993/1994	勇士	4.9	4.7	21.0
1994/1995	勇士	3.7	4.0	20.6
1995/1996	勇士	4.9	4.2	18.9
1996/1997	勇士	4.6	6.3	24.2
1997/1998	勇士	3.6	4.9	21.4
1998/1999	尼克斯	4.2	2.5	16.4
1999/2000	尼克斯	4.3	4.0	18.6
2000/2001	尼克斯	4.5	3.5	17.7
2001/2002	尼克斯	3.7	3.9	19.4
2002/2003	尼克斯	3.9	4.5	16.4
2003/2004	森林狼	3.8	3.5	16.8
2004/2005	森林狼	3.2	2.2	12.8
场均		4.1	4.0	18.3

拉特里尔·斯普雷维尔季后赛数据

赛季	球队	篮板	助攻	得分
1993/1994	勇士	3.0	7.0	22.7
1998/1999	尼克斯	4.8	2.2	20.4
1999/2000	尼克斯	4.4	3.6	18.7
2000/2001	尼克斯	3.0	3.4	18.4
2003/2004	森林狼	4.4	4.0	19.8
场均		4.3	3.4	19.7

档案

拉特里尔·斯普雷维尔 / Latrell Sprewell
出生地：美国威斯康星州密尔沃基
出生日期：1970 年 9 月 8 日
身高：1.96 米 / 体重：89 公斤
效力球队：勇士、尼克斯、森林狼
场上位置：得分后卫、小前锋
球衣号码：8、15

荣耀

4 届全明星：1994 年、1995 年、1997 年、2001 年
1 届最佳阵容一阵：1993 /1994 赛季
1 届最佳防守二阵：1993 /1994 赛季

2♣

狂人

拉特里尔·斯普雷维尔

LATRELL SPREWELL

人们对斯普雷维尔的认识，恐怕只有那句癫狂的“几百万啦，怎么够我养家”，鲜少有人记得那只在金州和纽约出没的狂人野兽，记得那个不断用自己并不强壮的身躯冲击对手内线的男人。

那个男人有着前无古人后无来者的狂野气质，并把这气质融入自己的身躯和意志。他在赛场上用闪烁凶光的眼睛寻觅着防守的空隙，只要一发现机会就如同西伯利亚席卷而来的冷风一般从防守队员的身边狂略而过，不曾有一点的停歇，直扑篮筐。

1992 年，拉特里尔·斯普雷维尔开始了 NBA 生涯，金州勇士在首轮第 24 顺位才把他收入囊中，并未对他抱有任何期望。但是斯普雷维尔在新秀赛季场均就斩获 15.4 分、3.5 个篮板、3.8 次助攻、1.64 次抢断，俨然成为一颗冉冉升起的明日之星。

随着声名鹊起，斯普雷维尔的狂人气质也初见端倪，甚至在比赛中对防守他的前辈球星里奇蒙德出言不逊。

1993 年，金州勇士摘下“状元”克里斯·韦伯。斯普雷维尔突破犀利杀伐果断，韦伯穿花绕步绵里藏针，两人在主教练“科学怪人”老尼尔森的带领下，将金州勇士的进攻化为一股无坚不摧的洪流，席卷整个联盟。

1993/1994 赛季，斯普雷维尔场均砍下 21.0 分、4.9 个篮板、4.7 次助攻和 2.2 次抢断，一跃成为联盟“当红炸子鸡”。在那个赛季每场比赛，你都可以看见斯普雷维尔在对方的防线边缘游弋，并用野狼一般的眼神寻找突破得分的最佳时机，一旦发现对方的空隙，他便会毫不犹豫地张开自己的血盆大口向着对方的软肋狠狠咬下去，即便不能致命，也

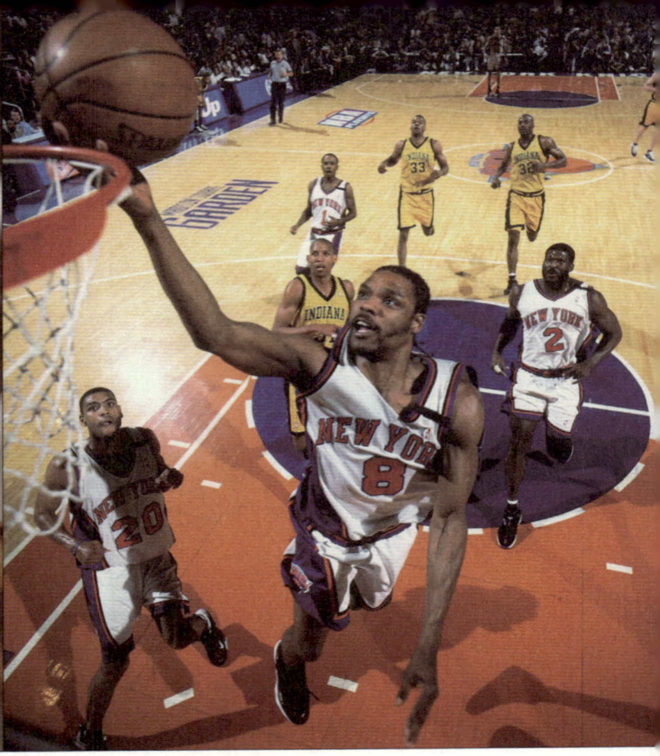

必然带着四散的鲜血和断裂的筋骨肉脉剥离开来。

而韦伯则作为一切的补充存在，如果斯普雷维尔的突破被封锁，那么你会看见一个矫健的身影向斯普雷维尔突破制造的空当迅疾切入，那么受阻的斯普雷维尔便可轻松地将球交予突破的韦伯，任其在对方已经崩裂的伤口上再撒上一层盐巴。

斯普雷维尔风驰电掣一般的突破和暴扣也成了球迷们的最爱。斯普雷维尔也早早进入了自己职业生涯的巅峰期，他不但入选了1993/1994赛季的最佳阵容和防守阵容二阵，更成为西部全明星的先发五虎，形势一片大好。

接下来的1994/1995赛季，随着搭档韦伯远走华盛顿，斯普雷维尔瞬间陷入孤立无援的困境，虽然场均依然可以砍下20.6分、3.7个篮板、4.0次助攻，也再次入选了全明星，但是独木难支，金州勇士与季后赛擦肩而过。

勇士放走韦伯的行径让斯普雷维尔憋了一肚子气，加上媒体总把球队战绩糜烂的责任怪罪到他的头上，这些让他本就火爆的脾气变得越发难以控制。

1996/1997赛季，斯普雷维尔第三次入选全明星，并连续在赛季中打出惊艳的表现：先是在1997年1月21日对阵小牛的比赛中砍下职业生涯最高的46分，接着在3月28日，拿下31分、11个篮板、11次助攻的大号“三双”。整个赛季，他更是场均贡献24.2分、4.6个篮板、6.3次助攻、1.65次抢断，均创职业生涯新高。

场上孤立无援的斯普雷维尔开始多次炮轰勇士管理层，并最终爆发了臭名昭著的“锁喉门”事件。这种不理智的行为几乎断送了“狂人”的整个职业生涯，经过多半个赛季的禁赛之后，斯普雷维尔复出遭到舆论的围攻，再也无心为金州打球。

1997/1998赛季结束后，获得自由的斯普雷维尔迅速与纽约尼克斯签约，入主麦迪

逊花园广场。1998/1999 赛季，他场均 16.4 分，并成功带领球队杀入季后赛，在 1999 年季后赛首轮，他更是联手帕特里克·尤因、阿兰·休斯顿上演“黑八奇迹”，淘汰东部排名第一的热火，并一路杀入总决赛，与圣安东尼奥马刺决战峰巅。

然而总决赛上尤因老态尽显、休斯敦状态起伏，唯有斯普雷维尔勉力支撑，但无力回天。尼克斯五战之后，被马刺淘汰。最后一场斯普雷维尔独得 35 分，更是在关键第四节，凭借一己之力拿下全队 19 分中的 14 分，写就了一曲孤胆英雄的离歌。

尼克斯开始沉沦，过度老化的阵容让他们在 NBA 毫无作为。斯普雷维尔再次因为孤立无援与高层关系紧张。在纷争了几个赛季之后，纽约把斯普雷维尔送到森林狼。

斯普雷维尔在冰天雪地的明尼苏达迎来了生涯的再次高光：2003/2004 赛季，森林狼在斯普雷维尔、凯文·加内特和萨姆·卡塞尔“三头怪”的带领下，高歌猛进，打出常规赛高居西部第一的战绩。2004 年季后赛，森林狼一路过关斩将，淘汰掘金、国王，杀入西部决赛。最终以 2 比 4 不敌“F4”领衔的湖人。

那个赛季结束后，当斯普雷维尔接到森林狼 3 年 2100 万美元的报价时，竟然抛出了“不够养家糊口”的名言。最终“狂人”在说过“如果没有一份好合同的话我宁愿躺在家里”的话之后，消失在 NBA 历史舞台上。

因为斯普雷维尔的“狂妄”和“贪婪”，名噪一时的“三头怪”分崩离析。

斯普雷维尔退出了 NBA 的舞台，带着他自己独有的狂傲、癫狂，也彻底告别了媒体聚光灯下的闲言碎语。

生涯高光闪回 / 三分球 9 投全中

高光之耀：斯普雷维尔以其出色的爆发力、疾风般突破、惊雷般暴扣而闻名于世，人们却忽略他的精准投篮，好在他还有三分球连续 9 投全中的纪录，让“狂人”的名号留在 NBA 的青史之上。

2003 年 2 月 5 日，斯普雷维尔在纽约尼克斯对阵洛杉矶快船的比赛中，手感火热，三分球 9 投全中，砍下 38 分，并创造了连续命中了 9 记三分球的 NBA 新纪录，至今无人打破。

档案

J.R. 史密斯 / J.R. Smith
出生地：美国新泽西州费里霍尔德
出生日期：1985 年 9 月 9 日
身高：1.98 米 / 体重：102 公斤
效力球队：黄蜂、掘金、尼克斯、骑士、湖人
场上位置：得分后卫
球衣号码：1、5、8、23、21

荣耀

2 届总冠军：2016 年、2020 年
1 届最佳第六人：2012/2013 赛季

J.R. 史密斯常规赛数据

赛季	球队	篮板	助攻	得分
2004/2005	黄蜂	2.0	1.9	10.3
2005/2006	黄蜂	2.0	1.1	7.7
2006/2007	掘金	2.3	1.4	13.0
2007/2008	掘金	2.1	1.7	12.3
2008/2009	掘金	3.7	2.8	15.2
2009/2010	掘金	3.1	2.4	15.4
2010/2011	掘金	4.1	2.2	12.3
2011/2012	尼克斯	3.9	2.4	12.5
2012/2013	尼克斯	5.3	2.7	18.1
2013/2014	尼克斯	4.0	3.0	14.5
2014/2015	尼克斯	2.4	3.4	10.9
2014/2015	骑士	3.5	2.5	12.7
2015/2016	骑士	2.8	1.7	12.4
2016/2017	骑士	2.8	1.5	8.6
2017/2018	骑士	2.9	1.8	8.3
2018/2019	骑士	1.6	1.9	6.7
2019/2020	湖人	0.8	0.5	2.8
场均		3.1	2.1	12.4

J.R. 史密斯季后赛数据

赛季	球队	篮板	助攻	得分
2006/2007	掘金	2.3	0.5	4.5
2007/2008	掘金	1.8	1.8	18.3
2008/2009	掘金	3.3	2.8	14.9
2009/2010	掘金	3.8	1.7	11.2
2010/2011	掘金	2.0	1.0	9.8
2011/2012	尼克斯	2.6	2.2	12.2
2012/2013	尼克斯	4.7	1.4	14.3
2014/2015	骑士	4.7	1.2	12.8
2015/2016	骑士	3.2	1.4	11.5
2016/2017	骑士	2.3	0.7	8.1
2017/2018	骑士	2.7	1.1	8.7
2019/2020	湖人	0.3	0.3	2.0
场均		3.0	1.3	10.7

2

人工智能

J.R. 史密斯

J.R. SMITH

真正的 J.R. 史密斯是什么样子？

是那个 360 度飞身暴扣的“人工智能”，是那个三分线外蛮横出手 17 次的神经刀，是那个偷偷解别人鞋带的无厘头捣蛋鬼，是那个纽约尼克斯无可救药的单打狂，是那个酗酒打架闹事的不安定因素，还是那个骑士总决赛上一剑封喉的冷血带刀侍卫？

甲之蜜糖，乙之砒霜。有一种人生取决于环境。环境给他什么，他就展现出什么样的能力和特质。丹佛掘金的 JR，纽约尼克斯的 JR，克利夫兰骑士的 JR，乃至于中国 CBA 浙江稠州银行队的 JR，其实本质上都是一个人。

从 1999 年起，J.R. 史密斯先后就读于斯坦内特、马克克里斯顿、莱克伍德高中和圣贝内迪克茨预备学校。由于身体素质出色，J.R. 史密斯在高中赛场场均可以砍下 27 分、6 个篮板和 5 次助攻的全能数据，因此声名鹊起。

2004 年，J.R. 史密斯参加麦当劳全明星赛，并荣膺 MVP。随后，他决定放弃进军 NCAA 的机会，放弃了北卡的篮球奖学金，直接参加 NBA 选秀。

2004 年 4 月，J.R. 史密斯直接参加 NBA 选秀大会，并于首轮第 18 顺位被新奥尔良黄蜂选中。2004/2005 赛季，他为黄蜂出场 76 场，其中 56 场首发，场均贡献 10.3 分、2.0 个篮板和 1.9 次助攻。从那个时候，人们就开始惊异于他飞腾奔袭如虎豹的身体素质，出手如电的远投记忆，当然还有那些“无厘头”的断电时刻。

2005 年，J.R. 史密斯与黄蜂教练组发生矛盾，首发 21 场之后，便遭到雪藏。

2006 年 7 月，J.R. 史密斯经过交易辗转公牛后来到掘金。在丹佛高原，在“黄金双枪”

阿伦·艾弗森和卡梅隆·安东尼的身旁，J.R. 史密斯迎来生涯的第一波高光。

J.R. 史密斯在丹佛表现不俗，也惹得麻烦不断。2007 年赛季初，J.R. 史密斯卷入纽约尼克斯与掘金的场上纠纷，因打架被处以禁赛 10 场的处罚。接着，他又卷入夜店事件，掘金决定在 2007/2008 赛季的前三场对他处以停赛的处罚。

2008 年 2 月 22 日，J.R. 史密斯在与芝加哥公牛的比赛中半场命中 8 记三分球，追平 NBA 半场三分球命中数纪录。2009 年 4 月 13 日，他又在主场迎战国王的比赛中得到职业生涯最高的 45 分，在这场比赛中，他投中 11 记三分球。

制军严谨的乔治·卡尔不喜欢 J.R. 史密斯，因为在掘金，就连“黄金双枪”都能按部就班打战术，J.R. 史密斯却依旧随时抡起膀子去扔三分球，这让老教练忍无可忍。

2012 年，J.R. 史密斯加盟纽约尼克斯。2012/2013 赛季，他场均砍下 18.1 分，荣膺最佳第六人， 但他还是不受球队的欢迎。

在 NBA（2011/2012）缩水赛季，J.R. 史密斯来到中国 CBA 赛场秀了一把好身手。他效力于浙江稠州银行队，以场均 34.4 分拿下 CBA 得分王，其中一场命中 14 记三分球并狂砍 60 分，给中国球迷奉献了许多超远三分与转体扣篮的精彩片段。

2013 年季后赛，J.R. 史密斯由于肘击凯尔特人贾森·特里的下巴，在第一轮第四场被停赛。2014 年 1 月，JR 由于在比赛中试图解开肖恩·马里昂的鞋带这一非体育道德的重复实例被罚款 5 万美金。即便是在 CBA 时，他也曾失控冲上看台，险些陷入群殴。在外人看来，他就像一个总惹麻烦的磁铁，任何人和事进入他的磁场内总会出点问题。

2014/2015 赛季，骑士用迪昂·维特斯换来香波特、史密斯和一个首轮选秀权，换来 J.R. 史密斯。当时的人们并不能理解骑士管理层的这个决定，因为维特斯是一个充满希望的后起之秀，而 JR 依旧是那位“不靠谱球员“，而且已经 29 岁了。

詹姆斯不但能够理解 JR，还鼓励他做回自己，不必在意旁人眼光。J.R. 史密斯在克利夫兰迎来新生，三分球投篮命中率高达 39.6%，成为骑士最值得信赖的三分射手。

2016 年季后赛，骑士的三分球如暴风骤雨，震惊全联盟！他们似乎不再是常规赛那个进攻滞涩只会单打的球队，而变成了另外一支金州勇士。和老鹰的四场大战，骑士三分球命中率 50.66%，连续两场投出 20 记三分球，J.R. 史密斯给骑士带来了持续的远程攻击火力。

2016 年 5 月 5 日骑士对阵老鹰，第二节没打完，JR 三分球已经 11 投 7 中。在 2016 年整个季后赛三分线外命中率高达 52.6%。打出了职业生涯最精准的赛季，在季后赛各轮比赛中，J.R. 史密斯都打出了最好的自己，用各种姿势投进那些高难度的三分球。

2016 年 6 月 9 日，总决赛第三场，骑士主场以 120 比 90 击败勇士，J.R. 史密斯三分球 10 投 5 中，他在 2016 年季后赛累计命中 56 记三分球，打破由自己保持的骑士队史单赛季季后赛三分球命中数纪录。不但如此，J.R. 史密斯还打出职业生涯最好的防守，东部次轮，他成功限制老鹰的神射手凯尔·科沃尔；总决赛的前三场，汤克莱·普森的命中率被他防到只有37%，场均得分仅有12分。最终，他和詹姆斯一起捧起奥布莱恩杯。夺冠的那一夜，J.R. 史密斯抱着奖杯痛哭流涕，对着人们说："那时候，很多人诋毁我，但那不是真正的我，他们总是误解我。"

士为知己者死，当詹姆斯亲手为J.R. 史密斯冰敷按摩的时候，当泰伦·卢教练亲口说出"他是我们队伍中最好的侧翼防守者"时，他人生的大局就已经定下来了。

如果这就是结局，那么J.R. 史密斯将是一个最好的浪子回头的成功典范。然而在之后2018年总决赛首战，他那著名的关键时刻"短路"，还是暴露了"神经刀"的实质。

2018年季后赛，詹姆斯打出了NBA史上最为闪耀的个人表现，率领骑士历经千辛万苦终于杀到总决赛。骑士面对"五星勇士"最后时刻战平（有取胜的机会）时，抢下前场篮板的J.R. 史密斯，竟然一路将球运到三分线外，错失在篮下得分制胜的良机。

最后加时赛，骑士输掉比赛，这让詹姆斯那总决赛独得51分的壮举尤为壮烈。

事后，J.R. 史密斯谈到那场总决赛自己"断电"的几秒钟，绝对是他职业生涯中最蠢的错误，也葬送詹姆斯与队友的整场努力。

JR满怀歉意，大度的詹姆斯不计前嫌。2020年夏天，湖人将J.R. 史密斯招至麾下，很显然这是詹姆斯的力荐，昔日的"御前带刀侍卫"又站在"皇帝"的身边。

虽然又一次站在詹姆斯的身边，但J.R. 史密斯显然不复当年之勇。大家偶尔会在湖人替补席上看到他略显滑稽的神情，不禁莞尔一笑，瞬间回到克里夫兰岁月。

2020年9月19日，湖人与掘金的西部决赛第一战，久疏战阵的J.R. 史密斯登场亮相，仅仅命中一记三分球。凭借此球，季后赛三分球命中数达到293个，超越科比（292个），位列NBA季后赛榜第九位。2020年10月12日，J.R. 史密斯随湖人夺得总冠军，自此，夙愿达成的他再一次消失在大众的视线中。

J.R. 史密斯是一位直来直去、心思单纯的球员，所以他能像"人工智能"一样打球，这也许就是"性格决定命运"吧。

生涯高光闪回 / 单场11记三分球

高光之耀：在球场上，J.R. 史密斯毋庸置疑是一位强悍的后场攻击手，"人工智能模式"无法阻挡。

2009年4月14日，掘金主场以118比98大胜国王，比赛第二节变成J.R. 史密斯的个人表演时间，他在4分钟内6投5中，连砍14分（包括4记三分球），半场9投7中，拿到19分。下半场更是疯狂飙下26分，率队轻取国王。

开启"人工智能模式"的史密斯，全场22投13中，其中三分球18投11中，砍下职业生涯最高的45分，而掘金借此胜利追平21年前队史常规赛54胜的最高胜场纪录。而单场11记三分也险些追平NBA当时的单场三分命中纪录（12个）。

历史数据榜

8xTOP10/NBA

NBA 历史得分榜

排名	球员	得分
1	卡里姆·阿布杜尔-贾巴尔	38387
2	卡尔·马龙	36928
3	勒布朗·詹姆斯	35367
4	科比·布莱恩特	33643
5	迈克尔·乔丹	32292
6	德克·诺维茨基	31560
7	威尔特·张伯伦	31419
8	沙奎尔·奥尼尔	28596
9	摩西·马龙	27409
10	卡梅隆·安东尼	27370

NBA 历史抢断榜

排名	球员	抢断
1	约翰·斯托克顿	3265
2	贾森·基德	2684
3	迈克尔·乔丹	2514
4	加里·佩顿	2445
5	克里斯·保罗	2332
6	莫里斯·奇克斯	2310
7	斯科特·皮蓬	2307
8	克莱德·德雷克斯勒	2207
9	哈基姆·奥拉朱旺	2162
10	埃尔文·罗伯特森	2112

NBA 历史篮板榜

排名	球员	篮板
1	威尔特·张伯伦	23924
2	比尔·拉塞尔	21620
3	卡里姆·阿布杜尔-贾巴尔	17440
4	埃尔文·海耶斯	16279
5	摩西·马龙	16212
6	蒂姆·邓肯	15091
7	卡尔·马龙	14968
8	罗伯特·帕里什	14715
9	凯文·加内特	14662
10	内特·瑟蒙德	14464

NBA 历史罚球榜

排名	球员	罚球
1	卡尔·马龙	9787
2	摩西·马龙	8531
3	科比·布莱恩特	8378
4	奥斯卡·罗伯特森	7694
5	勒布朗·詹姆斯	7582
6	迈克尔·乔丹	7327
7	德克·诺维茨基	7240
8	杰里·韦斯特	7160
9	保罗·皮尔斯	6918
10	阿德里安·丹特利	6832

NBA 历史盖帽榜

排名	球员	盖帽
1	哈基姆·奥拉朱旺	3830
2	迪肯贝·穆托姆博	3289
3	卡里姆·阿布杜尔-贾巴尔	3189
4	马克·伊顿	3064
5	蒂姆·邓肯	3020
6	大卫·罗宾逊	2954
7	帕特里克·尤因	2894
8	沙奎尔·奥尼尔	2732
9	特里·罗林斯	2542
10	罗伯特·帕里什	2361

NBA 三分球命中榜

排名	球员	三分球
1	雷·阿伦	2973
2	斯蒂芬·库里	2832
3	雷吉·米勒	2560
4	凯尔·科沃尔	2450
5	詹姆斯·哈登	2445
6	文斯·卡特	2290
7	杰森·特里	2282
8	贾马尔·克劳福德	2221
9	保罗·皮尔斯	2143
10	达米恩·利拉德	2051

NBA 历史助攻榜

排名	球员	助攻
1	约翰·斯托克顿	15806
2	贾森·基德	12091
3	史蒂夫·纳什	10335
4	马克·杰克逊	10334
5	克里斯·保罗	10257
6	埃尔文·约翰逊	10141
7	奥斯卡·罗伯特森	9887
8	勒布朗·詹姆斯	9696
9	伊塞亚·托马斯	9061
10	加里·佩顿	8966

NBA 出场次数榜

排名	球员	出场次数
1	罗伯特·帕里什	1611
2	卡里姆·贾巴尔	1560
3	文斯·卡特	1541
4	德克·诺维茨基	1522
5	约翰·斯托克顿	1504
6	卡尔·马龙	1476
7	凯文·加内特	1462
8	凯文·威利斯	1424
9	杰森·特里	1410
10	蒂姆·邓肯	1392